DR. PHIL. CHRISTOF

NICHT DENKEN IST AUCH KEINE LÖSUNG

Wie Sie gute
Entscheidungen treffen

INHALT

Einleitung 4
Was heißt eigentlich entscheiden? 5
Unser Weg: Von der Philosophie in die Praxis 7

DIE PHILOSOPHIE DES ENTSCHEIDENS 8

Das Entscheiden: Warum sollten wir tun, was wir können,
obgleich wir es müssen? 9
Nicht entscheiden ist auch keine Lösung.
Warum wir um Entscheidungen nicht herumkommen 10
Wenn schon, denn schon. Warum wir uns um gute Entscheidungen bemühen sollten 18
Warum Selbsterkenntnis aller guten Entscheidungen Anfang ist 25
Die Mär vom Willen. Warum wir willentlich nicht viel entscheiden können 30
Willenlos entscheiden. Warum wir bei den alten Griechen in die Schule gehen sollten 44

Die Entscheider: Wer hat in uns das Sagen,
und wenn ja, wie viele? 47
Herakles am Scheideweg – Kopfgeburt 48
Paris und die Qual der Wahl – Bauchgefühl 52
Alkestis und der Tod – Herzenswunsch 56
Odysseus und die Göttin – Eingebung 60

Das Entscheidende:
Von der Geometrie des Bewusstseins 64
Hormone, Hirne, Hardware 66
Ich, mein Selfie und der Mittelpunkt der Welt 68
Der tiefe See der Seele 72
Geisterstunde 76

DIE ENTSCHEIDUNGSHELFER 78

Entscheiden für den Hausgebrauch:
Wie sich das Ich die Richtung gibt 79
Ego: Marion fährt im Suff 82
Maximen: Jan trinkt einen Espresso 83
Werte: Susanne schluckt Aspirin 84
Kalkül: Thomas brettert zum Flughafen 85
Gesetze: Christine ruft den Kunden an 87
Moral: Katrin hungert lieber 88

Nutzen: Christian nimmt die Currywurst	92
Visualisieren: Claudia wählt das Nobelrestaurant	96
Religion: Bekir gibt dem Bettler Geld, Werner nicht	98
Information: Eva kauft ein Obdachlosenmagazin	101
Expertise: Ferdinand vertraut auf die Fachleute	102
Argumente: Andreas macht sich eine Liste	104
Fokussieren: Judith entscheidet sich für die Karriere	108
Simulieren: Klaus lehnt ein Kaufangebot ab	112
Pflicht: Kant verpfeift seinen Freund	116
Selbsterhaltung: Anaxagoras tritt die Flucht an	119

Entscheiden aus dem Herzen:
Wie Sie erahnen, was Ihnen wirklich guttut 121

Eingebung: Sokrates schert nicht aus	123
Liebe: Sophia geht vom Gas	128
Gewissen: Georg läuft dem Musikanten nach	131
Leib: Peter gründet eine Genossenschaft	134
Emotionen: Maja kündigt ihren Job	137
Wald: Emerson geht spazieren	140
Visionssuche: Joachim findet seine Vision	141
Leerlauf: Harald joggt	143

Entscheiden, wer Sie sind:
Wie Ihre Seele dem Leben Impulse gibt 145

Bildung: Gyges bleibt sauber	150
Taktgefühl: Karin bricht die Regel	158
Einfühlung: Rainer verschenkt eine Rose	160
Seelisches Aufräumen: Christoph wird Freiberufler	166
Selbstgespräch: Walt hält mit sich einen Rat	171
Spiel: Julia spielt Theater	174
Gespräch: Philipp lässt sich etwas sagen	180
Dialog: Barbara hört genau hin	184
Begeisterung: Sokrates folgt dem Ruf der Liebe	189
Weisheit: Sokrates lässt sich nicht blenden	192
Vertrauen: Sokrates lässt es geschehen	196

Schluss 199

Zum Nachschlagen

Literaturhinweise	201
Anmerkungen	202
Impressum	208

EINLEITUNG

Sie wollen gute Entscheidungen treffen? Willkommen im Club, da sind Sie nicht allein. Und deshalb ist es auch nicht überraschend, dass Sie nicht lange nach Menschen Ausschau halten müssen, die sich anbieten, Ihnen als Entscheidungshelfer zur Seite zu stehen: Coaches und Berater, jede Menge Trainer, Psychologen, Pädagogen – wenn Sie sich umsehen, werden Sie staunen, wer und was sich alles auf dem Marktplatz der Entscheidungshilfe tummelt. Und nun kommt noch ein Philosoph hinzu: einer, der das Denken zu seinem Beruf gemacht hat – und der Ihnen in diesem Buch gern zeigen möchte, dass es nicht unnütz ist, sich mit der Weisheit der Philosophen zu befassen, wenn es einem darum zu tun ist, die Kunst der Entscheidungsfindung zu erlernen. Der Titel des Buches sagt es ja bereits: Nicht denken ist auch keine Lösung.

Warum ist das so? Weil nichts guten Entscheidungen so sehr im Wege steht, wie falsche oder irrige Ideen davon, was eigentlich eine Entscheidung ist, warum man Entscheidungen treffen sollte, woran man dabei Maß nehmen sollte, wer oder was dabei in uns entscheidend ist.

Vorm Entscheiden steht die grundsätzliche Frage, was Entscheiden eigentlich genau bedeutet.

Und nicht zuletzt ist man nicht schlecht beraten, auch die Frage aufzuwerfen, ob man denn überhaupt selbst etwas entscheiden kann oder ob nicht irgendetwas in uns die Entscheidungen für uns trifft.

Das, liebe Leserin und lieber Leser, sind Fragen, die nicht unerheblich sind. Tatsächlich hilft es beim Entscheiden, ein klares und verlässliches Verständnis davon zu gewinnen, worum es wirklich geht; und das sollten Sie tun, bevor Sie sich konkreten Tipps und Ratschlägen von Coaches, Trainern oder Psychologen anvertrauen – oder eben auch denen des Philosophen, der sich durchaus anschickt, nicht nur jene genannten großen Fragen zu erörtern, sondern Ihnen auch konkrete Vorschläge zu machen, wer oder was Ihnen helfen kann, wenn Sie nicht wissen, wie Sie sich entscheiden sollen.

WAS HEISST EIGENTLICH ENTSCHEIDEN?

Entscheiden ist ein merkwürdiges Wort, ein sogenanntes Kompositum, ein »Zusammengesetztes«. Es setzt sich zusammen aus der Vorsilbe »ent-« und dem Verbum »scheiden«. Wenn Sie vor einer Entscheidung stehen, dann legt dieses Wort die Vorstellung nahe, dass es eine Scheidung gibt, die aufgehoben, überwunden werden soll. Wenn Sie entschieden sind oder entschieden haben, dann ist diese Scheidung nicht mehr da. Durch die Ent-scheidung haben Sie sie ent-fernt.

Die Scheidung, die durch die Ent-scheidung aufgehoben wird, wohnt in Ihrem Inneren. Auch das lehrt die Sprache: Sie entscheiden sich. Das heißt: Sie heben eine Scheidung auf, die Sie in sich tragen – und die Sie unbefriedigt lässt, solange sie andauert. Es geht beim Ent-scheiden mithin vor allem darum, so etwas wie eine innere Einigkeit, Ungeschiedenheit (nicht zu verwechseln mit Unentschiedenheit!), einen inneren Einklang mit sich selbst zu erzeugen oder wiederzugewinnen.

Dieser Wink der Sprache bringt uns auf eine Spur zum Geheimnis guter Entscheidungen – allerdings in einer Weise, die uns dazu nötigt, eine andere große Frage aufzuwerfen: Wer sind wir eigentlich, dass wir in uns geschieden sein können? Wer ist eigentlich der Mensch, dass er überhaupt scheidungs- und entscheidungsfähig ist? Und wer, um alles in der Welt, ist für die Scheidung und Entscheidung in uns verantwortlich zu machen? Vielleicht ist hier bereits erkennbar, was uns in diesem Buch immer wieder begegnen wird: Am Anfang aller Entscheidungsfindung steht die Selbsterkenntnis. Und deshalb werden wir insbesondere im ersten Teil dieses Buches diesem Thema einige Aufmerksamkeit widmen.

Es geht in der Entscheidungskunst darum, innere Widersprüche, Scheidungen, Konflikte aufzulösen. Wie aber macht man das? Auch dazu gibt die Sprache einen Wink: Was tut man mit Entscheidungen? Welches Verb gehört zu diesem Substantiv? Die Sprache bietet uns zwei Möglichkeiten: Man trifft eine Entscheidung, oder man fällt sie. Eigentlich fällt man ja sonst nur Bäume. Wieso dann auch Entscheidungen? Wenn man eine Tanne fällt, dann tut man etwas dafür, dass sie einem zufällt. Das ist mehr als eine Spielerei mit Worten, denn es weist auf einen bedeutsamen Umstand. Unsere Sprache suggeriert, dass Entscheidungen schon da sind, bevor man sie fällt; und dass es in der Entscheidungskunst darum geht, dafür Sorge zu tragen, dass sie einem auch wirklich zuteilwerden.

Das Verbum »treffen« weist in die gleiche Richtung: Da ist eine Entscheidung, sie kommt vielleicht auf einen zu, und nun geht es nur darum zu verhindern, dass sie an einem vorbeisaust, sondern dass man sie trifft – sie antrifft, mit ihr zusammentrifft. Dazu gehören, ganz wie wenn Sie sich mit Ihrer Freundin treffen, immer zwei, die sich aufeinander zubewegen.

Das heißt dann aber: Entscheidungen sind nichts, was Sie von sich aus machen, was Sie aus eigenen Stücken eigenmächtig herstellen könnten. Decision-Making, wie es im Business-Jargon heißt, ist eigentlich ein Unding, das es gar nicht gibt. Es verrät ein fragwürdiges Verständnis von Entscheidung, das wir erst einmal aus unseren Köpfen herausbekommen müssen, bevor wir auf eine gute Weise entscheiden lernen. Auch darum soll es in diesem Buch gehen.

UNSER WEG: VON DER PHILOSOPHIE IN DIE PRAXIS

Dieses kurze Hören auf die Sprache weist uns die Richtung, die wir einschlagen wollen. Philosophische Entscheidungshilfe heißt: Verstehen, was, wer, wie und warum entscheidet. Deshalb werden Sie im ersten Teil des Buches noch keine konkreten Tipps und Hinweise finden, sondern Gedanken, die Sie in die Lage versetzen werden, das Thema Entscheidungen so anzugehen, dass Sie die inneren Voraussetzungen dafür schaffen, auf eine gute Weise Entscheidungen treffen zu können. Im zweiten Teil werde ich Ihnen dann einige Entscheidungshelfer vorstellen, die in konkreten Entscheidungssituationen von Ihnen in Anspruch genommen werden können. Dabei geht es dann also durchaus praktisch zu.

Und nun verrate ich Ihnen auch gleich noch, was das Beste an der ganzen Sache ist: Wenn wir gemeinsam diesen Weg von der Philosophie in die Praxis gehen, werden Sie nicht nur etwas darüber in Erfahrung bringen, wie Sie gute Entscheidungen zu treffen vermögen, sondern auch – was vielleicht noch wichtiger ist –, wer Sie selbst eigentlich sind. Und darum sollte es uns gehen, denn: Entscheidend sind am Ende Sie.

Die Philosophie des Entscheidens

Nichts steht guten Entscheidungen so sehr im Wege wie ein unzureichendes Verständnis dessen, was Entscheidungen eigentlich sind – was bei ihnen vorgeht, woran sie Maß nehmen, wer sie trifft. Wenn Sie Entscheidungshilfe wünschen und die Kunst erlernen wollen, möglichst reibungslos und klug Entscheidungen zu treffen, dann sind Sie gut beraten, mit diesem ersten Teil des Buches einen kurzen Gang durchs weite Land des Denkens anzutreten.

DAS ENTSCHEIDEN: WARUM SOLLTEN WIR TUN, WAS WIR KÖNNEN, OBGLEICH WIR ES MÜSSEN?

Was ich Ihnen in diesem Teil des Buches in Aussicht stelle, ist eine Art Landkarte, die es Ihnen erlaubt, in allen Arten von Konfliktsituationen einige wichtige Fragen beantworten zu können: Soll ich mich überhaupt entscheiden, und wenn ja, warum? Woran soll ich mich bei meiner Entscheidung orientieren? Wie finde ich heraus, was ich eigentlich will? Und ist das, was ich will, auch wirklich das, was mir die Richtung weisen sollte? Und weiter: Wer ist es eigentlich, der in mir die Entscheidungen trifft – ist es der Wille oder der Verstand, ist es der Bauch oder das Herz, oder ist es dieser wunderliche Fremde in mir, den man gemeinhin das Gehirn nennt?

> »Die schlimmste Entscheidung ist Unentschlossenheit.«
> Benjamin Franklin

Sie sehen, es gibt reichlich Fragen, die zu klären sind, bevor wir uns im zweiten Teil des Buches konkreten Entscheidungssituationen zuwenden. Sie können diesen ersten Teil überspringen – aber das wäre, wie wenn Sie ein Haus ohne Fundament bauen. Und denken Sie daran: Das Buch, das Sie in Händen halten, heißt nicht zufällig: Nicht denken ist auch keine Lösung ...

NICHT ENTSCHEIDEN IST AUCH KEINE LÖSUNG. WARUM WIR UM ENTSCHEIDUNGEN NICHT HERUMKOMMEN

Es war einmal ein Esel, der unter großem Hunger litt. Da traf es sich dem Anschein nach recht gut, dass er nur wenige Schritte vor sich eines wohlriechenden Heuhaufens gewahr wurde. Allein, da war auch noch ein zweiter Heuhaufen: genauso groß, genauso aromatisch duftend, genauso weit entfernt. Der arme Esel wusste weder ein noch aus. Kaum, dass er sich zum einen Haufen in Bewegung setzen wollte, erhob sich in ihm eine Stimme und flüsterte ihm zu, der andere Haufen werde durchaus besser schmecken. Sobald er aber seinen Huf in dessen Richtung streckte, gemahnte ihn eine andere Stimme, es sei wohl richtiger, doch zu dem ersten Haufen hinzutrotten, denn ganz gewiss sei dieser schmackhafter als jener. So ging es hin und her. Die Zeit verstrich, der Hunger wuchs, am Ende war der Esel tot. Als Todesursache notierte der hinzugeeilte Veterinär »Verenden infolge einer fürchterlichen Pandemie«. Sie heißt: Entscheidungsschwäche.

Der arme Esel hat es immerhin zu einiger Berühmtheit gebracht. Als »Buridans Esel« ist er in die Lexika und Lehrbücher der Philosophie eingegangen. Einfach deshalb, weil ein gewisser Johannes Buridan (1295–1363) im 14. Jahrhundert das Gleichnis von dem zaudernden Esel erzählt haben soll, um damit darzulegen, wie wenig der bloße Wille auszurichten vermag, sofern er nicht durch eine Einsicht oder Erkenntnis in eine bestimmte Richtung gelenkt werde.

Entscheidungen, so wollte der mittelalterliche Denker mit der Eselsstory zu verstehen geben, verdanken sich nicht einfach der Willenskraft, sondern entscheidend ist die rechte Einsicht des Verstandes. Womit wir bereits auf dem besten Wege sind, uns in einigen der Schlingen und Fallstricke zu verheddern, die unsere Meisterdenker für alle diejenigen ausgelegt haben, die sich auf das schwierige Terrain der philosophischen Entscheidungstheorien wagen. Also für uns.

Aber das kann noch warten. Bleiben wir zunächst bei der Tragödie unseres armen Esels und stellen dazu ein paar Dinge richtig: Erstens stammt sie gar nicht von Johannes Buridan. Vermutlich hat der gute Mann das Stück bei einem Kollegen abgeschrieben, und zwar bei dem gut zwei Jahrhunderte früher lebenden persischen Philosophen Al-Ghazali (1058–1111), der in seinem Hauptwerk »Inkohärenz der Philosophen« notiert hatte: »Wenn ein durstiger Mann auf zwei unterschiedliche Gläser Wasser zugreifen kann, die für seine Zwecke in jeder Hinsicht gleich sind, müsste er verdursten, solang eins nicht schöner, leichter oder näher an seiner rechten Hand ist.«

Nun gut, Sie haben recht: Hier ist nicht von einem hungrigen Esel die Rede, sondern von einem durstigen Mann, aber man sieht doch leicht, dass es Al-Ghazali um das gleiche Thema geht: um das Problem der Entscheidungsfindung. Oder besser: um die Tragödie der Entscheidungsunfähigkeit.

Der zweite Punkt, den wir richtigstellen müssen, betrifft den Esel. Den gibt es nämlich gar nicht. Zumindest bei Buridan kommt er nicht vor, in keinem seiner Werke. Wohl erzählt er einmal von einem Hund, der sich nicht zwischen zwei Fressnäpfen entscheiden konnte und deshalb elendiglich verreckte. Vom Esel aber fehlt im Werk dieses Philosophen jede Spur. Und das ist gut so. Denn nach allem, was man heute über Esel weiß, steht eines fest: Ein Esel wäre nie zwischen den Heuhaufen verhungert, weil diese Tiere in hohem Maß über das verfügen, was uns Menschen meistens fehlt, weshalb uns die Entscheidungsfindung so schwerfällt: die Intuition. Ein Esel würde gar nicht überlegen, sondern einfach losmarschieren und sich am Heuhaufen gütlich tun – schnurzpiepegal an welchem, wenn es denn nur schmeckt und satt macht.

Eines steht fest: Wenn Sie ein Esel wären, dann bräuchten Sie dieses Buch nicht.

Wie es um Buridans Hund bestellt ist, bleibe dahingestellt, den können wir getrost vergessen. Nicht, weil er eh unbekannt geblieben ist, sondern weil er uns am Ende doch nur vom Weg abbringen würde – vom Weg zum Menschen: zu Al-Ghazalis entscheidungsschwachem Durstigem. Denn wenn wir ehrlich sind, ist niemand als ein Mensch zu einer solchen Eselei imstande. Entscheidungsschwäche und Entscheidungsunfähigkeit sind seine fragwürdigen Privilegien. Und zwar deshalb, weil kein anderes Wesen sich überhaupt entscheiden kann ... und sich entscheiden muss.

Ob es uns nun passt oder nicht, wir müssen uns entscheiden. Sich nicht zu entscheiden, wäre tödlich.

Womit wir nun bei der ersten wichtigen Erkenntnis angelangt wären, die zugleich die eigentliche Pointe der wunderlichen Geschichte von Buridans Esel ist. Sie lautet: Ob es uns nun passt oder nicht, wir müssen uns entscheiden. Sich nicht zu entscheiden, wäre tödlich.

»Tödlich« ist dabei nicht buchstäblich zu lesen. Die Eselstragödie ist ja nur ein Gleichnis. Das elende Ende des Esels dürfte darauf deuten, dass Menschen, die sich nicht entscheiden (wollen oder können), damit ihr eigentliches Menschsein opfern. Man könnte sagen: Sie verwesen, weil sie ihr Wesen preisgeben. Denn Mensch zu sein, erfordert unabdingbar die Bereitschaft zur Entscheidung. Entscheidungslos sein Leben zu verdümpeln, mag zwar nicht unbedingt den Tod zur Folge haben, wohl aber führt es zum Verlust der menschlichen Lebendigkeit, des eigentlichen, wesentlichen Menschseins. Es führt zum Seelentod.

Sie finden, das ist eine steile These? Das stimmt, und deshalb werden Sie verstehen, dass wir ein wenig bei ihr bleiben müssen, um darüber nachzudenken, was es eigentlich mit unserem Menschsein auf sich hat. Dabei werden Sie flugs feststellen, dass es in diesem Buch am Ende um gar nichts anderes geht als um die gute alte Frage, was unser Menschenleben gelingen lässt. Aber das will gründlich vorbereitet sein, und deshalb kann ich es

Ihnen nicht ersparen, Sie gleich zu Beginn mit ein paar Gedanken über das Wesen des Menschseins zu traktieren. Übrigens – das werden Sie gleich merken – ist das ziemlich interessant.

Was macht das Menschsein aus?

Eine These steht im Raum. Sie lautet: Menschsein heißt Sichentscheiden-Müssen. Oder in anderen Worten: Menschen müssen Entscheidungen treffen. Warum ist das so?

Die Antwort ist gar nicht so schwierig: Weil Menschen Wesen sind, deren Alleinstellungsmerkmal darin besteht, sich zu sich selbst verhalten zu können bzw. sich zu sich selbst verhalten zu müssen. Oder um es mit dem Philosophen Martin Heidegger zu sagen:»Dasein versteht sich in irgendeiner Weise und Ausdrücklichkeit in seinem Sein. Diesem Seienden eignet, dass mit und durch sein Sein dieses ihm selbst erschlossen ist.«[1] Diese Formulierung ist so etwas wie eine Kurzformel für das, was man gemeinhin Bewusstsein nennt. Bewusstsein bedeutet: Ich kann zu mir selbst »ich« sagen. Oder auch: Ich kann mich zu mir selbst verhalten. Und wenn wir das so sagen, dann heißt das zwangsläufig immer auch: Ich muss mich zu mir selbst verhalten. Ich kann gar nicht anders, als irgendeine Art von Selbstverhältnis zu mir zu pflegen. Denn aufgrund unseres Bewusstseins sind wir – anders als Buridans Esel, Hund und alle anderen nicht-humanen Wesenheiten – dazu gezwungen, nicht einfach nur zu leben, sondern ein Leben zu führen. In diesem einfachen Umstand liegen Glanz und Elend des Menschseins verborgen – unser Bewusstsein ist Fluch und Segen zugleich.

Was ist damit gemeint? Zunächst gar nichts so Spektakuläres. Machen Sie sich einfach klar, dass Sie hier und jetzt die Möglichkeit haben, zu sich selbst Ja oder Nein zu sagen; oder, wenn Sie es etwas dramatischer haben wollen, mit Shakespeares Hamlet zur räsonieren: »To be or not to be, that's the question« (»Sein oder Nichtsein, das ist hier die Frage«). Das heißt: In dem

Augenblick, in dem Sie sich zu sich selbst verhalten, öffnet sich für Sie ein Spielraum, der Sie vor die Wahl stellt: Will ich mich überhaupt oder will ich mich nicht? Und wenn ja – wie viele ...? Dieser Spielraum ist das, was man gemeinhin Freiheit nennt. Ein großes Wort, hinter dem sich unendlich viele Konnotationen, Assoziationen und Probleme verbergen, auf die wir auch noch – das verspreche ich Ihnen – zu sprechen kommen werden. Alles zu seiner Zeit. Hier möchte ich Sie nur darauf aufmerksam machen, dass wir die Fähigkeit, Entscheidungen zu treffen, gar nicht von dem Gedanken der Freiheit lösen können. Anders gesagt: Es würde überhaupt keinen Sinn machen, auch nur einen Augenblick über Entscheidungen nachzudenken oder gar einen »Entscheidungshelfer« zu lesen (geschweige denn zu schreiben), wenn es nicht irgendwo in den Tiefen unseres Seins so etwas gäbe wie Freiheit. Und die gute Nachricht ist: Voilà, wir haben sie gefunden, denn sie liegt genau da, wo wir Menschen uns kraft unseres Bewusstseins in der Lage sehen, uns zu uns selbst verhalten zu können, bzw. die Möglichkeit haben, uns so oder anders zu uns zu verhalten. Freiheit – wenn Sie mir bitte diesen steilen Satz erlauben wollen –, Freiheit gründet in der Möglichkeit, etwas mit uns selbst anfangen zu können. Unfrei ist, wer von dieser Möglichkeit keinen Gebrauch macht.

Für diese Form der Freiheit hat Martin Heidegger ein Wort geprägt, das ich Ihnen nicht vorenthalten möchte, weil es allein für sich genommen sehr viel davon verrät, inwiefern es zum Wesen des Menschseins gehört, entscheiden zu können. Es heißt Entschlossenheit – ein Wort, das davon kündet, dass der Entschlossene nicht länger in sich selbst verschlossen oder eingeschlossen ist, sondern sich gleichsam hinauswagt ins Freie, um eine der dort waltenden Möglichkeiten seiner selbst zu ergreifen: »In der Entschlossenheit«, sagt Heidegger, »geht es dem Dasein um sein eigenstes Seinkönnen«[2], wobei der Entschluss zu verstehen sei als »das erschließende Entwerfen und Bestimmen der jeweiligen faktischen Möglichkeit«[3]. Das klingt kompliziert, ist es aber nicht. Heidegger will einfach nur sagen, dass wir dann, wenn wir bereit sind, unser Leben in die Hand zu nehmen, und uns ins Freie des Möglichkeitsspielraumes wagen, auf eine grundlegende, existenzielle Weise entschlossen sind; und dass das gut ist, weil – um es noch mal mit Heidegger zu sagen – mit der Entschlossenheit »die ursprünglichste, weil eigentliche Wahrheit des Daseins gewonnen«[4] ist.

Okay, wir können also sagen: Als entschlossenes, bewusstes und freies Wesen sind wir Menschen unweigerlich vor die Wahl gestellt. Wir können grundsätzlich das eine oder das andere wählen. Wir können wählen, ob wir unser Leben mit Entschiedenheit und Entschlossenheit führen wollen – oder ob wir uns lieber wie ein langer träger Fluss durchs Leben treiben lassen: to live or let live, zu leben oder uns leben zu lassen. Auch Letzteres wäre eine Möglichkeit; und zwar eine, von der – Gerüchten zufolge –

Entschlossen zu sein bedeutet, Ja zu sagen zu den eigenen Möglichkeiten, Ja zu sagen zur Freiheit, sich entscheiden zu können; Ja zu sagen zu der Notwendigkeit, sich entscheiden zu müssen.

eine ganze Menge Leute Gebrauch macht. Das wäre dann immer noch ein Leben, aber es wäre ein fahles, flaches Leben: ein »uneigentliches Dasein«, wie Heidegger das nannte, bei dem die Menschen sich dem Diktat des »man« ergeben haben.

Wie so ein flaches Leben aussieht und wohin es führen kann, hat der dänische Philosoph Sören Kierkegaard mit Verve beschrieben. In seinem Opus »Entweder – Oder« hat der Meisterdenker die Figur eines Ästheten – was bei Kierkegaard so viel heißt wie Lebemann – entworfen, der es zu seinem Lebensprogramm gemacht hat, keine Entscheidungen zu treffen. Das gipfelt dann in seinem viel zitierten »Ekstatischen Vortrag«: »Heirate, du wirst es bereuen; heirate nicht, du wirst es auch bereuen; heirate oder heirate nicht, du wirst beides bereuen; entweder heiratest du, oder du heiratest nicht, bereuen wirst du beides. Lache über die Torheit der Welt, du wirst es bereuen; weine darüber, du wirst es auch bereuen; lache oder weine über die Torheit der Welt, du wirst beides bereuen; entweder du lachst über die Torheit der Welt, oder du weinst darüber, bereuen wirst du beides. Traue einem Mädchen, du wirst es bereuen; traue ihr nicht, du wirst es auch bereuen; trau ihr oder trau ihr nicht, du wirst beides bereuen; entweder du traust einem Mädchen, oder du traust ihr nicht, bereuen wirst du beides. Hänge dich, du wirst es bereuen; hänge dich nicht, du wirst es auch bereuen; häng' dich oder häng' dich nicht, du wirst beides bereuen; entweder du hängst dich oder du hängst dich nicht, bereuen wirst du beides. Dies, meine Herren, ist der Inbegriff der Lebensweisheit.«[5]

Die hier gepriesene Lebenshaltung des »First of all: no decisions!« ist genau das, was Kierkegaard grässlich findet. Wer so lebt, meint er, lebt gar nicht wirklich. Er dümpelt vor sich hin und ist damit zufrieden, als Nutzer oder auch Verbraucher seine Tage zu fristen. Wirklich leben heiße vielmehr: entschieden sein. Und zwar entschieden zu sich selbst; entschieden dazu, in eigener Verantwortung das eigene Leben zu führen und, wie Kierkegaard sagt, sich »selbst zu gewinnen«[6]. Dabei gehe es nicht primär um Richtig oder Falsch. »Es ist«, sagt Kierkegaard, »nicht so sehr die Rede davon, dass man zwischen dem Wollen des Guten und dem Wollen des Bösen wählt, als vielmehr davon, dass man das Wollen wählt«[7]. Es sei also gar nicht entscheidend, wofür wir uns im Einzelnen entscheiden. Entscheidend seien vielmehr der »Ernst, das Pathos, mit denen man wählt«[8]. Denn »die Wahl selbst ist entscheidend für den Gehalt der Persönlichkeit«[9], so wie das Sich-Herumdrücken um den Ernst der Wahl den Verlust von Persönlichkeit und echtem Selbst-Sein zur Folge habe.

Existenziell entschieden

Das ist stark gedacht und lässt uns ahnen, warum es bei diesem »Entscheidungshelfer« um mehr geht als allein darum, in irgendwelchen unklaren oder strittigen Situationen eine gute, kluge oder sinnvolle Entscheidung zu treffen. Nein, es geht ums Ganze: Es geht darum, entschieden zu leben – ein Leben zu führen und entschieden die Verantwortung dafür zu übernehmen, indem wir immer wieder Entscheidungen treffen. In dieser existenziellen Entschiedenheit gründet, wie Kierkegaard zeigt, nicht nur unsere Menschenwürde, sondern am Ende auch unser Glück. Der Preis, der uns für unser entschiedenes Ja zur Selbstverantwortung winkt, ist nichts anderes als echte, tiefe, authentische Lebendigkeit – »eigentliches Dasein«, um Heidegger noch einmal zu bemühen.

So gesehen sollten wir uns also nicht davor drücken, mit Entschiedenheit Entscheidungen zu treffen. Es sei denn, wir zögen es vor, so zu enden wie Buridans Esel und kläglich Hungers zu sterben – zwar nicht physischen, aber doch seelischen Hungers. Von daher sind wir gut beraten, ernst zu nehmen, was ein anderer großer Denker, Jean-Paul Sartre, im Anschluss an Kierkegaard sagte: »Sein bedeutet für den Menschen, dazu verdammt sein, sich wählen zu müssen. Alles ist Wahl: wir können uns als Fliehenden, Ungreifbaren, Zögernden usw. wählen, die Verantwortung liegt bei uns. Was auch unser Sein sein mag, es ist die Wahl.«[10] Das vorausgeschickt, werden Sie sich nicht wundern, dass eben dieser Sartre das weithin bekannte Wort prägen konnte. »Der Mensch ist dazu verurteilt, frei zu sein.«[11]

Wenn wir in die Welt blicken, finden wir reichlich Anhaltspunkte dafür, dass Menschen die Freiheit fürchten. Denn Menschen, die entschieden und bewusst im freien Spielraum ihrer Möglichkeiten leben, trifft man eher selten. Verbraucher und Nutzer dafür umso öfter.

»Verurteilt« oder auch »verdammt«. Wie geht es Ihnen damit? Das klingt irgendwie mehr nach Fluch als nach Segen, oder? Sartre ist offenbar nicht so rückhaltlos von der menschlichen Entscheidungsfähigkeit begeistert wie sein Kollege Kierkegaard. Es scheint, als ahne er die Doppelgesichtigkeit oder Ambivalenz der menschlichen Freiheit zur Entscheidung. Es scheint, als ahne er, dass Freiheit vielen Menschen Angst macht. Es scheint, als ahne er, dass es für viele Menschen sehr viel attraktiver ist, sich in enger Selbstbezüglichkeit und Egoismus zu verschließen, als sich zur Freiheit zu entschließen und das eigene Leben mit Entschiedenheit zu führen.

Bevor wir uns konkreten Entscheidungssituationen und den in ihnen nützlichen Helfern zuwenden, ist es mir wichtig, bei Ihnen dafür zu werben, überhaupt Entscheidungen zu wagen und sich entschlossen in den Freiraum Ihrer Möglichkeiten vorzuwagen. Dafür sollten wir herausfinden, was uns daran hindert, unser Leben entschieden selbst zu führen. Ist es vielleicht die uneingestandene, heimliche Angst, wir könnten einen Fehler machen? Ist es die Angst, die falsche Wahl zu treffen …?

Ungewissheit und Fehleranfälligkeit sind der Preis der Freiheit. Dass wir ihn zahlen und allen Unwägbarkeiten zum Trotz dennoch Entscheidungen treffen, ist die eigentliche Essenz unserer menschlichen Würde.

WENN SCHON, DENN SCHON. WARUM WIR UNS UM GUTE ENTSCHEIDUNGEN BEMÜHEN SOLLTEN

Die Angst vor falschen Entscheidungen ist nicht ganz unbegründet. Wer sich entscheidet, läuft unausweichlich Gefahr, Fehler zu machen. Wer die eine Möglichkeit ergreift, lässt die andere – oder tausend andere – ungenutzt, obgleich sie im Nachhinein vielleicht besser gewesen wären. Es ist nun einmal so: Jede Entscheidung birgt ein Risiko, denn jede Entscheidung zielt in eine Zukunft, die uns nicht verfügbar ist. Und das ist auch gut so: Denn wenn wir alles vorher wüssten oder vorhersagen könnten, nähme unsere Freiheit Schaden, beruht sie doch zu einem guten Teil darauf, dass uns die Zukunft möglich und nicht wirklich ist.

Das ändert nichts an dem Problem, dass wir irgendwie mit dem Risiko klarkommen müssen, dass sich Entscheidungen als falsch und schlecht erweisen können. Zumal dann, wenn wir in einer Welt der Multioptionalität leben, das heißt in einer Welt, in der so gut wie alles möglich ist. Und unsere Welt ist eine solche Welt. Zumindest in unseren Breiten, wo sich längst herausgebildet hat, was der Schweizer Soziologe Peter Gross bereits in den 1990er-Jahren eine »Multioptionsgesellschaft« nannte[12]. Das war vor nun bald 30 Jahren. Seither haben sich die Optionen des durchschnittlichen Bürgers der westlichen Welt noch vervielfacht: Die Globalisierung der Märkte, die ständig wachsende Mobilität und die Digitalisierung der Welt haben uns schier unbegrenzte neue Möglichkeiten eröffnet. Vor allem Smartphone, Internet & Co. haben uns in rasanter Geschwindigkeit in eine multioptionale Welt katapultiert.

Das alles ist ja auch ganz schön und macht zuweilen eine Menge Spaß. Zugleich aber sehen wir immer deutlicher, dass die Flut der Möglichkeiten das menschliche Fassungsvermögen übersteigt. So unüberschaubar ist die Zahl der Optionen geworden, dass es vielen Menschen immer schwerer fällt, sich für die eine und gegen alle anderen Möglichkeiten zu entscheiden. Stress, Reizüberflutung, Burn-out, Depression – die Folgen der optionalen Überfütterung sind nicht mehr wegzudiskutieren. Und wer bei alledem nicht gleich krank wird, den überkommt womöglich eine große Traurigkeit »über die nicht ergriffenen Optionen, über das, was alles gewesen sein könnte, aber nicht geworden ist. So gesehen«, heißt es weiter in einem Artikel der Zeitschrift »Hohe Luft«, »sterben wir alle tausend Tode, weil wir nicht die sind, die wir sein könnten.«[13]

Kein Wunder, dass in der Multioptionsgesellschaft deshalb eine brennende Sehnsucht nach Grenzen und Schranken aufkeimt – eine Sehnsucht nach Überschaubarkeit, die nunmehr auf das Feld der Politik übergreift und dort ihr Unwesen treibt. Denn es könnte sein, dass die virtuelle Grenzenlosigkeit des

Cyberspace den Ruf nach neuen physischen Grenzen mindestens mitverursacht hat: Fremdenfeindlichkeit, Abschottung und Protektionismus sind die Folgen.

Schon die alten Griechen wussten, dass Überschaubarkeit gut ist. Sie wurden nicht müde zu betonen, dass der Mensch für Grenzenlosigkeit und Unendlichkeit schlechterdings nicht ausgestattet sei.

So kommt man nicht umhin zu konstatieren: Ein Zuviel an Möglichkeiten ist uns Menschen offenbar schwer verdaulich, ein Übermaß an Optionen bekommt uns schlichtweg nicht. Wir haben heute allen Grund zur Annahme, eine »Tyrannei der Möglichkeiten« (Hannah Arendt) sei über uns hereingebrochen – und mit ihr eine Plage, die der alte Bismarck schon vor mehr als hundert Jahren als die »Krankheit unserer Zeit« glaubte diagnostizieren zu müssen: die Verantwortungslosigkeit – oder, wenn Sie es lieber trendy haben wollen: das postmoderne anything goes (Paul Feyerabend).

Wir stehlen uns aus der Verantwortung des Entscheidens, weil bei einer jeden anstehenden Entscheidung das Gewicht der nicht realisierten Möglichkeiten so drückend wird, dass uns zuletzt die Power fehlt, überhaupt noch etwas zu entscheiden. Zu übermächtig ist die Sorge, etwas zu verpassen oder am Ende doch nicht das optimale Schnäppchen erwischt zu haben. Und zu lähmend ist die Angst, entgegen allen Verheißungen gewiefter Werbestrategen zuletzt eben doch »blöd« zu sein, als dass man sich mit Lust und Schmackes einfach mal entscheiden würde. Lieber wartet man und zögert. Dann wartet man und zögert, schließlich wartet man und zögert... Buridans Esel lässt grüßen.

So viel sollte nunmehr deutlich sein: Wer ständig Angst hat, etwas zu verpassen, verpasst am Ende noch sich selbst. Diese Gefahr ist real – zumal dann, wenn man sein Lebensglück davon abhängig macht, stets ein Schnäppchen zu machen und jedes Mal das Optimum für sich herauszuholen. Auch das ist eine Lektion, die uns der Zeitgeist lehrt: Je mehr der Mensch sich als Verbraucher oder Konsument versteht, desto größer wird der Zwang zur richtigen Entscheidung – und desto lähmender die Angst vor der falschen.

Wie kommt man aus der Nummer raus? Es ist gar nicht so schwer. Sie sollten sich nur an das erinnern, was wir eingangs sagten: Menschsein heißt entscheiden müssen. Und: Entscheiden müssen schließt immer die Möglichkeit ein, danebenzuliegen. Fehlentscheidungen zu treffen, ist menschlich. Und weil es menschlich ist, ist es auch nicht schlimm.

Zumal dann nicht, wenn die wachsende Masse der Optionen es immer unwahrscheinlicher sein lässt, dass Sie ausgerechnet die eine, optimale Variante treffen – und dass ausgerechnet Sie es sind, der diesen Treffer landet. Vergessen Sie's und sagen Sie sich lieber: »Macht doch nichts, wenn ich mich mal falsch entscheide. Lieber eine falsche Entscheidung als gar keine Entscheidung.« So zu denken, ist in Ordnung. So zu denken, macht das Leben leichter; gerade in einer multioptionalen Welt.

Nur sollte es Sie nicht dazu verleiten, dem Irrtum zu erliegen, angesichts des Hauptsache-überhaupt-Entscheidens die Frage zu vernachlässigen, welche der jeweils möglichen Optionen denn nun die beste ist. Klar, es kann sein, dass Sie sich darüber täuschen, was am besten ist; und das ist – wie gesagt – grundsätzlich auch nicht schlimm. Allerdings nur dann, wenn Sie Ihre Entscheidung in der sicheren Annahme fällen, die von Ihnen gewählte Option sei richtig und gut. Warum? Weil erst diese Ausrichtung auf das Gute oder Richtige Ihre Entscheidung überhaupt zu einer Entscheidung macht. Aus Jux und Dollerei den einen Weg zu gehen und den anderen auszuschlagen, ist keine Entscheidung, es sei denn, Sie haben sich zuvor dazu entschieden, dass Jux und Dollerei in diesem Fall die bessere Einstellung ist als ein rationales Abwägen. In diesem Fall haben Sie dann eine Art Hintergrundentscheidung getroffen, indem Sie für sich zu der Überzeugung kamen, Jux und Dollerei seien für dieses Mal das Mittel der Wahl.

Gut, richtig, besser

Halten wir fest: Zum Entscheiden gehört das Zielen dazu, das Zielen auf das Richtige, das Gute oder Optimale. Die Frage »Was ist richtig?« oder »Was ist besser?« ist – auch wenn sie nicht ausdrücklich gestellt wird – integraler Bestandteil dessen, was wir eine Entscheidung nennen. Das heißt: Wenn Sie die Kunst des Entscheidens lernen wollen, dann kommen Sie nicht daran vorbei, die Kunst des Gut-Entscheidens zu lernen – wohl wissend, dass Sie auch als Meister dieser Kunst niemals dahin kommen werden, nur noch solche Entscheidungen zu treffen, von denen Sie im Nachhinein feststellen werden, dass sie richtig waren.

Entscheiden wollen heißt richtig entscheiden wollen. Das heißt: Sie können bei Lichte besehen überhaupt erst dann entscheiden, wenn Sie irgendeine Vorstellung von »gut«, »richtig« oder »besser« haben. Buridans Esel hat so etwas nicht. Deshalb entscheidet er sich auch nicht. Sie aber können sich entscheiden. Sie können das Bessere wählen. Das macht Sie zum Menschen. Das gibt dem Spielraum, der Ihnen dadurch zuwächst, dass Sie sich zu sich selbst verhalten können, erst so etwas wie eine Struktur. Das macht Sie zu einem freien Wesen. Sie haben die Freiheit zu wählen – das heißt: zwischen gut und weniger gut oder gut und besser zu entscheiden.

Vielleicht kennen Sie noch die alte Geschichte von Adam und Eva im Paradies. Das waren die ersten Menschen, aber wenn man's genau nimmt, waren sie am Anfang noch gar keine Menschen, sondern wurden erst in dem Augenblick zu solchen, in dem sie eine Entscheidung treffen mussten – eine vermaledeite Entscheidung, wie sich später herausstellen sollte: die Entscheidung darüber, ob sie fortan entscheidungsfähig sein wollten. Denn darum – zumindest kann man die Geschichte so lesen – ging es eigentlich bei dem verhängnisvollen Angebot der Schlange, die Menschen mögen doch die Frucht vom Baume der Erkenntnis kosten, um so das Wissen darum zu erwerben, was gut und was böse ist.

Bekanntlich langte Eva zu (wohl eher instinktiv, denn bevor sie in den Apfel biss, hatte sie ja noch keinen Schimmer von Gut und Böse), und Adam folgte ihrem Beispiel. Die Theologen nennen dies den Sündenfall.

Viel interessanter aber ist es, Evas Biss als etwas durchweg Positives zu würdigen, nämlich als den Biss zur Freiheit. Denn dadurch, dass Eva gemäß der Verheißung der Schlange durch ihren Biss die Möglichkeit öffnete, etwas als »gut« dem »Schlechten« oder »Bösen« vorzuziehen, erhielt der Mensch den Kompass, den er braucht, um sich im freien Spielraum des Entscheiden-Müssens zurechtzufinden. Wir wären gar nicht wirklich frei, wenn wir uns nicht für das entscheiden könnten, was uns am besten oder wenigstens doch besser scheint.

Das heißt: Sie können überhaupt nur deshalb Entscheidungen treffen, weil Sie die wunderliche Gabe besitzen, Optionen unterschiedlich zu bewerten. Anders gesagt: Sie können überhaupt nur deshalb etwas entscheiden, weil Sie »gut« von »schlecht« unterscheiden können.

Für ein selbstbestimmtes Leben im Sinne Kierkegaards reicht es deshalb noch nicht, sich einfach nur fürs Entscheiden zu entscheiden. Richtig rund wird das Ganze erst dann, wenn Sie sich außerdem darüber im Klaren sind, dass Sie sich mit Ihrer Entscheidung für ein entschieden selbstbestimmtes Leben auch immer schon dafür entschieden haben, gute Entscheidungen treffen zu wollen – wohl wissend, dass Sie dabei nicht immer erfolgreich sein werden.

Wie aber trifft man nun gute Entscheidungen? Jetzt wird die Sache spannend. Denn jetzt öffnet sich der Fragehorizont, um den es uns ja eigentlich geht.

Zugleich aber kreuzen damit einige neue gewichtige Fragen unser Blickfeld: Wer oder was gibt uns das Maß, nach dem wir ermessen können, was eine gute und was eine schlechte, eine falsche Entscheidung ist? Sind es unsere Werte? Ist es Kants Kategorischer Imperativ? Sind es unsere Interessen? Ist es unser

Seelenheil? Ist es unsere Bestimmung? Ist es unser Karma? Sie dürfen die Liste gern erweitern. Bestimmt fällt Ihnen noch mehr ein, was Sie dafür verantwortlich machen könnten.

In dieses Dickicht müssen wir jedenfalls ein bisschen Klarheit bringen. Denn erst wenn wir das getan haben, können wir unsere eigentliche Frage angehen: Wer oder was hilft uns dabei, richtige und gute Entscheidungen zu treffen? Auch hier hätte ich ein paar mögliche Kandidaten für Sie zur Hand: Informationen? Argumente? Intuition? Bauchgefühl? Orakelsprüche? Eingebungen? Ratgeber? Auch diese Liste ist nicht abgeschlossen.

WER ODER WAS ENTSCHEIDET EIGENTLICH?

Ich habe noch eine weitere Frage für Sie auf Lager; eine, die in der gängigen Ratgeberliteratur meistens nicht behandelt wird, von der ich aber meine, dass wir sie uns als Allererstes vornehmen sollten:

Wer oder was entscheidet eigentlich? Okay, da sagen Sie: »Der Mensch entscheidet.« Das ist natürlich richtig. Doch die Frage ist damit noch nicht beantwortet. Denn was heißt hier »Mensch«? Ist es sein Wille oder sein Verstand? Oder sind es beide gleichzeitig? Oder keiner von beiden, sondern sein Gehirn und die darin stattfindenden biochemischen Prozesse? Oder ist es vielleicht doch die Seele? Oder die göttliche Vorsehung?

Lachen Sie nicht. Das alles haben Menschen schon erwogen, und zwar auf höchstem Niveau. Sie werden staunen, wenn Sie dazu im Text weiterlesen.

WARUM SELBSTERKENNTNIS ALLER GUTEN ENTSCHEIDUNGEN ANFANG IST

Darf ich Sie zu einer kleinen Zeitreise einladen? Darf ich Sie ins alte Griechenland entführen? Ganz an den Anfang, sozusagen? Einverstanden? Gut, dann wollen wir mal: Es war einmal ein großer König, der hieß Kroisos. Auf dem Gebiet der heutigen Türkei herrschte er über ein stattliches Reich namens Lydien. Eigentlich ging es ihm nicht schlecht dabei, aber irgendwie überkam ihn die Expansionslust, und er fasste den Plan, eines seiner Nachbarländer anzugreifen. Das war nun ausgerechnet das mächtige Persien, in dem der Großkönig Kyros sein Regiment führte. Angesichts der Größe und Macht des Perserreiches überkamen den guten Kroisos schließlich doch einige Zweifel, ob er den Streich nun wagen, mit seinem Heer den Grenzfluss Halys überschreiten und zum Angriff blasen sollte ... oder lieber nicht. Er konnte sich nicht entscheiden. Was tun?

Nun, Kroisos tat, was ein antiker Mensch in einer solchen Situation am allerliebsten tat: Er fragte um Rat; nicht etwa irgendeinen Ratgeber oder Berater – nein, er wandte sich direkt an die höchste Stelle: den weissagenden Gott Apollon. Er schickte also eine Gesandtschaft über das Meer ins ferne Delphi, wo Apollon sein Orakel unterhielt. Schon vorher hatte sich Kroisos schlaugemacht und mithilfe einiger Weihgeschenke das Recht erwirkt, dort vorzusprechen.

So traten seine Leute in den Tempel, fragten die Pythia – so nannte man die Orakelpriesterin –, ob ihr Boss gegen die Perser zu Felde ziehen solle. Da verkundete der Gott, vermittelt durch den Mund der Pythia: »Über den Halys gerückt, wird Kroisos ein mächtiges Reich zerstören.«[14] Damit war für den angriffslustigen Potentaten die Sache klar. Der Spruch des Gottes war ihm der erhoffte Entscheidungshelfer. Also trommelte er seine Truppen zusammen, marschierte los – und wurde von Kyros vernichtend geschlagen.

Man kann sich die Enttäuschung und den Ärger ausmalen, die Kroisos daraufhin ergriffen. Er selbst war mit einem blauen Auge davongekommen und bat den siegreichen Perserkönig, er möge ihm den Wunsch gewähren, eine Beschwerdegesandtschaft gen Delphi zu schicken, um der nichtsnutzigen Pythia und ihrem unfähigen Gott kräftig einzuheizen. Auch dieser Anschlag ging daneben. Die lydische Gesandtschaft wurde glattweg abgekanzelt: »Gegen den erhaltenen Orakelspruch erhebt Kroisos zu Unrecht Vorwürfe; denn Apollon hatte ihm nur vorhergesagt, wenn er gegen die Perser ziehe, werde er ein großes Reich zerstören. Wenn Kroisos gut beraten sein wollte, dann hätte er zum Gott schicken und fragen lassen müssen, ob Apollon sein eigenes oder des Kyros Reich meine. Dass er den Spruch nicht verstand und nicht noch einmal nach genaueren Angaben fragte, dafür soll er die Schuld sich selbst zuschreiben.«[15]

Warum diese Geschichte? Nicht um darauf hinzuweisen, dass Orakelsprüche als Entscheidungshelfer nichts taugen. Was das angeht, enthalten wir uns besser eines Urteils, denn die wenigsten von uns haben irgendwelche nennenswerten Erfahrungen mit Orakeln. Lassen wir das also – zumindest vorerst – beiseite. Worum es uns gehen sollte, ist etwas anderes: die Art und Weise, wie Kroisos mit dem Orakelspruch umgeht. Denn was tut der unselige Mann? Er macht sich gar nicht erst die Mühe, näher hinzuschauen und zu fragen, was der Gott wohl meinen könne. Nein: Er nimmt den Spruch als Bestätigung dessen, was er sich die ganze Zeit schon gewünscht hatte. Die Stimmen in ihm, die ihn warnten oder zögern ließen, werden vom Hurra seiner Angriffslust schnellstens übertönt. Und so rennt der König ins Verderben.

Das wäre nicht nötig gewesen. Nicht nur, weil im alten Griechenland weithin bekannt war, dass die delphischen Orakelsprüche nicht ganz ohne sind. Schon Heraklit, der »dunkle« Philosoph aus Ephesos, hatte festgestellt: »Der Herr, dem das Orakel in Delphi gehört (= Apollon), spricht weder klar und deutlich, noch verbirgt er etwas; sondern er deutet an.«[16] Man hätte also wissen können, dass man einen Orakelspruch sorgsam darauf prüfen muss, welche möglichen Bedeutungen ihm innewohnen können. Das nicht getan zu haben, war töricht von Kroisos. Noch törichter aber war es, den grundsätzlichen Wink zu ignorieren, den der Gott selbst seinen Orakelsuchenden gab. Denn jeden, der den großen Tempel zu betreten wagte, worin die Priesterin des Gottes Weissagungen verlauten ließ, erblickte in der Vorhalle eine berühmte Inschrift, die da lautet: *Gnothi sauton!* »Erkenne dich selbst!«

»Erkenne dich selbst!«

Dieses Wort, so unscheinbar es daherkommt, ist der wichtigste, beste und zielführendste Entscheidungshelfer, den es überhaupt nur gibt. Denn ohne diese Weisung des Apollon zu beherzigen, können Sie alle anderen Entscheidungshelfer geradewegs vergessen; sogar den Orakelspruch selbst. Denn ohne Selbsterkenntnis laufen Sie Gefahr, den besten Ratschlag und den besten Wink auf falsche Weise anzuwenden.

Greifen Sie jetzt bitte zu Stift und Lineal und unterstreichen Sie jenes Hauptwort der Entscheidungshilfe: Erkenne dich selbst!

Ohne zu wissen, wer Sie sind und was in Ihnen mächtig ist, nutzt Ihnen die beste Methode oder Technik zur Entscheidungsfindung überhaupt nichts.

Machen wir uns jetzt daran, dieses Wort zu interpretieren. Denn immerhin: Es kommt ja selbst als ein Orakelspruch daher – wie ein vom Gott Apollon auf uns abgezielter Pfeil. Was also soll das heißen: Erkenne dich selbst?

Schauen wir erst, was es nicht heißt: Es ist keine Aufforderung zu einer Psychoanalyse. Es ist auch kein Werbeslogan, der Sie dazu bewegen soll, ein Selbsterfahrungsseminar zu buchen. Es geht auch nicht um Introspektion – so nach dem Motto: »Wie ich herausfinde, was ich wirklich will« (Das ist der Titel eines populären Entscheidungshilfe-Ratgebers von Barbara Sher). Um all das geht es nicht – allein schon deshalb nicht, weil die alten Griechen von alledem keinerlei Vorstellung hatten.

Aber worum geht es dann? Bedenken Sie: Der Spruch war in der Vorhalle des Tempels angebracht. Das sollte deutlich machen: Hier spricht nicht irgendwer, hier spricht der Gott. Und dieser Gott verweist dich, Mensch, darauf, was du im Gegensatz zu ihm bist: kein Gott, sondern ein Mensch. *Gnothi sauton!* ist deshalb in erster Linie eine Einladung oder ein Appell dazu, sich die Frage vorzulegen, was es eigentlich heißt, ein Mensch zu sein.

Merken Sie etwas? Da waren wir doch schon! Wir waren mit Kierkegaard und Heidegger darin übereingekommen, dass es wesentlich zu unserem Menschsein gehört, Entscheidungen treffen zu können und sie treffen zu müssen. »Verdammt zur Freiheit«, sagt Jean-Paul Sartre: Wir können gar nicht anders, als uns irgendwie für oder gegen etwas zu entscheiden – und wenn es nur das eigene Dasein ist, das wir bejahen oder auch verneinen können. Wir haben uns also, ohne dass wir davon wussten, schon auf der Spur des delphischen Appells zur Selbsterkenntnis bewegt. Von daher sind wir ausreichend gut dafür gerüstet, nun ein paar Schritte weiterzugehen.

Selbstbilder, die uns antreiben

Wir sind, so sagten wir, zur Entscheidung befähigt (oder auch verdammt), weil wir über so etwas wie Bewusstsein verfügen – weil wir uns zu uns selbst verhalten und »ich« zu uns sagen können. Diesem Bewusstsein verdanken wir neben der Möglichkeit (oder auch Notwendigkeit) des Entscheidens eine weitere Gabe: Wir machen uns ein Bild von uns.

Das heißt, Sie haben – ob Sie wollen oder nicht – immer schon irgendeine Interpretation davon, wer Sie sind: als Person, zu der Sie »ich« sagen, im Besonderen, als Mensch im Allgemeinen. Und das heißt wiederum: Ob Sie sich darüber im Klaren sind oder auch nicht, Sie haben unausweichlich ein Menschenbild und ein irgendwie damit korrespondierendes Selbstbild.

> **DIE MACHT DER SELBSTBILDER**
>
> Die Selbstbilder in uns sind mächtig, äußerst mächtig. Denken Sie an Kroisos: Der hatte von sich das Selbstbild, ein erfolgreicher Kriegsherr zu sein. Hätte er dieses Selbstbild infrage gestellt, bevor er den Halys überschritt – ihm und seinem Volk wäre viel Leid erspart geblieben. Hätte er doch den Spruch des Apollons beherzigt und sich gefragt: »Was für ein Selbstbild treibt mich eigentlich dazu, diesen Orakelspruch zu begehren? Was in mir treibt mich wirklich an?« Hätte Kroisos so gefragt, wäre ihm vielleicht zu Bewusstsein gekommen, dass Ehrgeiz oder Machtgier in ihm mächtig am Werke waren und nur darauf lauerten, ihn ins Verderben zu schicken.

Langer Rede kurzer Sinn: Wer sich nicht entscheiden kann und sich nach guten Entscheidungshilfen umsieht, ist gut beraten, zunächst einmal in sich zu gehen und sich zu fragen, wer oder was denn eigentlich in ihm auf Entscheidung drängt. Wieder heißt es: Erkenne dich selbst!

Die Übung der Selbsterkenntnis kann ich Ihnen natürlich nicht abnehmen. Die müssen Sie für sich selbst durchführen. Und dazu werde ich Sie immer wieder einladen, wenn wir uns im zweiten Teil dieses Buches konkreten Entscheidungssituationen und den Ihnen darin jeweils zu Gebote stehenden Entscheidungshelfern zuwenden.

Bevor wir dazu kommen, wenden wir uns noch einmal dem delphischen Entscheidungshelfer zu: dem »Erkenne dich selbst!« Wir sagten ja, der Spruch lade dazu ein, in sich zu gehen und eine doppelte Frage zu stellen: »Wer bin ich?« Und: »Was heißt es, ein Mensch zu sein?« Die erste Frage betrifft Sie persönlich. Die zweite Frage betrifft uns alle. Und wir sind gut beraten, sie zunächst zu stellen, denn die Antworten, die wir darauf erhalten, machen es sehr viel leichter, in einem zweiten Schritt dann auch die erste Frage zu beantworten.

Das heißt: Wir fragen zunächst danach, was für ein Menschenbild uns leitet. Wir fragen danach, welche Vorstellung wir eigentlich von uns selbst als einem Menschen haben. Und um dabei nicht vollends verloren zu gehen, tun wir dies, indem wir eng bei unserem Thema bleiben und uns fragen, wer oder was wir eigentlich sind, dass wir Entscheidungen treffen. Achtung, jetzt wird's philosophisch.

DIE MÄR VOM WILLEN.
WARUM WIR WILLENTLICH NICHT
VIEL ENTSCHEIDEN KÖNNEN

Wir sind bewusste Wesen, die sich zu sich selbst verhalten können. Das gilt uns als gesetzt. Jetzt müssen wir allerdings genauer hinsehen. Was geschieht in uns, wenn wir uns entscheiden? Was könnte in Kroisos vorgegangen sein, als er die Entscheidung traf, den Halys zu überschreiten?

Ich mache Ihnen einen Vorschlag: Kroisos war innerlich gespalten. In ihm war ein Impuls mächtig, der darauf drängte, in den Krieg zu ziehen. Zugleich vernahm er in sich die Stimme der Vernunft, die ihn warnte, er möge sich nicht mit einem übermächtigen Gegner anlegen. Beide Stimmen oder Impulse in ihm hielten sich die Waage. Er saß auf seinem Thron, strich seinen Bart und fragte sich, was er tun solle. Der Kompass seines Willens drehte sich im Kreis. Um hier voranzukommen, verfiel er auf den Gedanken, es könne hilfreich sein, Informationen darüber einzuholen, welche Konsequenzen aus den jeweiligen Handlungsoptionen folgen würden. Er begehrte also mehr zu wissen und durch Informationszuwachs die quälende Ungewissheit zu minimieren. Als ihn endlich die Nachricht aus Delphi erreichte, hatte er die Information, die ihm fehlte. Er wusste (oder glaubte zu wissen), wohin sein Angriff führen würde. Und fortan stand sein Willen fest: Er würde in den Krieg ziehen. So traf er aus freien Stücken seine Entscheidung.

So oder so ähnlich stellen sich viele Menschen den Prozess einer Entscheidungsfindung vor. Der eigentliche Entscheider ist dabei der Wille. »Sobald ich Klarheit darüber habe, was ich will, kann ich mich auch entscheiden«, so denken viele Menschen und kaufen daher Ratgeber, die ihnen eine Methode in Aussicht stellen, mit deren Hilfe sie herausfinden können, was sie wirklich wollen, um es dann aktiv ins Leben zu holen.

Also noch einmal: Wir gehen davon aus, dass der Entscheider in uns der Wille ist. Und von diesem Willen nehmen wir ferner an, dass er frei ist – dass es ihm freisteht, sich in einer strittigen Entscheidungssituation so oder so zu entscheiden und seiner Entscheidung gemäß zu handeln.

Neben dem frei entscheidenden Willen gibt es dann ein paar weitere Akteure in unserem internen Entscheidungsfindungstribunal: zum Beispiel die Sachverständigen, die uns mit den nötigen Informationen beliefern, die wir für eine fundierte Entscheidungsfindung brauchen – Prognosen zum Beispiel, wobei es zweitrangig ist, ob sie von einem Gott, einem Propheten, einem Futurologen, einem Demoskopen oder einem Algorithmus stammen. Ferner gibt es die Vernunft oder den Verstand, die als Berater dem Willen zuflüstern, was zu tun sinnvoll wäre. Daneben erhebt dann ein ganzes Volk von Trieben, Emotionen, Leidenschaften seine vieltönende Stimme. Womöglich ist auch noch das ehrwürdige Gewissen mit von der Partie.

So oder so: Im Idealfall steht am Ende der Wille fest – und wenn der Wille feststeht, dann sagen wir: »Ich habe mich entschieden.« So kann man sich das Wunder der Entscheidungsfindung denken. So deutet man die eigenartige Erfahrung, nach einer Zeit der erlebten Unentschiedenheit endlich eine Entscheidung getroffen zu haben. Und diese Deutung scheint nicht unplausibel. Andernfalls hätte sie sich wohl nicht über einige Jahrhunderte in der abendländischen Philosophie und Ethik einnisten können. Tatsächlich rührt sie her aus einem Menschenbild, das von der Spätantike bis heute tief in der Selbstdeutung der Menschen verankert ist.

Prüfen Sie sich selbst oder hören Sie sich im Bekanntenkreis um: Sie werden kaum jemanden finden, der nicht davon ausginge, er könne dank seines freien Willens autonome Entscheidungen treffen.

Wer so denkt, darf sich in bester Gesellschaft wissen. Die Theorie vom freien Willen liebten schon die alten Römer, denen die *voluntas* (= Wille) als eigentlicher Motor unseres Tuns und Lassens galt. Der Wille galt als eigentliches Subjekt dessen, was man *liberum arbitrium* nannte – die Wahlfreiheit, der zu verdanken sei, dass Menschen selbstbestimmt ihr eigenes Leben führen können und für ihr Tun und Lassen folglich auch persönlich zur Verantwortung oder Rechenschaft gezogen werden können. Es ist leicht einzusehen, dass die Idee des freien Willens und der freien Wahl im Zentrum unserer Rechts- und Strafverständnisses steht. Ohne die Annahme, der Mensch sei kraft seines Willens Herr im Haus des eigenen Tuns und Lassens, können wir ihn kaum als zurechnungsfähig, schuldfähig und juristisch belangbar ansehen.

So ist es auch nicht überraschend, dass das für uns Heutige so wichtige Konzept des freien Willens aus dem juristischen Vokabular der Römer herrührt. *Voluntas* war dabei jedoch noch nicht ein psychologischer Begriff, der den Entscheider in der Menschenseele dingfest machen sollte. Das Wort diente als

Sammelbegriff für das oft schwer zu fassende Bündel der Motive eines Täters.[17] Es ist vor allem das Verdienst der frühen christlichen Theologen, dass sie die *voluntas* auf das Feld der Moral verpflanzten und zur zentralen anthropologischen Kategorie der Religion machten. Unser Gut- oder Schlechtsein, lehrt der Kirchenvater Origenes, hat seinen Grund nicht in der Natur oder in einer außer uns liegenden Macht, sondern einzig in unserer freien Wahl durch unseren freien Willen.[18] Wobei die Wahl nicht bloß über das Gut- oder Schlechtsein unserer Taten entscheidet, sondern über unser ganzes Sein.[19]

Dass wir uns kraft unseres freien Willens zu Gott und seinen Geboten bekennen, das – so lehrt auch der heilige Augustinus – macht den Wert des Menschen aus und sichert ihm den Platz im Himmelreich. Sich aus freien Stücken dem Willen Gottes zu verschließen, ist die eigentliche Sünde, der wir Menschen zu erliegen pflegen und die uns letztlich in die Hölle treibt. Der Wille wird bei Augustinus zum Dreh- und Angelpunkt des Menschen. Wenn nur der Wille gut ist, wird auch alles andere gut. Kraft unseres Willens sind wir Herr im Haus und vollständig für unser Tun und Lassen haftbar. Mit dieser Annahme gelang dem großen Kirchenlehrer ein Doppeltes: Er schuf eine Moral, die sich gut mit der aus dem Judentum ererbten Vorstellung eines richtenden und wollenden Gottes vertrug und gleichzeitig den Menschen in die unbedingte Verantwortung für sein eigenes Seelenheil nahm. Die uns so selbstverständliche Idee des Willens – das zu wissen, ist nicht unnütz – konnte überhaupt nur auf dem Boden des jüdisch-christlichen Glaubens an den einen und allmächtigen Schöpfergott entstehen.[20]

Der freie Wille bei Kant

Ganz ähnliche Gedanken finden wir bei einem auf den ersten Blick völlig anders tickenden Denker. Auf der Höhe der Aufklärungsphilosophie schreibt Immanuel Kant zu Beginn seiner »Grundlegung zur Metaphysik der Sitten«: »Es ist überall nichts in der Welt, ja überhaupt auch außer derselben zu denken möglich, was ohne Einschränkung für gut könnte gehalten werden, als allein ein guter Wille. Verstand, Witz, Urteilskraft, und wie die Talente des Geistes sonst heißen mögen, oder Mut, Entschlossenheit, Beharrlichkeit im Vorsatze, als Eigenschaften des Temperaments, sind ohne Zweifel in mancher Absicht gut und wünschenswert; aber sie können auch äußerst böse und schädlich werden, wenn der Wille, der von diesen Naturgaben Gebrauch machen soll und dessen eigentümliche Beschaffenheit darum Charakter heißt, nicht gut ist.«[21]

In Kants Ethik erscheint der Wille durchweg als Gravitationszentrum seiner ganzen Moralphilosophie. Das ist aber nur möglich, weil der Wille die Freiheit hat, zwischen Gut und Böse zu wählen – weil er ein freier Wille ist. Wohl weiß Kant, dass sich die Freiheit des Willens letztlich nicht beweisen lässt, aber er legt starke Argumente dafür vor, dass wir ohne die Idee der Willensfreiheit gar nicht wirklich menschlich leben könnten.

Bei Kant liest sich das so: »Der Wille ist eine Art von Kausalität lebender Wesen, sofern sie vernünftig sind, und Freiheit würde diejenige Eigenschaft dieser Kausalität sein, da sie unabhängig von fremden sie bestimmenden Ursachen wirkend sein kann: so wie Naturnotwendigkeit die Eigenschaft der Kausalität aller vernunftlosen Wesen (ist, das heißt vernunftlose Wesen kommen nicht umhin), durch den Einfluss fremder Ursachen zur Tätigkeit bestimmt zu werden.«[22]

Versuchen wir eine Übersetzung: Wir können, so will Kant sagen, kraft unseres Willens aus freien Stücken Entscheidungen treffen, die nicht durch irgendwelche Naturgesetze erzwungen oder aus irgendwelchen Naturnotwendigkeiten ableitbar oder determiniert sind. Letzteres ist für Kant äußerst wichtig, weil seiner Ansicht nach ohne die Grundannahme eines von allen Determinationen freien Willens so etwas wie Moral und Menschenwürde gar nicht denkbar sind: Wir büßten unsere Menschlichkeit ein, wenn unser Tun und Lassen nichts anderes wären als rein physiologische Funktionen, die durch biologische, physikalische, chemische oder sonstige äußere Einflüsse herbeigeführt sind. Und auch wenn wir keinen naturwissenschaftlich belastbaren Beweis dafür vorbringen können, dass unser Wille wirklich frei ist, sind wir doch dazu berechtigt, ja nachgerade dazu gezwungen, die Willensfreiheit zu postulieren, weil wir uns anderenfalls nicht widerspruchsfrei als vernunftbegabte Wesen denken könnten.

Es war also das große Ansinnen Kants, den freien Willen als eigentlichen Entscheider in uns stark zu machen, weil ohne freien Willen so etwas wie Menschenwert und Menschenwürde gar nicht denkbar wären. Allein die Annahme des freien Willens ermögliche es zu denken, dass Menschen aus Vernunftgründen und eigener Einsicht ihr eigenes Leben autonom und selbstständig führen können.

Wenn Sie der Meinung sind, aus freien Stücken willentlich Entscheidungen treffen zu können, dann dürfen Sie sich von nun an als Gefolgsmann Kants – und auch des alten Augustinus – sehen. Und das sind nur zwei Namen, die am Anfang und am Ende der großartigen Mär vom freien Willen stehen, der wir alle gar zu gern Glauben schenken.

Ja, Sie hörten richtig: »die Mär vom freien Willen«. Soll das etwa heißen, dass der freie Wille eine reine Fiktion ist – dass es ihn gar nicht gibt und er als Interpretation für das, was wir Entscheidung nennen, letztlich gar nichts taugt? Gemach, gemach, wir werden sehen.

Aber so viel müssen wir uns klarmachen: Dass wir meinen, einen freien Willen in uns als Urheber unserer Entscheidungen voraussetzen zu dürfen, ist alles andere als selbstverständlich. Es war schon zu Augustinus' Zeiten nicht selbstverständlich, es war zu Kants Zeiten nicht selbstverständlich, und heute ist es erst recht nicht selbstverständlich. Es hilft nichts: Wir müssen unser landläufiges Menschenbild grundsätzlich infrage stellen – und mit ihm die lieb gewonnene Annahme, der eigentliche Entscheider in uns sei der freie Wille. Es gilt also aufs Neue: *Gnothi sauton!* »Erkenne dich selbst!« Schon Kant sah sich bemüßigt, die Annahme des freien Willens gegen Einwände zu behaupten. Tatsächlich war seit den Tagen des Augustinus eigentlich permanent umstritten, ob es wirklich der Wille oder nicht doch eher der Intellekt oder ein Trieb oder sonst was sei, was im Menschen eine Entscheidung herbeiführt – und selbst wenn man für den Willen votierte: ob er auch wirklich frei ist. Und wenn er wirklich frei ist, ob wir die Willensfreiheit wirklich wollen können. Denn vielleicht war der freie Wille ja von Anfang an keine so tolle Idee. Das jedenfalls meint der Philosoph Peter Bieri, wenn er zu bedenken gibt: »Nehmen wir an, Sie hätten einen unbedingt freien Willen. Es wäre ein Wille, der von nichts abhinge: ein vollständig losgelöster, von allen ursächlichen Zusammenhängen freier Wille. Ein solcher Wille wäre ein aberwitziger, abstruser Wille. Seine Losgelöstheit nämlich würde bedeuten, dass er unabhängig wäre von Ihrem Körper, Ihrem Charakter, Ihren Gedanken und Empfindungen, Ihren Phantasien und Erinnerungen. Es wäre, mit anderen Worten, ein Wille ohne Zusammenhang mit all dem, was Sie zu einer bestimmten Person macht. In einem substantiellen Sinn des Wortes wäre er deshalb gar nicht Ihr Wille.«[23]

So kann man das Ganze also auch sehen. Aber hilft uns das weiter, wenn wir dem Geheimnis auf die Schliche kommen wollen, wer oder was in uns eigentlich das Sagen hat – was eigentlich genau geschieht, wenn wir sagen, wir hätten uns entschieden?

Die jahrhundertelange Diskussion um den Willen

Im Mittelalter tobte um den freien Willen eine heftige Debatte.[24] Das ist verständlich, denn das Menschenbild der Theologen baute gänzlich darauf auf, dass es an unserem Willen hängt, ob wir zu den Erlösten oder den Verdammten zählen. Das warf jedoch die Frage auf, ob nicht auch die Vernunft ein Wörtchen mitzureden habe. Denn immerhin sei es für das Seelenheil eines Menschen vielleicht nicht unerheblich, das göttliche Gebot auch zu verstehen und es nicht einfach nur mit blindem Gehorsam zu befolgen. Wenn aber unsere Entscheidungen sich daraus herleiten, verstanden zu haben, dass es gut ist, dem göttlichen Gebot zu folgen, ist unser Wille allem Anschein nach schon nicht mehr ein freier Entscheider, sondern bloß das Exekutivorgan des vorab entscheidenden Intellektes und seiner Erkenntnisse.

Über solche Fragen konnte man sich im 12. Jahrhundert in Rage denken. Ganze Bibliotheken wurden mit Abhandlungen dazu gefüllt.

Andere Philosophen und Theologen zerbrachen sich den Kopf darüber, wie sich der freie Wille zur Freiheit Gottes verhalte. Es könne ja sein, so dachten sie, dass unser Wille – auch wenn wir das gar nicht merken – von Gott im Vorfeld programmiert worden ist. Schließlich ist Gott ja allmächtig und allwissend, das heißt, schon am Tag der Schöpfung muss er gewusst haben, wie ich mich jeweils entscheiden würde. Wenn er das aber wusste und mich gleichwohl so erschaffen hat, wie ich jetzt bin, dann sind meine Entscheidungen mitnichten meine freien Entscheidungen, sondern nur das Abspulen eines von Gott geschriebenen Programms.

So etwas konnte man denken, aber wer so dachte, handelte sich das Problem ein, damit die moralische Zurechenbarkeit des Menschen zu untergraben: Wenn mein Handeln von Gott determiniert ist, dann kann mich Gott ja wohl nicht dafür zur Rechenschaft ziehen. Dann kann mein Seelenheil also auch nicht daran hängen, dass ich immer guten Willens war, sondern ausschließlich an meinem Vertrauen auf und meinem Glauben an die Gnade, die mir von Gott zuteilwird. So etwa versuchen die Vordenker der Reformation wie Martin Luther und Johannes Calvin die Verantwortung des Menschen für sein Seelenheil mit der allwissenden Allmacht Gottes unter einen Hut zu bekommen. Den freien Willen schicken sie dafür zum Teufel.

Wir müssen uns damit nicht lange aufhalten. Aber es ist nicht unnütz, sich wenigstens beiläufig klarzumachen, dass die These vom freien Willen als zentralem Entscheider keineswegs selbstverständlich ist; und dass sie nicht erst mit der beginnenden Moderne unter Beschuss genommen wurde. Was freilich geschah – und zwar mit einiger Verve.

Einer, der sich hier besonders hervortat, war Arthur Schopenhauer. Er vertrat den Standpunkt, der freie Wille sei eine Illusion. Vielmehr werde das menschliche Handeln durch unterschiedliche Einflüsse innerhalb und außerhalb des Subjekts gesteuert. Was der Mensch als Wille erlebe, sei keineswegs auf seinem eigenen Mist gewachsen, sondern ein eher diffuser und chaotischer Handlungsimpuls. So konnte Schopenhauer sagen, der Mensch könne wohl tun, was er will, aber er könne nicht wollen, was er will. Auch wenn es uns nicht schmecke: Wir seien gut beraten einzusehen, dass wir nicht die Herren im eigenen Hause sind.

Was der Mensch als Wille erlebe, sei – so Schopenhauer – keineswegs auf seinem eigenen Mist gewachsen.

In die gleiche Kerbe schlug wenig später Friedrich Nietzsche. »Ich lache eures freien Willens und auch eures unfreien: Wahn ist mir das, was ihr Willen heißt, es giebt keinen Willen«[25], notierte er im Sommer 1883. Was überraschend klingt, wenn man bedenkt, dass eines der zentralen Themen in Nietzsches Philosophie der »Wille zur Macht« ist. Aber dieser »Wille zur Macht« ist eben kein in irgendeiner Art freier oder dem handelnden Menschen subjektiv verfügbarer Wille, sondern – ähnlich wie bei Schopenhauer – ein unwillkürlicher, vitaler, mehr physischer als geistiger Impuls, der den Menschen völlig unabhängig von Bewusstsein und Vernunft steuere. Für den freien Willen Kants und der Altvorderen hatte Nietzsche folglich auch nur Hohn und Spott übrig.

FRIEDRICH NIETZSCHE IM SPOTT ÜBER DEN »FREIEN WILLEN«

»Das Verlangen nach ›Freiheit des Willens‹, in jenem metaphysischen Superlativ-Verstande, wie er leider noch immer in den Köpfen der Halb-Unterrichteten herrscht, das Verlangen, die ganze und letzte Verantwortlichkeit für seine Handlungen selbst zu tragen und Gott, Welt, Vorfahren, Zufall, Gesellschaft davon zu entlasten, ist nämlich nichts Geringeres, als eben jene causa sui zu sein und, mit einer mehr als Münchhausen'schen Verwegenheit, sich selbst aus dem Sumpf des Nichts an den Haaren in's Dasein zu ziehn.«[26]

Moralische Zurechenbarkeit, freie Entscheidungsfähigkeit – das sind für Nietzsche bürgerliche Träumereien, derer man sich besser gleich entledigt, um die wirkliche Freiheit des Menschen zu erwerben. Diese bestehe eben nicht darin, freie Entscheidungen herbeiführen zu können, sondern den unverfügbaren Willen zur Macht in sich zu bejahen und das Lebensspiel nach besten Kräften mitzuspielen. Nicht der Wille ist frei, sondern das Wollen befreit – und zwar ein Wollen, das jenseits von Gut und Böse verläuft; ein Wollen, das nicht rational oder vernünftig ist; ein Wollen, das nur eine Richtung kennt und deshalb alles andere als frei ist; ein Wollen, das befreit, weil sich ihm hinzugeben heißt, der Wahrheit ins Gesicht zu sehen, dass Menschsein sich darin erfüllt, zum Leben Ja zu sagen. Kein freier Wille und auch keine Ratio haben etwas zu entscheiden.

Dass wir nicht Herr im eigenen Hause sind und folglich keinen freien Willen haben, behauptet auch die Psychoanalyse – allem voran ihr Begründer Sigmund Freud, der allem Anschein nach der Urheber der mehrfach schon gebrauchten Formulierung ist, wonach »das Ich nicht Herr sei in seinem eigenen Haus«.[27] Freud hatte nämlich im Zuge seiner intensiven Erforschung der Neurosen festgestellt, dass es im Inneren des Gemütes durchaus nicht immer so glatt zugeht, wie das alte Menschenbild mit seinem Glauben an Vernunft und freien Willen suggeriert: »Das Ich fühlt sich unbehaglich, es stößt auf Grenzen seiner Macht in seinem eigenen Haus, der Seele. Es tauchen plötzlich Gedanken auf, von denen man nicht weiß, woher sie kommen; man kann auch nichts dazu tun, sie zu vertreiben. Diese fremden Gäste scheinen selbst mächtiger zu sein als die dem Ich unterworfenen; sie widerstehen allen sonst so erprobten Machtmitteln des Willens.«[28]

Nicht wir sind Herr im Haus, sondern ein unbewusster Drang, der uns zu voll erblühten Lebewesen machen will.

Wir sehen: Die Theorie vom bewussten freien Willen als Entscheider wurde am Ende des 19. Jahrhunderts gewaltig unter Beschuss genommen. Vollends in Trümmer gelegt wurde sie hundert Jahre später mit dem Aufkommen der modernen Hirnforschung. Der amerikanische Neurophysiologe David Eagleman bringt den Stand der Dinge wie folgt auf den Punkt: »So wie die Wissenschaft das Gehirn heute versteht, gibt es nirgendwo eine Lücke für den freien Willen – den nicht verursachten Verursacher –, denn alle Teile des Apparats stehen in Ursache-Wirkung-Beziehungen zueinander.«[29] Und an anderer Stelle konstatiert er etwas abgemildert: »So sehr wir uns also die Willensfreiheit wünschen mögen und so sehr wir ahnen, dass es sie gibt, haben wir momentan keine Möglichkeit, ihre Existenz überzeugend nachzuweisen.«[30]

Wohl aber gibt es reichlich Indizien dafür, dass der freie Wille eine pure Illusion ist bzw. eine nicht sehr überzeugende Deutung des Geschehens, das wir »Entscheidungsfindung« nennen. Das Spektrum reicht von der Beobachtung sonderbarer Schädigungen des Hirns wie das Tourette-Syndrom, bei dem

Patienten Dinge sagen, die sie gar nicht sagen wollen, bis hin zu jenem berühmt gewordenen Experiment des US-amerikanischen Neurophysiologen Benjamin Libet aus dem Jahr 1979. Eagleman beschreibt es wie folgt: Libet brachte Elektroden am Kopf seiner Testpersonen an und forderte sie auf, »zu einem frei gewählten Zeitpunkt einen Finger zu heben. Außerdem bat er sie, den genauen Moment festzuhalten, an dem sie das Bedürfnis verspürten, den Finger zu bewegen, und hielt diesen auf die Hundertstelsekunde fest.«[31] Gleichzeitig wurde die Gehirnaktivität aufgezeichnet. Das Ergebnis war verblüffend: Mehr als eine Sekunde, bevor ein Proband das Bedürfnis verspürte, den Finger zu heben, konnte die entsprechende Gehirnaktivität bzw. ein sogenanntes Bereitschafts- oder Vorbereitungspotenzial bereits gemessen werden.

Eagleman folgert: »Das heißt, ein Teil des Gehirns hatte eine Entscheidung getroffen, ehe die Testperson das bewusste Bedürfnis verspürte (…) Es sieht ganz so aus, als würde das Gehirn hinter den Kulissen schuften – neuronale Koalitionen bilden, Handlungen planen und Abstimmungen halten – lange bevor wir die Nachricht erhalten, dass wir gerade die geniale Idee hatten, den Finger zu heben.«[32]

Spätere Versuche einer Forschergruppe um John-Dylan Haynes am Berlin Center for Advanced Neuroimaging (BCAN) von 2013 bestätigten Libets Ergebnisse und zeigten, dass die neuronale Aktivierung des Bereitschaftspotenzials auch bei komplexen Wahlsituationen deutlich früher erfolgt als das subjektive Empfinden, eine Entscheidung zu treffen.[33] Nach Erscheinen seiner Studie wies Haynes im Deutschlandfunk darauf hin, dass die Ergebnisse zeigten, »wie stark unsere Entscheidungen von unbewussten Hintergrundprozessen beeinflusst werden. Das ist das eigentlich Interessante, dass wir das Gefühl haben, ich entscheide mich jetzt, aber dass irgendetwas im Gehirn schon vorher unbewusst passiert ist.« Es brauche aber noch »20 Jahre Forschung zum Thema Gehirnmechanismen des freien Willens«[34], um den Zusammenhang zwischen unbewussten Hirnprozessen und den später vermeintlich bewusst getroffenen Entscheidungen wirklich zu durchdringen.

Irgendwie willenlos?

Gleichviel, nach dem heutigen neurophysiologischen Erkenntnisstand kommt man kaum daran vorbei festzuhalten: Es steht nicht gut um unsere Vorstellung vom freien Willen als Entscheider. Zum einen, weil wir nur sehr wenig Indizien dafür finden, der Wille könne wirklich frei von aller Fremdbestimmung ganz aus sich heraus aktiv sein.

Zum anderen, weil wir reichlich Anhaltspunkte dafür haben, dass es den Willen gar nicht gibt, sodass sich die Frage nach seiner Freiheit eigentlich erübrigt; weil Willen nicht mehr als eine Chiffre ist, die Menschen erfunden haben, um sich für ihr Entscheiden und ihr Handeln selbst verantwortlich zu machen – eine Chiffre, die aber nur schlecht verbirgt, was sie in Wahrheit ausmacht: ein Bündel biochemischer Prozesse, die sich in unserem Hirn abspielen und die kein Ich und auch kein Wille selbstständig hervorbringt, sondern die irgendwie in unserem Gehirn entstehen und irgendwie das auf den Weg bringen, was wir Entscheidung nennen.

Sie sind mit diesem »irgendwie« nicht ganz zufrieden? Ihnen ist nicht ganz wohl bei jenem Menschenbild, das manche Hirnforscher vertreten: einem Menschenbild, das uns erklären möchte, wir seien nichts anderes als unser Gehirn? Hm, verständlich. Das geht mir genauso, aber was machen wir da? Das gute alte Menschenbild von Kant und Augustinus trägt nicht mehr: Der selbstbewusste, freie, rationale Wille scheint eine Illusion zu sein. Es könnte also an der Zeit sein, dem guten alten Willen Lebewohl zu sagen und ihm im Museum des menschlichen Geistes einen standesgemäßen Schaukasten einzurichten. Vielleicht ist das ja auch gar nicht so schlimm.

Es kann jedenfalls nichts schaden, wenn wir uns probeweise freimachen vom freien Willen. Doch sollen wir den unerbittlichen Neurophysiologen trauen und anstelle unseres freien Willens die unbewusste Macht der neuronalen Biochemie inthronisieren? Der Preis dafür wäre beträchtlich, wenn wir denn an dem festhalten, was uns Heidegger und Kierkegaard glaubhaft versicherten: dass unsere Fähigkeit zum Entscheiden das eigentliche Fundament der Menschenwürde ist. Die neurophysiologische These, nichts anderes als neuronale Vorgänge im Gehirn seien für unsere Entscheidungen zuständig, kann uns angesichts dessen nicht befriedigen. Wollen wir es dann lieber mit Nietzsche und Schopenhauer halten und eine drängende Vitalkraft in uns als Entscheider proklamieren; oder mit Freud und einem Mainstream der Psychologie vermuten, Faktoren aus dem Unbewussten leiteten das Handeln? Vielleicht.

Doch bevor wir uns vorschnell diesen Leuten in die Arme werfen, sollten wir eine weitere Option prüfen. Es könnte ja sein, dass wir eine stimmige Erklärung für das Rätsel des Entscheidens finden, wenn wir ein gänzlich anderes Menschenbild zurate ziehen. Es könnte sein, dass wir ein Bild entdecken, das ohne ein so fragwürdiges Konzept wie den Willen auskommt und uns gleichwohl verständlich machen kann, was eigentlich mit uns geschieht, wenn wir eine Entscheidung treffen.

Die gute Nachricht ist: Es gibt ein solches Menschenbild und eine solche philosophische Entscheidungstheorie. Wir finden sie in der Antike. Denn so erstaunlich es beim ersten Hören klingen mag: Die alten Griechen kannten keinen Willen. Sie hatten keine Idee davon. Sie hatten auch kein Wort dafür, was die neuzeitliche Philosophie als den Willen eines Subjektes beschreibt. »Dem Begriff des Willens entspricht kein Wort im philosophischen oder außerphilosophischen Griechisch«, schreibt der Altertumsforscher Albrecht Dihle.[35] Die Griechen deuteten das Wunder des Entscheidens, ohne auch nur einen Gedanken an den Willen zu verschwenden.

WILLENLOS ENTSCHEIDEN.
WARUM WIR BEI DEN ALTEN GRIECHEN
IN DIE SCHULE GEHEN SOLLTEN

Wenn wir uns den Griechen zuwenden, bekommen wir es mit einem Geist zu tun, der ziemlich weit von dem entfernt ist, was wir Modernen für wahr und gut und richtig halten. Dass die Idee des Willens diesem Griechengeist vollkommen fernlag, ist nur eine Facette dieser Unterschiedlichkeit. Der Grund dafür ist schnell gefunden: Das Welt- und Menschenbild der Griechen wurzelt in einer Religion, die völlig anders funktioniert als das, was uns aus Christen- oder Judentum vertraut ist. Die Griechen kannten keinen Weltenschöpfer, der kraft seines Willens und seiner Macht die Welt erschaffen hatte und durch Gebote diesen seinen Willen den von ihm erschaffenen Menschen kundtat. Die Götter, die die Griechen liebten und verehrten, waren genau wie sie Bewohner einer ewigen und wundervollen Welt, die man als *kósmos* kannte – was nichts anderes heißt als »schöne Ordnung«. Die Welt, so fühlte dieses sonderbare Volk, war eigentlich in Ordnung, und das Glück des Lebens hing daran, sich dieser Ordnung einzufügen, um in Harmonie und Eintracht mitzuschwingen in der großen Melodie des Universums.

Wenn wir uns das vergegenwärtigen, verstehen wir, dass Albrecht Dihle schreibt: »Es bestand keine Notwendigkeit, im Rahmen dieser Vorstellungen von der Natur, der Gottheit und der Stellung des Menschen einen Terminus zu prägen, mit dem der Wille als solcher, ohne Bezugnahme auf den Intellekt, bezeichnet werden konnte.«[36] Kurz und knapp: Es gab keinen Willen in der Welt der alten Griechen.

Dennoch konnten auch die alten Griechen Entscheidungen treffen und waren in der Lage, ihrem Tun und Lassen eine bestimmte Richtung zu geben. Auch ohne Willen – oder willenlos – konnten sie sich für das eine und gegen das andere entscheiden. Und ebenso konnten sie sich einen Reim darauf machen, was sie dabei eigentlich machten. Mehr noch: Sie konnten es zur Sprache bringen mit Worten, die uns zu verstehen geben, wie sie das Rätsel des Entscheidens lösten. Das Verb, das im ältesten Griechisch unserem »wollen« am nächsten kommt, heißt *theleîn* oder *etheleîn*. Ursprünglich ist damit so etwas wie »gefasst sein auf« oder »bereit sein zu« gemeint. Es kennzeichnet eine Disposition und nicht eine Intention. Das andere griechische Wort, das in unseren Übersetzungen oft und fälschlich mit »Wille« übertragen wird, ist *boulésis* vom Verbum

Wenn Sie einem Sokrates oder Platon von unserer Diskussion zum Thema Willensfreiheit erzählen könnten: Die großen Denker würden Sie mit eulenartig geweiteten Augen anstarren und nicht verstehen, was Sie sagen wollen. Das ist erstaunlich, oder?

bouleueîn. Die *boulé* ist der Rat, und *bouleueîn* heißt »mit sich zurate gehen«, wobei am Ende dieses Prozesses dann das steht, was auf Griechisch *prohaíresis* heißt: das Vorziehen.

Das alles bringt uns auf die richtige Spur: Das Rätsel des Entscheidens löst sich für die alten Griechen im Sinne einer Einsicht. Wenn sie nicht wissen, was zu tun ist, dann geht es ihnen nicht darum herauszufinden, was man will, sondern darum zu ermitteln, welche Option vorzuziehen ist – genauer: zu erkennen, was das Tunliche ist. Hat man das Tunliche erkannt, dann braucht man keinen Willen mehr, denn das Erkennen schließt die Entscheidung mit ein. Das heißt: Eine Entscheidung trifft der Grieche dann, wenn er das Tunliche erkannt hat. »Bei den Menschen soll wichtigen Entscheidungen eingehende Überlegung vorausgehen«, erklärt Dihle, »deshalb wohl beziehen sich im frühen Griechisch viele Verben, die Erkenntnis oder Reflexion beschreiben, häufig auch auf den Entschluss zum Handeln, der aus diesem Akt erwächst.«[37]

Wenn man der Weltweisheit der alten Griechen folgt, erhält man mithin eine andere Antwort auf die Frage danach, wer in uns das Sagen hat, als bei einer Konsultation der neuzeitlichen Philosophen: Kein Wille – weder ein freier noch ein determinierter – ist für unser Tun entscheidend, sondern die Einsicht in das Tunliche. Wenn stimmt, was Heidegger und Kierkegaard uns lehren, und wir als Menschen Wesen der Entscheidung sind, dann müsste man im Anschluss an die alten Griechen sagen: Wir sind nur dann im vollen Sinne Mensch, wenn wir entschieden sind, bei allem, was zu tun ist, stets nach dem Tunlichen zu fragen; und wenn wir zunächst zu verstehen suchen, warum genau das zu tun für uns jetzt tunlich ist.

Das alles kommt Ihnen ein wenig verquast vor? Und kopflastig zudem? Nun gut, das ist vielleicht der Preis dafür, dass wir uns dafür entschieden haben, die Kunst des willenlosen Entscheidens zu erproben. Wer nicht wollen will, muss denken. Aber Sie haben schon recht: Unseren altbewährten neuzeitlichen Willen durch die Einsicht in das Tunliche zu ersetzen, ist zu einfach. Entscheiden ist tatsächlich mehr als nur Verstehen. Aber was dann? Bleiben wir dafür bei den Griechen. Sie kannten zwar keinen Willen, dafür aber eine hübsche Palette möglicher Entscheider, die kennenzulernen nicht verkehrt ist, weil sie uns auf die Spur zu den Entscheidungshelfern bringen, die Entscheidern gern zur Seite stehen.

Wer nicht wollen will, muss denken.

DIE ENTSCHEIDER: WER HAT IN UNS DAS SAGEN, UND WENN JA, WIE VIELE?

Fassen wir einmal zusammen, was wir im ersten Kapitel geklärt haben: Als Menschen kommen wir nicht darum herum, uns zu uns selbst zu verhalten. Wir können »Ich« zu uns sagen und haben die Freiheit, uns für oder gegen dieses Ich zu entscheiden. Wenn wir uns für dieses Ich entschieden haben, können wir entscheiden, was dieses Ich tun oder lassen sollte. Dabei geht es uns unausweichlich darum, eine richtige oder gute Entscheidung zu treffen, wir wissen aber oft nicht, was jeweils gut und richtig ist. Deshalb brauchen wir Entscheidungshelfer.

Der erste Entscheidungshelfer, der uns begegnete, war: *Gnothi sauton!* »Erkenne dich selbst!« Nur wenn wir wissen, wer wir sind, können wir gute Entscheidungen treffen. Deshalb steht vor jeder Entscheidung der Blick nach innen. Der ist jedoch nicht leicht. Wir sind dabei zumeist geleitet von einem nicht weiter bewussten Menschenbild, das unsere Selbstwahrnehmung formatiert. Bei den meisten Zeitgenossen handelt es sich dabei um ein Menschenbild, das unterstellt, in uns gebe es einen freien Willen. Deshalb glauben wir so gern all den Coaches, die uns versichern: Wenn du nur weißt, was du willst, kannst du dich auch entscheiden. Ganz so wie meine Oma mit angesichts der quälenden Entscheidung des Zehnjährigen, ob er lieber den Kuschelhasen oder das Lego-Set erwerben sollte, sagte: »Du musst halt wissen, was du willst.« Wusste ich aber nicht. Mist.

Inzwischen weiß ich mehr: Ich weiß, warum ich das nicht wissen konnte. Weil es gar keinen Willen gibt – und weil das, was wir »wollen« nennen, eine relativ späte, aus dem römischen

Rechtsdenken herrührende Deutung dessen ist, was wir als Entscheidung erleben. Und da die Theorie vom Willen – vom freien Willen allzumal – inzwischen arg gefleddert wurde, habe ich Ihnen vorgeschlagen, den Knoten einfach zu zerschlagen und zu erwägen, was dabei herauskommt, wenn wir uns den Akt des Entscheidens ohne Rückgriff auf einen so unsicheren Kantonisten wie den Willen erklären. Vielleicht lässt sich auf diese Weise ja sogar die Freiheit unserer Entscheidung retten. Denn dass der Wille in uns unfrei ist, ficht uns nun nicht mehr an, da wir dem Willen Lebewohl zu sagen wagen. Lassen Sie uns also tief Luft holen, die Ärmel hochkrempeln und das Wunder des Entscheidens anders denken als gewöhnlich.

Ich verspreche Ihnen: Entscheidungen frei zu machen von der Idee, wir müssten wissen, was wir wollen, ist ein Entscheidungshelfer erster Güte. Wenn Sie nur erst eine gute Interpretation des Entscheidens haben, dann werden Sie leichter Entscheidungen treffen.

Der Weg, den wir verfolgen, führt uns zu den alten Griechen: zu jenem wunderbaren Volk, dem wir fast alles zu verdanken haben – und das, obwohl sie keinen Willen hatten! Fragen wir uns also, wie diese willenlosen Griechen ihre Entscheidungen trafen. Wie wäre es, wenn wir ihnen einfach dabei zuschauen? Das ist gar nicht so schwierig, denn wir kennen ein paar dieser Leute ganz gut. Herakles und Paris, Ajax und Odysseus – die vier sollen erst einmal genügen.

HERAKLES AM SCHEIDEWEG – KOPFGEBURT

Der antike Autor Xenophon, dem wir eine Reihe köstlicher Anekdoten von Sokrates verdanken, berichtet einmal, der Sophist Prodikos habe mit großem Publikumserfolg eine Geschichte vorgetragen, die er »Herakles am Scheideweg« nannte.[38] Das Ganze war wohl eine PR-Maßnahme, um als Coach junger Aristokraten – das nämlich waren die Sophisten – angeheuert zu werden, aber das tut hier nichts zur Sache. Die Story wurde zum Klassiker der Entscheidungsliteratur:

»Als Herakles im Begriffe stand, aus dem Knaben- in das Jünglingsalter überzutreten, in dem die Jünglinge bereits selbstständig werden und zeigen, ob sie den Weg der Tugend oder des Lasters zu ihrem Lebenswege machen wollen, sei er an einen einsamen Ort hinausgegangen, habe sich daselbst niedergesetzt, unschlüssig, welchen von beiden Wegen er einschlagen solle. Da habe er zwei Frauen von hoher Gestalt auf sich zukommen sehen; die eine war schön anzusehen und edel, Reinheit war ihres Leibes, Schamhaftigkeit ihrer Augen, Sittsamkeit ihrer Haltung Schmuck; ihre Kleidung war weiß. Die andere war wohlgenährt bis zur Fleischigkeit und Üppigkeit, die Farbe geschminkt, sodass sie weißer und röter sich darzustellen schien, als sie wirklich war, und ihre Haltung so, dass sie gerader zu sein schien als von Natur.«

So, das ist doch mal ein Setting: Herakles, ein starker Mann mit Superbody, sitzt grübelnd an einer Weggabelung, und zwei Frauen treten zu ihm, jede als Repräsentantin eines der beiden möglichen Wege, die der Held einschlagen könnte. Die weiß gewandte – Überraschung! – steht für das Leben der Tugend, die andere – lasziv-verführerische – steht für das Leben der Lust. Was tun? Entweder-oder? Rechts oder links? Halb rechts, halb links läuft nicht (obwohl das, wie wir an anderer Stelle von Sokrates[39] erfahren können, der beste Weg wäre). Aber das lässt das Weggabelungs-Szenario nicht zu. Herakles muss sich entscheiden. Und das tut er auch. Aber wie?

Prodikos Geschichte geht so weiter, dass die Damen anfangen zu argumentieren. Eine nach der anderen tragen sie dem jungen Herrn ihre Gründe vor, warum er bitte schön den von ihr verfochtenen Weg verfolgen möge. Sie appellieren mithin nicht an des Heroen Willen, sondern an seinen Intellekt. Die eine legt ihm dar, wie angenehm das Leben ist, das ihn erwartet, sofern er sich dafür entscheidet, ihr – das heißt der Lust und dem Vergnügen – zu frönen. Die andere hält dagegen: »Ich will dich aber nicht durch Vorgaukeln von Genüssen täuschen, sondern dir das Leben, wie es die Götter angeordnet haben, der Wahrheit gemäß schildern. Von dem Guten und wahrhaft Schönen geben die Götter den Menschen nichts ohne Mühe und Fleiß. Willst du, dass die Götter dir gnädig seien, so musst du sie ehren; willst du von deinen Freunden geliebt werden, so musst du ihnen Gutes erweisen; willst du von irgendeinem Staate geehrt werden, so musst du dem Staate nützlich werden ...«

Prodikos war ein gewiefter Autor. Um seine Geschichte aufzuhübschen, erfand er die zwei Frauen und stellte sie dem Herakles gegenüber. Es ist aber sicher nicht verboten, die beiden Frauen als innere Stimmen im Intellekt des Herakles zu deuten – sodass das Rededuell in Wahrheit nichts anderes ist als ein inneres Ringen, bei dem die Wortführenden so sehr ineinander verkeilt sind, dass Herakles keine Lösung findet: Er kann sich nicht entscheiden. Stattdessen mag er seufzen: »Zwei Stimmen wohnen, ach, in meinem Kopf.« Er erlebt einen inneren Zwiespalt, fühlt sich in sich selbst geschieden – ein unerfreulicher Zustand. Und um den zu beheben, wählt er zunächst den Weg in die Einsamkeit, um der inneren Scheidung durch eine Ent-Scheidung ein Ende zu bereiten und seinen inneren Einklang zurückzugewinnen.

Wie geht Herakles vor?
Wie würden Sie vorgehen?
Die Frage ist ernst gemeint!

Also, was macht Herakles? Und was macht er nicht? Er versucht nicht herauszufinden, was er will. Er versucht herauszufinden, welche der beiden Damen recht hat. Was heißt das? Es heißt: Welche der beiden von den Damen vorgetragenen Theorien über das gute Leben scheint wahr – oder mindestens doch wahrer – zu sein? Er vergräbt sich folglich auch nicht in den Abgründen seines Unbewussten und forscht nach seinem Bauchgefühl, sondern er lässt die beiden unterschiedlichen Stimmen zu Wort kommen, um zuletzt nach Maßgabe seines Verstehens zu entscheiden. Die Entscheidung, so können wir annehmen, ist dann getroffen, wenn eine der beiden konkurrierenden Positionen dem Helden mehr einleuchtet als die andere – wenn er die überlegene Wahrheit der einen Position erkennt. Dann nämlich ist der innere Disput entschieden, dann ist die Entscheidung getroffen; und zwar, weil von einer der beiden konkurrierenden Stimmen die Wahrheit gesagt wird.

Herakles sucht also die Wahrheit. Sie will er treffen, um damit zugleich die Entscheidung zu treffen. Hat er aber die Wahrheit getroffen, wird nicht allein seine Entscheidung trefflich sein, sondern auch sein Handeln, weil das Treffliche bei einer Handlungsentscheidung immer zugleich das Tunliche ist.

Wie also kommt ein Held am Scheideweg zu einer Entscheidung? Durch die Kraft des Denkens und Erkennens; durch seinen Verstand. Der Entscheider in Herakles ist sein Verstand, sein Intellekt, seine Ratio. Egal, wie Sie es nennen wollen. So oder so ist seine Entscheidung eine Kopfgeburt. Das heißt aber nicht, dass sie schlecht wäre. Im Gegenteil. Natürlich wählt er den mühsamen, aber nachhaltigen Weg der Tugend – und jeder, der den Mythos kennt, weiß, dass er damit nicht schlecht gefahren ist. Es war mithin kein Fehler, dass er seine grauen Zellen bemühte, um am Scheideweg eine gute Entscheidung zu treffen. Wir sehen hier: Denken hilft. Und das heißt dann ebenso: Nicht denken ist keine Lösung. Zumindest meistens. Davon handelt das nächste Beispiel.

PARIS UND DIE QUAL DER WAHL – BAUCHGEFÜHL

Neben Herakles am Scheideweg hält die alte Mythologie noch andere Klassiker für Entscheidungsdilemmata bereit: zum Beispiel die Geschichte von Paris und den drei Göttinnen.

Unter den großen Göttinnen des Olymps ist ein Streit ausgebrochen.[40] Schuld daran ist die Göttin Eris (deren Namen »Streit« bedeutet), die das große Hochzeitsgelage des Peleus und der Thetis damit sprengt, dass sie einen goldenen Apfel mit der Aufschrift *kallistē* (»der Schönsten«) in die Damengesellschaft wirft, wodurch sogleich ein Handgemenge ausbricht, da sich vor allem drei der versammelten Göttinnen – namentlich Hera, Athena und Aphrodite – bemüßigt sehen, das goldene Obst für sich selbst zu reklamieren. Sie benehmen sich nicht sonderlich ladylike, sodass der Boss – Zeus – die Sache in die Hand nimmt und festlegt, der Streit dreier so zauberhafter göttlicher Damen dürfe nicht so unrühmlich ausgetragen werden. Da allerdings keiner unter den Göttern befugt sei, unparteiisch ob der Schönheit einer der ihren zu urteilen, verfügt der Göttervater, ein Menschenkind solle den Konflikt lösen – und zwar ein gewisser Paris, Sohn des trojanischen Königs Priamos und seiner Gattin Hekabe. Der war jedoch vom Elternpaar verstoßen worden, weil seine Mutter einst während der Schwangerschaft geträumt hatte, sie werde eine Unheil bringende Fackel gebären; was sie als Hinweis darauf deutete, dass der Sohn, mit dem sie niederkommen sollte, Unheil über das Land bringen werde. Genauso geschieht es dann auch, denn dass ausgerechnet der nach seiner Geburt ausgesetzte und zum Hirten degradierte Paris den göttlichen beauty contest entscheiden soll, kann kein gutes Ende nehmen.

Nun denn, Götterbote Hermes führt dem von seinem zweifelhaften Glück nichts ahnenden Paris die drei Göttinnen zu, drückt dem jungen Mann den vermaledeiten goldenen Apfel in die Hand und sagt: »Wohlan, mein Freund. Reiche diese Frucht

doch bitte der Schönsten jener drei, die du hier vor dir siehst.«
Verdammt! Schlimmer hätte es nicht kommen können: drei Göttinnen, jede schöner als die andere – alle drei gleich schön, gleich göttlich, gleich attraktiv. Aber nur ein Apfel! Wie, in Gottes Namen, soll sich der arme Kerl entscheiden? Was würden Sie an seiner Stelle tun?

Die Göttinnen merken rasch, in welcher Not der arme Bursche ist. Und also verfallen sie auf die glorreiche Idee, seiner Entscheidungskraft ein bisschen auf die Sprünge zu helfen, indem eine jede ihm eine Prämie in Aussicht stellt, die er dann im Falle ihres Triumphes über die beiden anderen Damen von ihr erhalten würde. Hera, die Gattin des Zeus (dass die sich dazu herablässt, unfassbar!), verspricht ihm die Herrschaft über alle Griechenstädte, Athena stellt ihm militärische Triumphe in Aussicht, und Aphrodite, die Goldene, Liebreizende, ködert den Burschen, indem sie ihm die schönste aller Griechenfrauen als Bettgefährtin in Aussicht stellt.

Okay, als weibliche Leserin dürfen Sie gleich weiterlesen, als männlichen Leser muss ich Sie erneut auffordern, die schwierige Frage selbst zu bewegen: Was würden Sie wählen? Frei (frei?), wie Sie sind: Macht, Ruhm oder doch die attraktivste aller Frauen?

Sie wissen, wie die Sache ausgeht, oder? Paris reicht den Apfel der schönen Aphrodite. Sie verspricht ihm dafür Sex mit Helena, die aber blöderweise mit einem der mächtigsten Potentaten Griechenlands, einem gewissen Menelaos, liiert ist. Paris krallt sie sich trotzdem – sie folgt ihm dem Vernehmen nach sogar willig nach Troja. Menelaos is not amused, schwört Rache, rüstet mit seinem Bruder Agamemnon zum Feldzug – zehn Jahre Belagerung, Krieg, Kampf, Blut, Tod. Am Ende liegt Troja in Trümmern, und man fragt sich, ob das die ganze Sache wert war.

Immerhin: Paris hatte sich entschieden. Er ist nicht verreckt wie Buridans Esel, was angesichts der Ausweglosigkeit seiner Lage durchaus eine attraktive Option gewesen wäre. Nein, er hatte sich entschieden. Aber wie? Natürlich müssen wir ein bisschen spekulieren. Schließlich war niemand von uns dabei. Aber ich denke, wir dürfen davon ausgehen, dass Paris die Sache nicht so rational anging wie Herakles.

Zugegeben, Herakles hatte nur ein Dilemma zu lösen, Paris stand vor einem Trilemma. Aber das allein erklärt nicht, warum er nicht die Sache rational erwogen hat. Immerhin wäre das doch naheliegend gewesen, da auf der Ebene der Reize und der Attraktivität eine Pattsituation entstanden war.

Hier nun lässt sich etwas Kostbares lernen: Wenn Sie in einem Entscheidungskonflikt sind und nicht wissen, welche von den möglichen Optionen für Sie die richtige ist, dann verlagern Sie die Entscheidungsebene. Fragen Sie sich: Worum geht es mir wirklich? Was ist das Maß oder der Wert, nach deren Maßgabe ich entscheiden sollte? Oder, wenn Sie immer noch der Mär vom Willen glauben: Was will ich eigentlich wirklich?

Paris hat so nicht gefragt, aber die schlauen Göttinnen haben ihm diese Entscheidungshilfe zugespielt, indem sie Angebote unterbreiteten, die Paris leicht klarmachen konnten, was für ihn das Maß aller Dinge ist: Macht, Ruhm oder guter Sex? Na ja, und damit war in diesem Fall die Sache dann auch klar.

Sehr rational war unser Paris in der Entscheidung also nicht. Er war wohl eher das, was man heute despektierlich »schwanzgesteuert« nennt – womit zugleich bestritten wäre, dass er kraft seines freien Willens zur Entscheidungsfindung kam. Wir wollen nicht das Ärgste von ihm denken, obgleich sein junges Lebensalter es wahrscheinlich macht, dass sein Entscheider nichts und niemand anderes war als das Testosteron. Doch könnte es auch sein, dass Paris selbst von seinem Bauchgefühl gesprochen hätte – womit er heute unter seinesgleichen womöglich Anerkennung gefunden hätte.

Noch andere Kandidaten stehen hier als die eigentlichen Entscheider zur Diskussion. Die alten Griechen, die noch nichts von Hormonen und Neurotransmittern wussten, hätten vermutlich den kleinen, aber mächtigen Halbgott Eros zur Verantwortung gezogen und ihn als Urheber des Paris-Urteils identifiziert. Allerdings, wie wir noch sehen werden, einen unreifen Eros, der – sofern er nicht von einem klaren Geist geleitet wird – die Menschen durchaus ins Verderben stürzen kann; der jedoch – sofern er gereift und erwachsen geworden ist – tatsächlich zum besten und sichersten Entscheidungshelfer avancieren kann, der uns überhaupt nur zur Seite treten möchte.

Wie dem auch sei, im alten Griechenland erkannte man in Paris einen Getriebenen vom pubertären Eros, der – vor die Wahl gestellt – dem Reiz der Fantasie der schönsten aller Frauen erlag und sich für sie als Preis entschied. Und war das etwa falsch? Was meinen Sie?

Die Frage ist gar nicht so leicht zu beantworten. Denn auch wenn er Athenas oder Heras Verheißungen erlegen wäre: Krieg und Unheil hätte er so oder so übers Land gebracht. Er hatte nur die Wahl zwischen drei Katastrophen – und da hat er die gewählt, von der er vermutlich noch am meisten hatte; gerade als junger, hochpotenter Mann. Auch wenn seine Entscheidung nicht aus Nachdenken und Klugheit gezeugt war, so kann man doch nicht sagen, dass sie – gemessen an Paris' Situation und seinen Interessen – falsch gewesen ist. Vielleicht war es ja doch eher seine männliche Intuition als nur das Testosteron, was in ihm die Entscheidung getroffen hatte.

Wir halten fest: Die Geschichte von Paris zeigt, dass die alten Griechen (in Ermangelung des Konzeptes Willen) nicht den Verstand und dessen nuchternes Kalkül (siehe Herakles) als Entscheider kannten, sondern auch den im Bauch oder noch tiefer wohnenden mächtigen Affekt des Eros – dessen Entscheidungen nicht zwangsläufig falsch sein mussten, in jedem Fall aber kraftvoll waren. Und was heißt das für uns? Dass wir gut beraten sind, die Stimme des Eros in uns zu bemerken und anzuhören, wenn wir vor Entscheidungen stehen; und uns zu fragen, was es denn mit dieser Stimme auf sich hat. Wobei uns diese Frage zur nächsten Episode der griechischen Mythologie führt, die ich gern mit Ihnen bedenken möchte.

ALKESTIS UND DER TOD – HERZENSWUNSCH

Nachdem wir uns vom Willen verabschiedet haben, kennen wir nunmehr zwei wichtige Entscheider im Leben eines Menschen: Kopf und Bauch. Oder auch: Intellekt und Affekt – Geist und Eros. Dass es mit dem Letztgenannten keine ganz einfache Sache ist, hat sich in unserer Deutung der Geschichte des Paris und der drei Göttinnen schon angedeutet. Deshalb bleiben wir jetzt beim Thema und wenden uns noch etwas ausführlicher dem zu, was die alten Griechen Eros nannten.

Denn tatsächlich herrschte unter ihnen die Überzeugung, dass es in Entscheidungssituationen keinen hilfreicheren, aber auch keinen gefährlicheren Geist an der Seite des Menschen gebe: Ein pubertierender, unreifer Eros erwies sich häufig als verhängnisvoll; ein reifer und erwachsener Eros hingegen wurde von den größten Philosophen und Dichtern als göttliche Gabe und Menschenfreund gefeiert. Was also machen wir mit Eros?

Hören wir auch dazu eine alte Geschichte. Sie handelt von der Königin Alkestis. Sie ist die Gattin des Admetos, der mit keinem Geringeren als dem Gott Apollon befreundet ist. Mit dessen Hilfe konnte Admetos die geliebte Gattin freien – was eine gute Wahl war, denn Alkestis ist nicht nur schön, sie erwidert auch die Liebe des Admetos. So lieben sie einander und teilen die Freuden des Ehelagers – doch bald nimmt das Unheil seinen Lauf. Admetos hat im Überschwang des erotischen Taumels vergessen, der Göttin Artemis ein Opfer darzubringen, was diese – übellaunig, wie sie manchmal ist – zutiefst beleidigt. Apollon, der von seiner Schwester weiß, dass sie unerbittlich zürnen kann, ist um seinen Freund besorgt und macht sich auf den Weg in die Unterwelt, um mit den Schicksalsgöttinnen, die bereits am Lebensfaden des Admetos ein paar Sollbruchstellen eingesponnen haben, zu verhandeln. Es gelingt ihm folgender Deal: Sollte Admetos jemanden finden, der in der Stunde seines Todes an seiner statt dem Todesgott Thanatos ins Jenseits folgen würde, könne er selbst weiterleben.

Also fragt Admetos seine Eltern, ob sie nicht – da sie ja auch schon etwas älter seien – gegebenenfalls für ihn einspringen würden, wenn denn die Stunde da sei, da er ja auch zwei reizende Kinder habe und so jung sei und so weiter. Umsonst. Er findet niemanden. Nur eine entscheidet sich, für Admetos in den Tod zu gehen: Alkestis, seine Gattin. Sie braucht dafür keine Überlegung und kein Bauchgefühl. In ihr ist eine unabdingbare Gewissheit, die sie in der ihr gewidmeten Tragödie des Euripides in wenigen Worten gegenüber Admetos zur Sprache bringt:»Ich aber mag getrennt von dir nicht leben.« Damit ist die Sache für sie klar. Was sagen Sie dazu? Kann man so entscheiden? Ist das nicht ein bisschen zu viel des Guten? Und ist die Liebe wirklich ein guter Ratgeber?

Behalten Sie Ihre Erwägungen noch kurz für sich und lassen Sie mich rasch noch die Geschichte fertig erzählen. Tatsächlich nimmt sie doch noch ein gutes Ende. Denn bei einem zufällig auf den Todestag fallenden Besuch bei Admetos bekommt Herakles Wind von der Sache, wird handgreiflich, vertrimmt den fiesen Thanatos und bringt die bass erstaunte Alkestis nicht etwa in die Totenwelt, sondern zurück zu ihrer Familie. Happy End.

Der gute Ausgang unterstreicht, dass Alkestis' Entscheidung richtig war. Aber wer in ihr hatte sie getroffen? Eine Kopfgeburt war sie wohl nicht, bloßes Bauchgefühl genauso wenig.

Die reife Liebe eines reifen Eros ist der beste Entscheider.

Nein, hier entschied die Liebe und damit so ziemlich der beste aller möglichen Entscheider. Was hat es mit ihm auf sich?

Ein Herzenswunsch ist keine Kopfgeburt. Er ist nicht die Frucht Ihres Nachdenkens oder das Ergebnis Ihres Kalküls. Er wächst auch nicht aus dem Boden Ihrer Gefühle und Affekte. Er ist nicht das, was Sie wollen, weil Sie es für sich selbst als nützlich erachten oder weil es den Interessen Ihres Egos dienlich ist – gleichviel ob diese Macht, Ruhm oder guter Sex heißen mögen. Ein Herzenswunsch kommt von woanders her: Er steigt aus Ihrer Seele auf, ist Ihnen daher manchmal selbst nicht einsichtig, geschweige denn verständlich. Entsprechend haben Sie Ihren Herzenswunsch auch nicht gemacht, vielmehr ist er über sie gekommen und zieht sie nunmehr zu sich hin. Das etwa ist das, was die alten Griechen Eros nannten. Zumindest wird er so von Platon gedeutet – dem alten Philosophen, der wie kein anderer den Eros zum Dreh- und Angelpunkt eines guten Lebens erklärt. Wie kam er wohl darauf?

Wenn Sie eine Formel dafür suchen, was den Eros auszeichnet, dann schlage ich vor: Eros ist die Kraft im Leben eines Menschen, mit der das Leben zu sich selbst kommen will. Und das – so stellt es Platon in seinem Dialog »Symposion« dar – auf doppelte Weise: Einerseits treibt Eros die Menschen (und alle Wesen) dazu an, sich fortzupflanzen und das Leben am Leben zu erhalten. Doch das Leben zu sich selbst kommen zu lassen, ist mehr als quantitatives Lebendigbleiben – es ist vor allem qualitative Lebendigkeit: echtes, erfülltes, wahres und stimmiges Leben. Dahin treibt der reife Eros die von ihm Ergriffenen, lässt Platon im »Symposion« die Priesterin Diotima sagen. Der Eros ist mithin die Kraft in uns, die uns zu ganzen, echten Menschen machen möchte – die uns voranbringt, wachsen und erblühen lässt. Ein voll erblühtes Leben: Das ist das Ziel eines erotischen Lebensweges, so wie ihn Platon beschreibt.

Der Weg dorthin ist einer der Weitung und des Ablösens. Er führt dahin, immer mehr Liebenswertes und Liebreizendes in der Welt zu erblicken und so die Zugehörigkeit des Menschen zum großen Sein des Kosmos zu erfahren. Zugleich jedoch nimmt der Drang des Haben- oder Haltenwollens ab. Der jugendliche Eros, sagt Diotima, ist auf den einen oder die eine fokussiert und will sie für sich haben. Der reife Eros liebt die Welt und das Leben. Ihm genügt es, in der Welt und unter anderen Lebenden zu sein. Der reife Eros weiß sich zugehörig und feiert seine Zugehörigkeit, der unreife Eros hingegen kreist um sich und will das, was er liebt, besitzen. Er will die Freuden der Liebe auskosten, während der reife Eros weiß, dass Liebe ohne Leid nicht zu haben ist, dass aber gerade aus dem Leid eine wahrhaft verbindliche Verbundenheit wächst.

Alkestis ist die Inkarnation des reifen Eros. Er trifft die Entscheidung in ihr: die Entscheidung für den Tod aus dem Wissen um die Unzertrennlichkeit der Herzen oder auch der Seelen. Es geht hier also gar nicht um ein Opfer oder eine Heldentat: Es geht vielmehr um eine Entscheidung, die aus einem liebenden Herzen erwächst, das nicht nach seinem Nutzen oder dem Zweckmäßigen forscht, sondern fühlt, was stimmig ist.

Eigentlich wissen wir das. Eigentlich wissen wir, dass der stärkste Handlungsimpuls eines Menschen aus seinem liebenden Herzen erwacht. Wenn es uns also gelänge, diese Kraft in uns so zu kultivieren, dass sie ihre egoistischen Einsprengsel – siehe Paris – verliert und nicht den Bedürfnissen des Egos, sondern der Dynamik der Seele folgt: Dann dürften wir einen starken Entscheider in uns herangezogen haben, auf den wir auch in Krisensituationen bauen können.

Liebe als stärkste Macht – neu ist das nicht. Doch handeln wir danach? Entscheiden wir entsprechend?

Zu Kopfgeburt und Bauchgefühl gesellt sich also der Herzenswunsch. Weder nüchternes Kalkül oder das Bedürfnis nach gutem Sex ist hier entscheidend, sondern ein Impuls, der aus der Tiefe kommt – von dem her, was wir Seele nennen können. Ein dritter Entscheider neben dem Verstand und der leiblichen Begierde: die Liebe der Seele. Auf sie hielten die Griechen größte

Stücke. »So behaupte ich denn«, lässt Platon im »Symposion« den Agathon sagen, »dass, Eros der glückseligste aller Götter ist, weil er der Schönste und Beste ist.«[41] Und Sokrates schließt dort seine Lobeshymne auf den reifen, erwachsenen Eros mit folgenden Worten: »So versuche ich die Menschen davon zu überzeugen, das man zu einem erfüllten Leben für das menschliche Geschlecht keinen besseren Helfer als den Eros finden wird. Und deshalb behaupte ich, jeder und jede müsse den Eros ehren, so wie auch ich die Dinge der Liebe ehre, mich in ihnen übe und allen andern empfehle. Und so preise ich jetzt und immerdar, soweit ich es vermag, die Kraft und Beherztheit des Eros.« Mögen Sie sich anschließen? Sie sind noch zögerlich? Gut, dann schauen wir uns den vierten der altgriechischen Entscheider an – bzw. die Entscheiderin.

ODYSSEUS UND DIE GÖTTIN – EINGEBUNG

Von all den Helden aus den alten Epen galt keiner als so smart und so verschlagen wie Odysseus. Egal welches Problem zu lösen war: Odysseus fand einen Ausweg. Wer ihm die Entscheidung überließ, konnte nichts falsch machen. Der Mann war einfach clever – und die Dichter wurden nicht müde, ihn zu preisen.

Wenn wir dem Rätsel der Entscheidungsfindung nachsinnen wollen, dürften wir also nicht schlecht beraten sein, uns diesem Top-Entscheider der Antike zuzuwenden. Lauern wir ihm also auf und schauen, wie er sich bei schwierigen Entscheidungen verhielt; zum Beispiel an jenem denkwürdigen Tag, als das vor Troja lagernde griechische Heer den Plan fasste, diesen irrsinnigen trojanischen Krieg abzublasen und nach Hause zu segeln.[42] Große Betriebsamkeit herrscht an den Schiffen, alles drängt zum raschen Aufbruch. Nur Odysseus kann sich nicht entscheiden, der allgemeinen Euphorie zu folgen, und steht in Gedanken versunken am Heck seines Schiffes. Was soll er nur tun? Heim zu

Frau und Sohn? Verführerisch, aber unehrenhaft. Weiterkämpfen, womöglich noch für Jahre? Wenig verführerisch, aber tapfer. Was tun? Für lange Überlegungen fehlt die Zeit, mit Bauchgefühl und Eros hat er nichts am Hut. Wo also nimmt er die Entscheidung her? Sie fällt ihm zu. Sie kommt zu ihm. Nicht er trifft sie, doch sie trifft ihn. Sie – das ist in diesem Falle nicht nur die Entscheidung, sondern eine Göttin: Athena – tritt zum zaudernden Odysseus und flüstert ihm Gedanken in die Seele, die ihn nicht länger hadern lassen. Nun weiß er, was zu tun, nun ist der Entschluss gefasst. Er hatte ... eine Eingebung.

Womöglich werden Sie nun denken: »Also, jetzt wird's gar zu bunt. Erst will er uns die Liebe als Entscheider schmackhaft machen, und nun kommt er auch noch mit den Göttern!« Schon gut, schon gut. Doch lassen Sie mich erklären, was es mit dieser Göttin auf sich hat. Tatsächlich nämlich steht sie für ein Phänomen, das Ihnen nicht unbekannt sein dürfte. Man nennt es: Inspiration oder Intuition. Was ist damit gemeint?

Die Antwort gibt Athene. In den alten Erzählungen werden wir wiederholt Zeuge davon, dass die Göttin unsichtbar einem Menschen an die Seite tritt – ganz wie dem Odysseus – und ihn durch Wort und Blick zur Tat anhält. Wo sie erscheint, wird nicht mehr nachgedacht, sondern ihr Erscheinen steht für das unbedingte Ein- und Aufleuchten des Tunlichen. So heißt sie immer wieder die »Ratgebende« oder die »Beraterin«. Sie ist der Gedankenblitz, die situative, praktische Intelligenz, die sicher zupackt, weil sie von einer umfassenderen Intelligenz bewegt ist. Athene ist die kluge, intelligente, nie räsonierende, aber dafür unbedingt entscheidende Stimme im Gemüt eines zaudernden Menschen – mehr noch, sie ist der unmittelbare Impuls zur Tat, der die Entscheidung fällt, indem er sie exekutiert; und zwar immer die richtige, siegreiche Entscheidung.

Eine andere Szene aus den alten Sagen zeigt den großen Kämpfer Achilles. Wieder mal sind ihm die Nerven durchgegangen. Dieses Mal ist die Sache bedrohlich, denn sein unbändiger Zorn gilt keinem anderen als seinem obersten Feldherrn Agamemnon[43], der ihn beleidigt hatte. Da entbrannte er und »das Herz ihm / unter der zottigen Brust ratschlagete wankenden Sinnes, / ob er das schneidende Schwert alsbald von der Hüfte sich reißend / trennen sie sollt auseinander und niederhaun den Atreiden (= Agamemnon) / oder stillen den Zorn und die mutige Seele beherrschen. / Als er solches erwog in des Herzens Geist und Empfindung / und er das große Schwert schon hervorzog, naht' ihm vom Himmel«… der rettende Einfall, die Eingebung namens Athene. Sie flüstert ihm freundschaftlich zu: »Aber wohlan, lass fahren den Streit und zücke das Schwert nicht.« »Athene«, kommentiert diese Episode der große Mythenforscher Walter F. Otto, »ist nicht bloß die Mahnerin, sie ist eigentlich selbst die Entscheidung, nämlich zum Vernünftigen gegen das bloß Leidenschaftliche«.[44] Und eben das ist Intuition. Wer über Intuition verfügt, muss nicht lange überlegen. Er handelt, und wenn er später gefragt wird, was ihn denn dazu bewogen habe, so und nicht anders zu handeln, dann wird er mutmaßlich sagen: Das war nicht überlegt, das war intuitiv.

Die alten Griechen dachten nicht viel anders, nur dass sie die Intuition nicht als psychologisches Phänomen deuteten, sondern als göttliche Eingebung. Wohl weil sie wussten, dass die Intuition nicht machbar oder generierbar ist – dass sie sich unserer Verfügungsgewalt weitgehend entzieht und am Ende des Tages immer Geschenk oder Gnade ist: ein Geistesblitz.

Gewiss – und darauf kommen wir später noch zu sprechen – können Sie versuchen, Ihre Intuition zu schulen oder sich darin üben, »Gottes Stimme« zu hören. Entsprechende Literatur dazu finden Sie in Hülle und Fülle, von Jan Beckers »Geheimnis der Intuition« bis zu Joyce Meyers »Wie man Gott reden hört: Erkennen Sie Gottes Stimme und treffen Sie die richtigen Entscheidungen«. Und solches zu tun, kann eine entscheidungshelfende Maßnahme sein. Aber auch das beste Intuitionstraining bietet keine Garantie dafür, dass Ihnen im entscheidenden Augenblick das Rechte zufällt. Aus diesem Grund erschien den alten Griechen die Intuition als eine göttliche Kraft: Wir sind ihrer nicht mächtig. Vielmehr spielt sie uns ein Wissen zu, das von anderswoher kommen muss.

Dieses Anderswoher nannten die Griechen »Geist«. Damit meinten sie eine Dimension der Wirklichkeit, die keinem gehört, zu der aber alle Zugang haben – eine Art kosmische Intelligenz. An sie angedockt zu sein, macht es leicht, die richtigen Entscheidungen zu treffen. Zu treffen wohlgemerkt, denn die Entscheidungen von dort sind nicht von uns gemacht. Sie stehen fest,

Nicht nur der Intellekt in uns entscheidet und auch nicht nur das Bauchgefühl. Hinzu kommt unser Herz mit seinen Wünschen und zuletzt sogar der allgemeine Geist, der – wenn wir ihn denn lassen – uns zuweilen intuitiv wissen lässt, was zu tun ist, bzw. uns zur richtigen Entscheidung inspiriert.

und sie können uns zufallen. Es liegt an uns, für sie empfänglich zu sein. Es liegt an uns, dass sie uns treffen können.

Kopf, Bauch, Herz, Geist. Den Willen haben wir drangegeben, aber vier andere Entscheider haben wir im Tausch für ihn bekommen, da wir uns mit dem ursprünglichen Menschen- und Weltbild der Griechen befassten. Nun obliegt es uns, aus diesen vieren etwas Ganzes zu machen: ein Menschenbild, das uns erklären kann, warum wir auf viererlei Weise Entscheidungen treffen können – ob es dabei bessere und schlechtere Entscheidungen gibt oder ob wir bestimmte Entscheidungen bestimmten Entscheidern vorlegen sollten. Fragen gibt es genug. Im nächsten Kapitel bekommen Sie ein paar Antworten.

DAS ENTSCHEIDENDE: VON DER GEOMETRIE DES BEWUSSTSEINS

Halten wir kurz inne und rufen uns ins Gedächtnis, was wir von unserem Ausflug in die alte Mythologie mitgebracht haben: vier Geschichten, die uns vier Entscheider vorgestellt haben – vier unterschiedliche, ursprüngliche Deutungen, die Licht in jenes geheimnisvolle Ereignis bringen sollen, das wir Entscheidung nennen. Diese vier waren: die Kopfgeburt, das Bauchgefühl, der Herzenswunsch und die Eingebung.

Wenn wir diese vier Entscheider ihrerseits noch einmal sortieren wollen, dann können wir sie in zwei Paare teilen: rationale und irrationale Entscheidungen. Rationale Entscheidungen sind dabei sowohl solche, die durch das gewissenhafte Abwägen des Verstandes zustande kommen, als auch jene, die aus der intuitiven, situativen Einsicht oder praktischen Intelligenz erwachsen. Irrational hingegen sind die Entscheidungen, die aus leiblichen Impulsen oder aus dem Seelengrund hervorgehen. Was für uns festzuhalten wichtig ist – und deshalb haben wir überhaupt nur den Ausflug in die Antike unternommen: Sie können sowohl rational als auch irrational entscheiden. Eines ist nicht besser oder schlechter als das andere.

Rational oder irrational – beides sind gültige Weisen, sich zu entscheiden.

Der springende Punkt ist nun der: Es ist nicht unerheblich, welcher Entscheider in welcher Entscheidungssituation von uns bemüht wird. Es gibt Entscheidungen, die können Sie nur rational treffen – und es gibt Entscheidungen, die können Sie nur mit dem Herzen oder der Seele treffen. Die Kunst der Entscheidungsfindung liegt darin zu wissen, welche Entscheidungen in wessen Kompetenz fallen. Damit sind wir ein weiteres Mal bei unserem »Erkenne dich selbst!« angelangt. Und jetzt wird es ernst. Denn jetzt geht es nicht mehr nur darum, uns klarzumachen, dass unser Menschenbild unsere Entscheidungen präfiguriert – sondern jetzt müssen wir ein tragfähiges Menschenbild gewinnen, das uns fortan als Entscheidungshelfer zur Seite steht, wenn wir gute Entscheidungen treffen wollen. Wer, in Gottes Namen, sind wir also?

Um hier zu mehr Klarheit zu gelangen, möchten ich Ihnen ein Modell an die Hand geben, mit dessen Hilfe Sie sich vorstellen können, was ich die Multidimensionalität des Bewusstseins nenne. Sie erinnern sich: Wir haben uns eingangs darauf verständigt, dass unser Bewusstsein der Grund dafür ist, dass wir uns zu uns selbst verhalten können und auch verhalten müssen – und dass Entscheidungen überhaupt nur da stattfinden können, wo sich ein Spielraum dadurch öffnet, dass wir »Ich« zu uns sagen können. Der Gedanke, den ich Ihnen nun schmackhaft machen möchte, lautet: Es gibt nicht nur eine Weise, wie wir uns zu uns selbst verhalten können, sondern – Sie ahnen es – vier. Diese vier Weisen, uns zu uns selbst zu verhalten, sind nicht im Sinne einander ausschließender Alternativen zu verstehen, sondern im Sinne von Dimensionen. Das heißt: Unser Bewusstsein ist mehrdimensional, und unser großes menschliches Privileg liegt darin, uns in diesen unterschiedlichen Dimensionen des Bewusstseins bewegen zu können. Darin, genau darin, liegt das eigentliche Geheimnis unserer Freiheit.

Lassen Sie mich diesen Gedanken noch etwas klarer herausarbeiten, indem wir uns darüber verständigen, was eigentlich eine Dimension ist. Vielleicht erinnern Sie sich an Ihren Geometrieunterricht in der Schule. Da sollten Sie diesen Begriff schon einmal gehört haben. Zum Beispiel im Zusammenhang mit der Konstruktion eines Würfels. Dafür zeichnen Sie zunächst eine Linie – erste Dimension. Aus vier Linien wird ein Quadrat, eine Fläche – zweite Dimension. Aus sechs Flächen wiederum konstruieren Sie einen räumlichen Körper, der Tiefe hat – dritte Dimension. Damit hätten wir bereits unseren Würfel fertig, aber wenn wir genau hinschauen, müssen wir uns klarmachen, dass es noch eine vierte Dimension gibt, ohne die wir unseren Würfel nicht hätten konstruieren können: den Raum – bei unserer Zeichenübung repräsentiert durch das weiße Blatt Papier, auf dem wir zeichneten. Also: ein Würfel, vier Dimensionen. Jede Dimension des Würfels ist ein möglicher Aspekt des Würfels, aber in keiner erschöpft sich das Würfelsein des Würfels. Wir müssen alle vier zusammennehmen, dann verstehen wir das Sein und Wesen des Würfels.

So, und das übertragen wir jetzt auf unser Bewusstsein. Unser konkretes, persönliches Dasein ist mehrdimensional wie der Würfel, und wir können uns qua Bewusstsein auf viererlei Weise zu uns verhalten: Wir können uns zu uns als zu unserem Leib verhalten, als zu unserem Ich, als zu unserer Seele und als zu unserem Geist. Ganz so, wie wir als Leib, als Ich, als Seele oder als Geist entscheiden können – und entscheiden sollten.

HORMONE, HIRNE, HARDWARE

Da ist zunächst jene fundamentale, grundlegende Dimension, die beim Würfel durch die Linie markiert ist. Ohne Linie können Sie keinen Würfel konstruieren. Ganz so gibt es eine basale Dimension unseres Daseins, ohne die Sie nicht leben können: Ihren Leib. Sie sind ein Wesen aus Fleisch und Blut. Folglich können Sie sich zu sich selbst als zu Ihrem Leib verhalten. Dann können Sie sagen: Ich bin mein Leib. Damit sagen Sie aber noch nicht zwangsläufig (so wie Nietzsche es tat): »Leib bin ich ganz und gar, und Nichts außerdem; und Seele ist nur ein Wort für ein Etwas am Leibe.«[45] So zu denken, nennt man heute Reduktionismus. Und reduktionistisch ist eine Wissenschaftsphilosophie, die uns weismachen will, Entscheidungen seien nichts als biochemische Prozesse. So zu denken heißt, den Menschen auf seine erste Dimension zu reduzieren.

Tatsache freilich ist, dass der Leib – genauer gesagt: das Gehirn – permanent, fortwährend und dauernd Entscheidungen trifft, von denen Sie gar nichts mitbekommen. Das Gehirn arbeitet zu mehr als 90 Prozent unbewusst und selbstständig. Es ist ein großartiger Entscheider, wenn es etwa darum geht, Viren kaltzustellen oder die Herzrhythmen zu regulieren. Und Sie sind gut beraten, sich nicht in seine meisterhaft betriebenen Angelegenheiten einzumischen.

EMPFINDEN SIE SICH MEHRDIMENSIONAL

Sie sind Ihr Leib, Sie sind Ihr Gehirn – und Sie dürfen stolz darauf sein, denn was das angeht, sind Sie bereits ein Meister in der Kunst des Entscheidens. Und sagen Sie nicht, Sie hätten damit nichts zu tun! Es gibt keinen Anlass, mit Pink Floyd zu sagen: »There's someone in my head, but it's not me.« Nein, lernen Sie, mehrdimensional zu denken: Sie sind Ihr Leib und Ihr Gehirn – aber Sie sind nicht nur Leib und Gehirn. Sie sind noch viel, viel mehr. Und Ihre unbewusste Meisterschaft in der ersten Dimension macht Sie leider noch nicht zum Meister in den Dimensionen zwei, drei und vier.

ICH, MEIN SELFIE UND DER MITTELPUNKT DER WELT

Kommen wir zurück zu unserem Würfel. Die zweite Dimension nannten wir Fläche. Sie entsteht auf der Grundlage der ersten Dimension, ist aber viel komplexer als diese. Angewandt auf unser Dasein entspricht die Fläche dem, was wir unser Ich nennen können. Dieses Ich haben wir freilich schon stillschweigend vorausgesetzt, als wir uns im vorigen Abschnitt zu solchen Formulierungen verstiegen haben wie: »Ich bin mein Leib.« Denn da verhält sich ja das Ich (in der zweiten Dimension) zu sich selbst als Leib (in der ersten Dimension).

Paris entschied sich im Sinne seines Leibes, als er die schöne Helena als Bettgenossin für sich wählte …

Das heißt: Mit der zweiten Dimension öffnet sich erst der Spielraum, in dem sich ein Ich zu sich selbst verhalten kann und sich verhalten muss. Jetzt kann es sagen: »Dies ist mein Leib«, jetzt kann es sich für oder gegen ihn entscheiden.

Weiter: Als Ich können und müssen wir uns zu uns verhalten. Und das führt nun zu etwas höchst Bedeutungsvollem: Wir machen uns ein Bild von uns. Ob bewusst oder nicht, spielt zunächst keine Rolle. Als Ich können wir gar nicht anders, als uns selbst zu interpretieren und uns ein Bild von uns zu machen. Das Selfie, das dabei herauskommt, ist dann genau das, was wir meinen, wenn wir fortan »Ich« sagen.

Dieses Selbstbild – jetzt darf ich Sie an Heidegger und Kierkegaard erinnern – kommt freilich nur dadurch zustande, dass Sie sich, bewusst oder nicht, dafür entschieden haben, einige Aspekte Ihres Lebens in das Selbstbild aufzunehmen, andere aber lieber auszublenden. Wobei Sie eben gut beraten sind, Ihr Selbstbild entschlossen und entschieden selbst zu gestalten, weil Sie sich damit Ihres Bewusstseins würdig erweisen.

Aber es wird noch ärger. Wir sagten: Ihr Ich ist das Bild, das Sie von sich haben. Wer aber ist dieses »sich«? Ihr Leib? Das wäre etwas kurz gegriffen, es sei denn, Sie sind total mit Ihrem Leib identifiziert. Aber das sind Sie nicht – höchstens beim Zahnarzt, wenn Sie den Eindruck haben, nichts anderes mehr als Schmerz zu sein. Doch das ist zum Glück nicht der Regelfall. Also muss dieses »sich« mehr sein als Ihr Leib, und er muss mehr sein als Ihr Ich. Damit kommt die dritte Dimension ins Spiel. Jetzt müssen wir uns klarmachen, dass die Fläche (zweite Dimension) immer nur die Fläche einer Tiefe (dritte Dimension) ist. Und so wie in der Geometrie die vier genannten Dimensionen (Linie, Fläche, Tiefe, Raum) die Dimensionen des Würfels der dritten Dimension sind, so sind auch in unserem Bewusstseinsmodell die vier Dimensionen (Leib, Ich, Seele, Geist) die Dimensionen jenes Wesens der dritten Dimension namens Seele.

Eigentlich und wesentlich sind wir Seele, und das Ich ist nichts anderes als die Ansicht oder Oberfläche unserer Seele: die Ansicht, die wir von unserer Seele haben und haben müssen, weil es eine Seele ohne Ansicht von ihr ebenso wenig geben kann wie einen Würfel ohne Flächen.

Das Ich ist also die Ansicht, die wir von unserer Seele haben. Und diese Ansicht ist immer flach – gemessen an der Tiefe unserer Seele. Sie bleibt an der Oberfläche; was ganz okay ist und erst dann zum Problem wird, wenn wir glauben, wir seien nichts anderes als unser Ich. Das ist der Reduktionismus der zweiten Dimension; und der ist weit, sehr weit verbreitet. Tatsächlich lebt die große Mehrheit der heutigen Menschen so, als sei Menschsein nichts anderes als die Summe von Leib und Ich. So zu leben, heißt flach zu leben.

Verstehen Sie mich bitte richtig: Das ist nicht böse, aber es ist traurig – etwa so traurig, wie wenn man einen Palast geschenkt bekommen hat, aber nur in einem Zimmer wohnt, weil man den Schlüssel zu den anderen nicht findet oder zu faul ist, sich ein bisschen umzuschauen.

Bleiben wir aber noch einen Moment in diesem einen Zimmer, bleiben wir auf der Oberfläche, bei der Ansicht, die Sie Ich nennen und mit der Sie sich wahrscheinlich identifizieren. Fragen wir uns, wie Sie das eigentlich zuwege bringen. Da sehen wir Folgendes: Das wichtigste Werkzeug, das Sie dafür verwenden, ist Ihr Verstand. Denn Ihr Verstand vermag zu unterscheiden: »Das bin ich, das bin ich nicht.« Wenn wir genau hinschauen, stellen wir freilich fest, dass er zugleich etwas anderes entscheidet: »Das gehört zu mir, das gehört nicht zu mir.« Oder: »Das sollte zu mir gehören, das sollte nicht zu mir gehören«; womit – haben Sie's gemerkt – sich heimlich unser alter Freund, der Wille, wieder eingeschlichen hat. Und das ist gar kein Wunder. Denn genau hier gehört er hin. Hier ist sein angestammtes Reich: auf der Oberfläche, im Reich des Ich.

Und hier zeigt sich sein wahres Gesicht: Was in der abendländischen Philosophie als Wille herumspukt, ist nichts anderes als die Entschiedenheit zu einem bestimmten Selbstbild: Wenn Sie sagen: »Ich bin die« oder »Ich bin der«, dann sagen Sie damit zugleich »Ich will die sein« oder »Ich will der sein«. Diesen Willen können wir versprachlichen, indem wir von unseren Zielen, Wünschen, Zwecken, Werten, Idealen, Träumen etc. reden – von all dem, was wir haben oder haben sollten und wodurch wir uns von den anderen unterscheiden (wollen).

An diesem Punkt wird erkennbar, was Entscheiden in der zweiten Dimension tatsächlich bedeutet: Es ist eine Operation des Verstandes, der den Freiraum, sich zu sich selbst verhalten zu können, dafür nutzt, sich selbst nach Maßgabe seines Selbstbildes zu gestalten. Als Entscheider der zweiten Dimension wird der Verstand sich bei Entscheidungssituationen Fragen wie diese vorlegen: Was muss ich tun, damit ich meine Ziele erreiche? Welche Option ist meinen Interessen und Vorsätzen nützlich? Welche Strategie sollte ich wählen, um meinen Werten zu genügen? Welchen Normen sollte ich folgen, um meinem Selbstbild zu entsprechen?

Wenn solche Fragen Sie umtreiben, dann sind Sie als Ich gefragt – und dann sind Sie gut beraten, den Verstand in Ihnen als Entscheider zu konsultieren. Sie bewegen sich in dem von ihm geschaffenen Reich – und deshalb ist es Ihr gutes Recht, ihn zu bemühen, wenn Sie hier vorankommen wollen. Nehmen Sie sich in solchen Fällen also ein Vorbild an Herakles am Scheideweg: Erwägen Sie, kalkulieren Sie, berechnen Sie, sammeln Sie Informationen. All das und noch manch anderes sind im Reich des Ich gute und kostbare Entscheidungshelfer. Im zweiten Teil dieses Buches werde ich sie Ihnen genauer vorstellen und ein paar Ratschläge geben, wie Sie sie anwenden können.

Eines aber sollten wir dabei nicht vergessen: Wir bewegen uns in der zweiten Dimension, in der virtuellen Selfiewelt des Ich, das sich so gern als den Mittelpunkt der Welt sieht und dabei ganz vergisst, dass es nur die Oberfläche von etwas Größerem und Tieferem ist: die Benutzeroberfläche unseres wahren Selbst, der Seele. Wir können, ja wir müssen auf dieser Benutzeroberfläche Ziele und Wünsche fixieren, denn diese sind es, die die Konturen und Grenzen unseres Selbstbildes definieren. Und wir können und müssen Strategien und Pläne entwerfen, wie wir diesen Zielen genügen können. Wir können dabei die Impulse unseres Leibes berücksichtigen – siehe Paris – und sie in unser Selbstbild zu integrieren versuchen. Aber bei alledem bewegen wir uns doch immer innerhalb eines selbst gemachten virtuellen Bildes unserer Seele. Und wir wissen nicht – wir wissen wirklich nicht –, ob dieses Bild der Wahrheit unseres Seins entspricht.

Das Ich mag frei sein zu entscheiden, welchen Weg es gehen will, um seine Ziele zu erreichen. Die Willensfreiheit, die es dabei reklamiert, ist aber trügerisch, denn sie lebt nur davon, dass wir uns ein Bild von uns zu machen vermögen. Genau genommen ist sie ein Teil dieses Bildes – was dann auch erklärt, warum die Willensfreiheit erst in dem Augenblick auf der Bühne des Geistes erschien, als der Mensch anfing, sich vornehmlich als Ich zu formatieren: als autonomes Subjekt, das durch Wille und Verstand sein eigenes Leben meistern kann. Was dabei in Vergessenheit geriet: Gemeistert werden kann auf diese Weise allenfalls ein Selfie – nicht aber der oder die, die wir wirklich sind: die Seele.

DER TIEFE SEE DER SEELE

Eine Erklärung vorab: Ich bin mir dessen bewusst, dass es eigentlich nicht geht, von Seele zu reden. Lange schon liegt ein Tabu über diesem Wort, und ich weiß, dass ich mein Renommee als seriöser Philosoph aufs Spiel setze, wenn ich dieses Wort öffentlich verwende. Sei's drum, ich nehme es dennoch in den Mund, weil es besser als alle anderen mir geläufigen Worte das zur Sprache bringt, worum es geht: um das, was Sie sind – die Summe aus Leib, Ich und jenen schwer zu fassenden Unbekannten, die unter Ihrer Benutzeroberfläche liegen und dabei doch unabdingbar und wesentlich zu Ihnen gehören: die Seele und der Geist. Zunächst zur Seele.

Seele ist immer mehr als Leib und mehr als Ich. Seele ist auch mehr als die Summe von Leib und Ich. Sie ist das, was wir in der Tiefe sind. Sie ist das, was in unserem Ich zwar zur Darstellung kommt, gleichzeitig von diesem Ich aber auch verschattet wird. So wie wir bei einem Würfel nur die Oberflächen sehen und nicht das, was im Inneren des Würfels ist. Was aber ist im Würfel drin?

Die Psychologie spricht vom Unbewussten – und das ist nicht verkehrt, denn in unserem alltäglichen Ich-Bewusstsein verhalten wir uns wie Schwimmer auf einem See, die immer nur den Kopf über Wasser halten und glauben, auf diese Weise den See erkunden zu können – Schwimmer, die nicht ahnen, was für eine Wunderwelt sich unter ihnen öffnen würde, wenn sie nur den Mut hätten, den Kopf zu senken und sich in der Kunst des Tiefseetauchens zu versuchen. Dann aber würden sie begreifen, dass das Leben des Sees bzw. der Seele in der Tiefe zu Hause ist.

Dann würden sie vielleicht den einen oder anderen Schatz auf dem Seelengrund entdecken. Dann würden sie die unentfalteten Potenziale auf dem Grund gewahren, vielleicht aber auch dem einen oder anderen Monster begegnen, das still und unentdeckt da unten seine Kreise zieht, oder einem an einem Betongewicht versenkten und verkapselten Trauma.

Seele ist die Summe aus Bewusstem und Unbewusstem, aber sie ist auch mehr als das: Sie ist das Ganze Ihres Seins. Deshalb ist sie auch das, was Sie mit anderen in Beziehung stehen lässt. Denken Sie noch einmal an das Bild vom Würfel. Seine Oberflächen haben immer nur eine Richtung: nach oben oder unten, nach vorn oder hinten, nach rechts oder links. Der Würfel im Ganzen aber weist in alle Richtungen – er bietet viele Berührungspunkte. So auch die Seele. Man hat einmal gesagt, die Seele sei das Organ der Verbundenheit. Das trifft die Sache gut, denn weil wir Seele sind, sind wir mit allem anderen Leben verbunden. Die eigene Seele zu erkunden, bedeutet daher immer auch, sich der Verbundenheiten bewusst zu werden, die unser Wesen tragen und ausmachen: der Verbundenheit mit anderen Menschen – Toten oder Lebendigen, Anwesenden oder Abwesenden –, aber auch mit anderen Lebewesen und der Natur. Die Seele bildet ihre eigentümliche Persönlichkeit überhaupt erst aus der Verbindung und der Begegnung mit dem bzw. den anderen.

Tiefseetauchen tut gut: Denn je mehr Klarheit Sie über Ihr Unbewusstes gewinnen, desto klarer werden Sie als Seele Entscheidungen treffen können. Und desto besser werden Ihre Entscheidungen sein – nicht gemessen an Ihrem Ich-Selbstbild, sondern an Ihrem wahren Seele-Sein.

Einer, der das sehr deutlich erkannte, war Martin Buber. Er schreibt kurz und bündig: »Der Mensch wird am Du zum Ich« – womit er sagen wollte: Der Mensch entfaltet in der Begegnung mit anderen seine Seele. Deswegen setzt Tiefseetauchen den Mut voraus, anderen Menschen zu begegnen. Deswegen lässt uns keine andere Kraft des Lebens so gut in der eigenen Seele heimisch werden wie die Liebe – der reife Eros, den wir an Alkestis kennenlernten.

Nun sagte ich bereits: Die meisten Menschen bringen diesen Mut nicht auf. Sie richten sich auf der Benutzeroberfläche ihres Lebens ein. Sie schaffen sich – wenn Sie mir erlauben, das Bild vom Schwimmer im See noch etwas mehr zu strapazieren – ein kaltes Klima, in dem die Oberfläche des Sees immer mehr zufriert. Umso sicherer lässt es sich auf ihr leben. Und wenn das Eis doch einmal brüchig werden sollte, dann tun sie das, was versierte Schlittschuhläufer tun: Sie erhöhen die Geschwindigkeit, denn je mobiler sie auf dünnem Eis unterwegs sind, desto geringer ist die Wahrscheinlichkeit einzubrechen. Nur dass es viel Kraft kostet. Und so kann es den virtuosen Nutzern der Ich-Oberfläche widerfahren, dass sie irgendwann kraftlos und ermattet in die Knie gehen: Burn-out.

Kierkegaard, der ein feiner Beobachter seiner Mitmenschen war, sprach in diesem Zusammenhang von der »Krankheit zum Tode«. Er meinte damit die Pathologie, die diejenigen befällt, die sich ausschließlich in der ersten und zweiten Dimension ihres Lebens bewegen und bei all ihren Entscheidungen nur von der Frage getrieben sind, was ihnen nach Maßgabe ihres Selbstbildes von Nutzen ist. Mit Kierkegaards Worten lässt sich diese Krankheit wie folgt beschreiben: »verzweifelt sich nicht bewusst sein, ein Selbst zu haben; verzweifelt nicht man selbst sein wollen; verzweifelt man selbst sein wollen.«[46]

In unsere Begrifflichkeit übersetzt: »Verzweifelt sich nicht bewusst sein, Seele zu sein, verzweifelt nicht Ich sein wollen; verzweifelt Ich sein wollen.« Woraus es dann nur einen Ausweg geben kann: entschieden Seele sein wollen. Das jedenfalls wäre der Weg zur Meisterschaft in der Kunst des Entscheidens. Wenn Sie in Dimension zwei klare Entscheidungen im Sinne Ihres Selbstbildes treffen können und dies entschieden verfolgen, dann ist das aller Ehren wert. Es kann Sie aber ins Unglück und in die Verzweiflung stürzen, wenn Sie dabei Ihre Seele aus dem Blick verlieren. Denn die Entscheidungen, die Sie im Sinne Ihres Selbstbildes mithilfe Ihres Verstandes treffen, mögen zwar nach dessen Maßgabe richtig sein, sie können sich aber aus der Perspektive der Seele als falsch erweisen, wenn das Selbstbild, das für Sie maßgeblich ist, ebenfalls falsch ist.

Und da haben wir nun den Salat: Wenn Sie wirklich gute Entscheidungen treffen wollen, reicht es nicht, dafür an Ihrem Ich-Selbstbild maßzunehmen, sondern es kommt darauf an, dass diese Entscheidungen mit Ihrer Seele kompatibel sind: dass Sie zu Ihrem Sein passen. Und das setzt ganz andere Entscheidungswege voraus als diejenigen, die Ihrem Ich und seinem Verstand geläufig sind. Und weil es andere Entscheidungswege voraussetzt, werden wir es auch mit ganz anderen Entscheidungshelfern zu tun bekommen, wenn wir uns zur Meisterschaft des Entscheidens hinbewegen.

Zwei Schritte sind dabei zu unterscheiden: Zunächst wird es darauf ankommen, dass Ihr Ich (oder auch Ihr Verstand) die Stimme oder die Impulse hören lernt, die aus Ihrer Seele kommen. Das hat etwas mit Innehalten in der rastlosen Oberflächendynamik des Ich zu tun – und damit, seine Ziele, Wünsche, Strategien und Kalküle auszublenden. So kommen wir zur eigentlichen Meisterschaft, die darin besteht, nicht länger als Ich, sondern als Seele entscheiden zu lernen.

Auch die Seele entscheidet, sie ist sogar frei in ihren Entscheidungen – nur eben ganz anders als das Ich.

Wie die Seele entscheidet, davon haben wir einen Eindruck erhalten, als wir uns mit der guten Alkestis befassten. Sie erinnern sich: Die Seele entscheidet aus Liebe – aus dem reifen Eros. Sie artikuliert sich als Herzenswunsch. Die Meisterschaft der Entscheidungskunst besteht darin, dass wir stimmige Herzenswünsche in uns gebären. Denn wo uns das gelingt, sind die Entscheidungskünste des Verstandes nicht mehr so entscheidend …

GEISTERSTUNDE

Nun war da noch die vierte Dimension des Daseins: der Geist. Und wir sagten: Der Geist verhält sich zur Seele so wie der Raum zum Würfel. Ein Würfel ist bestimmter Raum. Da, wo vorher unbestimmter Raum war, ist zusammen mit Linien und Flächen ein bestimmter Würfelraum entstanden. Ebenso können wir sagen: Die Seele ist bestimmter Geist. Da, wo vorher unbestimmte Geistigkeit war, ist zusammen mit Leib und Ich eine bestimmte Seele entstanden. Die Seele ist bestimmt, einzigartig, unverwechselbar – eine einmalige Auskristallisation des Geistes, den andere als Gott, Schöpfer oder sonstwie bezeichnen. Irgendwie sind wir also konkreter Geist und als solcher immer rückgebunden an den großen Geist der Welt.

Dem großen Geist der Welt begegneten, wie wir hörten, Odysseus und Achilleus in der verdichteten (und gedichteten) Gestalt der Göttin Athene, der diese Helden ihre klugen und klaren Entscheidungen verdankten.

Sie sehen schon: Mit der vierten Dimension bekommen wir es mit dem schwierigen Terrain der Spiritualität zu tun. Das kann ich Ihnen aber nicht ersparen, weil dieses Thema Berücksichtigung verdient, wenn wir dem Geheimnis der Entscheidung auf die Spur kommen wollen – und zwar auf eine Spur, die uns zu guten Entscheidungen führt. Gleichwohl will ich mich auf diesem Feld nicht zu lange aufhalten, denn über eines sind sich eigentlich alle spirituellen Traditionen dieser Welt einig: Der Geist weht, wo er will. Das heißt: Wir können uns zwar für die Eingebungen aus der Dimension des Geistes offen halten, aber wir können sie nicht herbeizwingen. Wir können uns begeistern lassen und sind gut beraten, unsere Begeisterungsfähigkeit zu erhalten, aber es gibt keine spirituelle Technik, mit der wir die Sphäre des Geistes anzapfen könnten. Selbst ein Schamane oder ein Orakel machen ihre Weissagungen nicht selbst, sondern stellen sich in den Dienst, um die Stimme der Gottheit oder des Geistes durch sich vernehmbar werden zu lassen. Doch wo das gelingt, bleibt immer noch das Problem des Kroisos, von dem wir schon sprachen: Sie müssen den Orakelspruch oder die Weissagung deuten und interpretieren. Er nutzt Ihnen gar nichts, sofern Sie nicht Ihre Hausaufgaben des »Erkenne dich selbst!« gemacht haben; und das heißt: sofern Sie nicht Ihre Ich-Fokussierung aufgegeben und damit begonnen haben, Ihre Seele zu erkunden.

Eingebung und Intuition sind kostbare Geschenke, und es ist gut, sich für sie empfänglich zu halten. Machen können Sie sie nicht. Allein auf sie zu bauen, wäre zu kurz gegriffen. Erst wenn Sie die Kunst des Entscheidens der zweiten und dritten Dimension erlernt haben, werden sie Ihnen zugutekommen.

Hier wird nun vollends deutlich, dass die vier Dimensionen unseres Bewusstseins nicht einfach nebeneinanderliegen. Sie sind keine vier Zimmer des gleichen Hauses, bei denen es Ihnen jederzeit freisteht, in das eine oder andere zu gehen. Sie sind vielmehr vier Geschosse eines komplexen Gebäudes, die Sie nur nach und nach durchschreiten können. Und deshalb kann ich Ihnen auch nicht verschiedene Instrumente der Entscheidungsfindung nebeneinander zum freien Gebrauch anbieten, sondern es scheint mir geboten, sie Ihnen in einer bestimmten Reihenfolge vorzustellen: nämlich der Reihenfolge, die dem Prozess menschlichen Wachsens und Reifens vom Ich über die Seele zum Geist hin folgt.

Die Entscheidungs-helfer

Nun wird es konkret. Wir werden uns exemplarische Entscheidungskonflikte anschauen und mögliche Lösungen für sie in Betracht ziehen. Die Situationen sind so gewählt, dass Sie sie umstandslos auf Ihre eigenen Erfahrungen hin anwenden können. Wir werden so vorgehen, dass wir bei allen Fallbeispielen darauf achten, die Entscheidungshelfer dingfest zu machen, die dabei mitmischen. Und wenn wir ihrer habhaft geworden sind, werden wir sie benennen, sodass Sie sie für Ihr eigenes Leben nutzbar machen können.

ENTSCHEIDEN FÜR DEN HAUSGEBRAUCH: WIE SICH DAS ICH DIE RICHTUNG GIBT

Wenn Sie mir die Frage beantworten, wer Sie sind, werden Sie mir von Ihrem Ich erzählen. Sie werden mich teilhaben lassen an dem Bild, das Sie sich von sich selbst gemacht haben und das sich über die Jahre verfestigt hat. Das ist ganz normal, denn wir halten uns üblicherweise im Ich-Bewusstsein auf: Wir verstehen uns als Ich-Subjekte im Gegenüber zu einer Welt von Objekten, die wir dazu befragen, was wir mit ihnen anfangen können. Wir machen uns die Dinge – manchmal auch die Menschen – nutzbar und sehen zu, dass wir auf unsere Kosten kommen. Wenn wir einmal nicht weiterwissen, fragen wir uns: »Was habe ich davon, wenn ich mich für Weg A entscheide – und was bringt es mir, wenn ich Weg B den Vorzug gebe?« Auf diese Weise kommen wir ganz gut über die Runden und kommen mit den Anforderungen des täglichen Lebens leidlich gut zurecht.

> »Was du planen kannst, ist zu klein, um es zu leben.«
> David Whyte[47]

Gleichwohl tauchen gelegentlich Konflikte auf. Das ist immer dann der Fall, wenn wir mit uns nicht einig sind; wenn wir mit Goethes Faust seufzen möchten: »Zwei Seelen wohnen, ach, in meiner Brust.« Tatsächlich sind es nicht zwei Seelen, sondern andere Kontrahenten: Manchmal kommt uns ein leiblicher Impuls in die Quere, manchmal steht Wunsch gegen Wunsch oder Wert gegen Wert, manchmal mischt sich unsere Seele ein. In solchen Fällen wird das Entscheiden schwierig.

Unterschiedliche Situationen fordern unterschiedliche Entscheidungen – und unterschiedliche Entscheidungen wiederum unterschiedliche Entscheidungshelfer. Warum? Lassen Sie es mich so sagen: Solange Sie sich als ein Ich verstehen, werden Sie nach Maßgabe Ihres Ich entscheiden, Sie werden sich nach dem richten, was dem Bild entspricht, das Sie von sich haben und mit dem Sie sich identifizieren. Maßgeblich für Ihr Ich ist stets die Übereinstimmung Ihres Handelns mit Ihrem Selbstverständnis – was in Ihrem Gehirn den Zustand der Kohärenz erzeugt und Ihnen ein gutes Gefühl gibt. Entscheidungen des Ich bewerten Sie daher immer dann als richtig, wenn sie Ihrem Selbstverständnis entsprechen. Richtig ist, was sich am Ich ausrichtet. In seinem Reich ist es das Maß aller Dinge.

Wenn Sie nun als Ich vor einer Entscheidung stehen, geht es Ihnen deshalb am Ende immer darum, die Option herauszufinden, die am meisten dem entspricht, was Ihr Ich zu sein beansprucht. Genau das drücken Sie aus, wenn Sie in einer schwierigen Situation sagen: »Ich muss wissen, was ich will.« Doch da uns – Sie erinnern sich – das Konzept Willen suspekt erscheinen muss, bleiben wir bei der Formulierung: Um richtig zu entscheiden, muss das Ich herausfinden, was ihm am ehesten gemäß ist.

Wie geht Ihr Ich nun vor? Die treibende Kraft – die Ihr Selbstbild, also Ihr Ich, durchdringt und erst hervorgebracht hat – ist Ihr Verstand. So nimmt es nicht wunder, dass er bei der Entscheidungsfindung Ihres Ich die Hauptrolle spielt. Aber wie? Die Antwort gibt uns Aristoteles. Wir sprachen schon davon, dass er das Thema der Entscheidung unter dem Aspekt der Wahl verhandelt. Das entsprechende griechische Wort *prohaíresis* bedeutet wörtlich: »vorziehen«. Griechisch gedacht geht es bei der Entscheidung also darum, der einen Option gegenüber einer anderen den Vorzug zu geben.

Was heißt nun »etwas vorziehen«? Zunächst ist es ein Geschehen, das nicht unter äußerem Zwang geschieht.[48] Von einer Entscheidung im Sinne der *prohaíresis* kann also nur die

Rede sein, wenn Sie nicht unter Druck gesetzt werden. Ein zweites Kriterium kommt hinzu: Entscheidungen treffen wir nur da, wo die Optionen in unserer Macht stehen und wirklich von uns oder durch unseren Einfluss verwirklicht werden können.[49] Das dritte Kennzeichen einer Entscheidung ist das wichtigste. Aristoteles sagt: »Vielleicht sollten wir Entscheiden als einen freien Akt infolge von Denken und Überlegung definieren.«[50]

Das Denken ist demnach beim Entscheiden das Wichtigste. Was aber heißt hier Denken? Das griechische Wort ist *bouleuein*, das sich herleitet von *boulé*, was zugleich »Rat« (im Sinne der Versammlung) und »Ratschluss« (im Sinne von Entscheidung) bedeutet. Die Art der Überlegung, die zum Prozess des Entscheidens dazugehört, wird von Aristoteles mithin als ein Mit-sich-zurate-Gehen beschrieben. Wir halten mit uns selbst einen Rat, der in die Entscheidung mündet.

Wichtig ist, was nach Aristoteles der angestammte Gegenstand einer Entscheidung ist. Er sagt: Wenn wir mit uns zurate gehen und entscheiden, dann betrifft das die Wahl der Mittel, die wir anwenden wollen, um ein bestimmtes Ziel zu erreichen. Das Ziel selbst ist nicht der Gegenstand einer Entscheidung, sondern der Gegenstand des Wünschens.[51] Was wir uns wünschen aber steht, so Aristoteles, gar nicht zur Entscheidung. Wir werden sehen, dass er damit einen wahren Punkt trifft. Der Vorgang des Entscheidens lässt sich in seinen Worten so beschreiben: »Nachdem man sich ein Ziel gestellt hat, sieht man sich um, wie und durch welche Mittel es zu erreichen ist; wenn es durch verschiedene Mittel möglich scheint, sieht man zu, durch welches es am leichtesten und besten erreicht wird; und wenn es durch eines regelrecht verwirklicht wird, fragt man wieder, wie man es am besten anwendet. (…) Stößt man auf eine Unmöglichkeit, so sieht man von der Sache ab, zum Beispiel wenn sich Geldmittel erforderlich zeigen, die man nicht aufbringen kann. Erscheint die Sache aber möglich, so nimmt man sie in die Hand.«[52] Und er fasst dies nochmals zusammen, indem er sagt: »Erst gehen wir mit uns zurate, dann wählen wir aus und lenken dann unser Streben in die Richtung, die unser Ratschluss vorgibt.«[53] Mir scheint, diese Beschreibung des Entscheidens ist nicht schlecht. Zumindest gilt sie für die Art von Entscheidungen, die wir als Ich zu treffen pflegen. Nur geht es dabei nicht immer reibungslos zu. Denn nicht immer ist klar, was uns »am leichtesten und besten« unser Ziel erreichen lässt. Häufig kollidieren Ziele. Manchmal kommen uns Faktoren in die Quere, die wir nicht in der Hand haben. Wer oder was können dann Entscheidungshelfer für uns sein? Wir werden nun unseren Elfenbeinturm verlassen, die Theorie zur Seite legen und hinaus ins wahre Leben gehen: dorthin, wo Sie und ich fortwährend mit Entscheidungszwängen zu tun haben; mitten in den Alltag.

Aus Erfahrungen hergeleitete Regeln sind wirksame Entscheidungshelfer. Sie ersparen Ihnen langes Nachdenken, machen das Leben leichter – und in Jans Falle auch sicherer. Haben Sie solche Regeln? Nein? Dann geben Sie sich welche! Und schreiben Sie sie auf.

EGO: MARION FÄHRT IM SUFF

Alle sind zum Empfang erschienen. Man hält ein Schwätzchen hier, ein Schwätzchen da. Es ist ein guter Tag fürs Networking. Man trinkt dabei ein Gläschen hier, ein Gläschen da. Marion ist in ihrem Element. Sie ist von Gesprächspartnern umlagert und genießt den Abend. Dann aber kommt die Stunde der Entscheidung: Es sind nicht wenige Gläser, die sie intus hat. Noch fahren oder lieber ein Taxi nehmen? Für Marion ist die Sache klar. Sie ist eine erfolgreiche Geschäftsfrau. Sie hat immer alles im Griff. Sie kann noch fahren. Gedacht, getan. Und dann kommt diese blöde Polizeistreife. Führerschein weg.

Was würden Sie sagen: Hat sich Marion schlecht entschieden? Und wenn ja: warum? Oder liegt das Problem woanders?

Liegt es vielleicht da, dass sie sich bei näherer Betrachtung gar nicht entschieden hat? Ich schlage vor, diese Deutung ernstlich in Betracht zu ziehen: Ihr Fehler liegt darin, dass Sie sich blind von ihrem Selbstbild leiten ließ; dass sie sich gar nicht die Mühe gemacht hat, einen Entscheidungshelfer zu konsultieren. Dieses Beispiel soll vor allem eine Warnung sein! Vertrauen Sie nie blindlings Ihrem Selbstbild. Denken Sie an das »Erkenne dich selbst!« Wenn etwas zu entscheiden ist, gehen Sie in sich. Erlauben Sie sich den Luxus. Hören Sie auf die Stimmen, die in Ihnen laut werden. Gehen Sie mit sich zurate. Nichts ist fataler, als darauf zu verzichten. Wie der Buchtitel sagt: Nicht denken ist auch keine Lösung.

MAXIMEN: JAN TRINKT EINEN ESPRESSO

Jan ist ein gefragter Unternehmer. Fortwährend ist er unterwegs. Sein Auto nennt er liebevoll »mein zweites Wohnzimmer«. Manchmal wird er beim Fahren müde. So auch heute, ausgerechnet. Denn ein wichtiger Termin steht an. Und wegen eines Staus ist er schon leicht verspätetet. Eine Pause täte gut, aber dann würde er definitiv nicht mehr pünktlich sein. Was tun? Er hat für solche Fälle eine Regel: »Wenn du müde wirst, fahr raus!« In diesem Augenblick kommt eine Raststätte in Sicht. Er sctzt den Blinker. Der Espresso tut ihm gut.

Jans Konflikt ist gar nicht selten. Das Ich kollidiert mit dem Leib. Der Körper sagt: »Mein Lieber, es ist Zeit für eine Pause.« Das Ich entgegnet: »Geht nicht, ich muss pünktlich zum Termin erscheinen.« Ich wette, Sie kennen das. Wer aber sagt hier eigentlich »muss«. Maßgeblich für das »muss« ist zweifellos das Ich, denn es sieht sich als jemanden, der stets pünktlich ist. Wir könnten das auch sagen: Pünktlichkeit ist für Jan ein Wert. Und wie wir sehen, ist es nicht sein einziger. Als zweiter Wert meldet sich in ihm: Gesundheit. Und sie erhält den Zuschlag.

Warum? Weil Jan sich selbst eine Regel gegeben hat. Als Vielfahrer ist er erfahren. Er hat schon öfter solche Situationen durchgemacht. Als er noch jünger war, pflegte er die Signale seines Körpers zu ignorieren. Als er sich einmal dabei ertappte, dass er beim Fahren eingenickt war, hat er sich die Regel oder – etwas vornehmer formuliert: eine Maxime – gegeben: »Wenn du müde wirst, fährst du raus«, weil ihm in dem Augenblick klar wurde, dass ihm seine Gesundheit wichtiger ist als seine Pünktlichkeit. Seitdem sagt er sich: »Nur ein gesunder Jan kann pünktlich sein.« Das ist sein Selbstbild. An ihm nimmt er Maß.

WERTE: SUSANNE SCHLUCKT ASPIRIN

Der Tag war anstrengend. Susanne kommt erst spät heim und hat wenig Zeit, sich umzuziehen. Gleich ist sie wieder unterwegs. Eine Künstlerfreundin hat sie zur Vernissage geladen, und alle würden da sein. Da darf sie nicht fehlen. Doch kaum, dass sie ins Auto steigt, kommen die Kopfschmerzen. Eigentlich hat Susanne sich geschworen, keine Kopfschmerzmittel einzunehmen, und irgendetwas in ihr sagt: »Dreh um und ruh dich aus!« Sie tut es aber nicht. Sie fährt auf einen Parkplatz, kramt ein Aspirin aus ihrer Handtasche, nimmt einen Schluck Wasser dazu und krempelt die Ärmel hoch. So ist sie eben. Sie ist stolz auf sich. Sie lässt sich nicht unterkriegen.

Ich wette, dass Sie sich Susannes Lage vorstellen können. Kopfschmerzen kennt jeder, und wer wäre nicht dankbar dafür, mithilfe einer Tablette dem lästigen Spuk ein Ende zu bereiten, um tun zu können, was man tun möchte. Auch hier haben wir einen Konflikt von Ich und Leib – einen, der wiederholt auftreten kann, weshalb sich Susanne dafür eine Regel gegeben hat: »Ich schlucke (möglichst) keine Pharmazeutika.« Was sie dazu gebracht hat, ist nicht weiter wichtig. Das Interessante ist, dass sie die Regel bricht. Warum? Weil sie in diesem Fall zu einer

Handlung führen würde, die nicht zu ihrem Selbstbild passt. Sie sieht sich als eine Frau, die auf einem gesellschaftlichen Event nicht fehlen darf – als eine Frau, die sich nicht unterkriegen lässt, als Powerfrau. Diesem Selbstbild zu genügen, hat für sie höchste Priorität. Sie hat in sich ein klares Werteranking; und da zu sein, wo sich die Upperclass versammelt, steht darauf höher, als dem Impuls des Körpers nachzugeben.

Wir alle haben solche Wertehierarchien, die meist unbewusst in uns aktiv sind. Sie leisten wirksame Entscheidungshilfe, können uns aber auch dazu verleiten, fragwürdige Entscheidungen zu treffen. So ist ungewiss, ob es Susanne wirklich guttat, sich durch jenen Abend zu quälen. Wenn Sie dieses Risiko eingrenzen wollen, ist es hilfreich, sich Ihrer Wertehierarchie bewusst zu werden. Nehmen Sie sich dafür etwas Zeit. Bewegen Sie das Thema bei einem Spaziergang und notieren Sie mal, was für Ihr Selbstverständnis maßgeblich wichtig ist.

Schaffen Sie sich Klarheit über Ihre Wertehierarchie. Je klarer Sie darüber sind, was Ihnen wichtig ist, desto einfacher und geradliniger können Sie entscheiden!

KALKÜL: THOMAS BRETTERT ZUM FLUGHAFEN

»Verdammte Pisskacke!« Thomas flucht, erst Megastau, jetzt eine Mammutbaustelle, 15 Kilometer, 80 Sachen sind erlaubt. Wie soll er da seinen Flieger kriegen? Da springt der Rechner in ihm am: »Maschine verpassen, umbuchen, Hotelkosten, einen Tag später ankommen. Das ginge gerade noch. Aber die Kosten: mindestens 2000 Euro. Auf der anderen Seite: durchbrettern, riskant – aber okay, ich kann ja fahren. Wenn's dumm läuft, geblitzt werden, ein paar Punkte in Flensburg, Führerscheinentzug … Egal, ich werde dabei besser kommen.« Er tritt aufs Gas. Nach einem Kilometer blitzt es, zwei Kilometer später wird er rausgewunken. Den Flieger verpasst er, ein sattes Bußgeld muss er zahlen, die Laune ist im Keller. Dumm gelaufen. Thomas ist Geschäftsmann. Für ihn ist klar: Die beste Lösung ist die kostengünstigste. Das ist seine Regel, die er ziemlich eisern durchhält. Sie wurzelt tief in seinem Werteranking: Ganz oben steht der materielle Wohlstand, auch bekannt als Geld. »Was weniger kostet, ist besser«, lautet sein Credo. »Ich bin doch nicht blöd«, heißt sein Selbstbild, »ich bin ein tougher Rechner«. Aus eben diesem Grund hat er sich angewöhnt, in Entscheidungsmomenten den inneren Rechner zu aktivieren und zu überschlagen, welche der anstehenden Optionen sich am ehesten rechnet. Und die erhält den Vorzug.

So kann man leben und damit auch leidlich gut zurechtkommen. Nur sollten Sie, wenn Sie so leben wollen, die Kunst des Kalkulierens gut beherrschen. Und das ist alles andere als einfach: Sie müssen alle möglichen Faktoren in Ihre Rechnung einbeziehen – in Thomas' Fall, dass er rausgewunken werden könnte –, denn wenn Sie auch nur einen möglichen Faktor übersehen, kann Ihre ganze Rechnung nach hinten losgehen. Thomas kann ein Lied davon singen.

Außerdem müssen Sie die Wahrscheinlichkeitsrechnung beherrschen und den Faktor Zeit miteinbeziehen. Per Kopf bekommen Sie das nicht hin, dafür brauchen Sie leistungsstarke Rechner und hoch entwickelte Algorithmen. Unternehmen arbeiten damit, um möglichst zuverlässig kalkulieren zu können, was die Zukunft bringt und was sich am ehesten rechnet. Und selbst sie scheitern regelmäßig an Unvorhergesehenem, an unkalkulierbaren Risiken, wie es so schön heißt: ein Abgasskandal, ein Brand auf einer Bohrinsel, ein Erdbeben ... Die Welt ist voller unwägbarer Dinge. Auch die Ihre, oder?

Kalkül und Berechnung kommen als Entscheidungshelfer nur dann infrage, wenn Sie die Kunst des Kalkulierens virtuos beherrschen und alle wichtigen Faktoren in Betracht ziehen.

GESETZE: CHRISTINE RUFT DEN KUNDEN AN

Am selben Tag ist auch Christine unterwegs. Sie steht im gleichen Stau, sie hat die gleiche Baustelle vor sich. Christine muss zwar nicht zum Airport, doch der Schweiß steht auch auf ihrer Stirn: Nur eine Stunde noch, dann beginnt das Coaching – das erste Coaching mit dem neuen Superkunden, auf dem all ihre Hoffnungen ruhen. Verflixt noch mal, sie hatte vollmundig behauptet, nie zu spät zu kommen. Und jetzt diese verdammte Baustelle mit dem verfluchten Tempolimit. Was tun? Sie ist erfolgreich und professionell, sie ist aber nicht minder eine pflichtbewusste und umsichtige Verkehrsteilnehmerin. Sie mag nicht gegen die Regeln verstoßen. »Gesetz ist Gesetz«, denkt sie und geht vom Gas. Am nächsten Rasthof ruft sie ihren Kunden an und sagt ihm, dass sie später kommen wird, weil sie sich an das Tempolimit halten wollte. Ihr Kunde findet das vorbildlich.

Vielleicht kommt Ihnen diese Geschichte konstruiert oder fantastisch vor. Tatsächlich beleuchtet sie einen Aspekt, der in den vielen marktüblichen Entscheidungsratgebern nie thematisiert wird: Wir bewegen uns bei unseren Entscheidungen niemals in einem Niemandsland, sondern immer und unausweichlich (selbst auf hoher See) in einem Rechtsraum, der durch Vorschriften, Regeln und Gesetze strukturiert ist. Aus irgendwelchen Gründen haben sich die meisten Menschen angewöhnt, diese Gesetze und Regeln als Hindernisse anzusehen, die sie gegebenenfalls ignorieren können, wenn sie ihren Interessen oder ihrem Selbstbild im Weg stehen. Wenn überhaupt tauchen sie in Entscheidungskalkülen (wie dem von Thomas) nur unter dem Gesichtspunkt möglicher Mehrkosten infolge von Bußgeldern, Anwaltskosten etc. auf. Geht Ihnen das auch so? Dann sollten Sie von Christine lernen, dass Gesetze und Regeln wertvolle Entscheidungshelfer sein können.

Natürlich gibt es schwachsinnige Regeln. Aber das heißt nicht, dass wir uns nach eigenem Gusto über Gesetze und Regeln hinwegsetzen dürften. Denn eines müssen wir bedenken: Das Recht dient – jedenfalls in unseren Breiten – dazu, das menschliche Miteinander zu ermöglichen, Risiken zu vermeiden, Gerechtigkeit zu wahren. Es macht das Leben leichter. Und damit auch das Entscheiden. Christine hat einen klaren Standpunkt. Sie sieht sich selbst als verantwortungsbewusste Bürgerin eines demokratischen Gemeinwesens, dessen Regierung – auch wenn sie mit ihr nicht immer einverstanden ist – Gesetze erlassen hat, die sie zu befolgen hat. Sie weiß, dass sie diesem Gemeinwesen vieles zu verdanken hat. Also meint sie, dass es sich gehört, die Regeln zu befolgen.

Regeln und Gesetze sind kostbare Entscheidungshelfer, die Sie nie verschmähen sollten. Sie machen vieles leichter und schützen Sie vor Dummheiten.

Im Zweifelsfall fahren Sie immer richtig damit, bei Ihren Entscheidungen das Recht zu achten. Illegale Praktiken und Rechtsverstöße zeugen meist nur vom Egoismus derer, die sie verrichten, in keiner Weise aber von ihrer Klugheit oder Integrität. Zumindest in einem Rechtsstaat ist das so. Wenn Sie in einem solchen leben – was ich Ihnen von Herzen wünsche –, dann sollten Sie Regeln als Entscheidungshelfer beherzigen.

MORAL: KATRIN HUNGERT LIEBER

Dass sie von Ihrem Chef zum Essen eingeladen wird, ist Katrin noch nie passiert. Sie fühlt sich dadurch nicht nur wertgeschätzt, sondern geehrt. Und dann auch noch ins beste Restaurant der Stadt. Sie hat sich fein gemacht. Die Karte wird gereicht, sie blättert hin und her. Sie findet nichts Veganes. Stattdessen wird ihr klar: Das ist ein Steakhaus. Der Chef bemerkt ihre Unruhe und fragt, ob etwas nicht in Ordnung sei. Sie lächelt angestrengt und sagt, ihr sei nicht so recht wohl und sie bevorzuge, sich mit einem Glas Wein zu bescheiden. Ihr Gegenüber merkt, dass da noch mehr dahintersteckt, und insistiert. Ob ihr das Restaurant nicht behage oder sie nichts auf der Karte finde, will er wissen. Dass sie eingeladen ist, verstehe sich von selbst. Da fasst sie sich ein Herz und offenbart ihm, sie esse nur vegan, und Steakrestaurants seien ihr aus ethischen Gründen zuwider. Der Herr entschuldigt sich, er habe davon nichts gewusst, und drängt sogleich zum Restaurantwechsel. Sie ahnt, dass er genervt ist, obgleich er den perfekten Gentleman hervorkehrt. Sie schwankt für einen Augenblick, ob sie nicht bleiben und über ihren Schatten springen soll. Aber sie will sich treu bleiben und willigt ein. Beim Italiener, ein paar Ecken weiter, kommt sie voll auf ihre Kosten.

Solche Geschichten sind nicht selten. Viele Menschen haben beschlossen, dem Fleischkonsum abzuschwören und sich vegan oder vegetarisch zu ernähren: manche aus gesundheitlichen Gründen, andere aus moralischen Erwägungen. Zu Letzteren zählt Katrin. Vielleicht hatte sie eines jener Bücher gelesen, die die schrecklichen Verhältnisse in Schlachthöfen beschreiben und zeigen, wie sehr die Tiere in der hoch industrialisierten Lebensmittelindustrie leiden und wie ökologisch verantwortungslos die Massenhaltung ist. Auf jeden Fall hält sie es seither für unmoralisch, Fleisch und tierische Produkte zu konsumieren. Und das – um hier kein Missverständnis aufkommen zu lassen – ist aller Ehren wert und zeugt von einem hoch entwickelten ethischen Bewusstsein, das unseren Respekt verdient.

Doch trotzdem lauert eine Tücke, wo Menschen feste Grundsätze befolgen. Das hat damit zu tun, dass sie versucht sind, sich mit ihren ethischen Maximen voll und ganz zu identifizieren, sodass sie manchmal dazu neigen, ihre abstrakten Grundsätze so stark zu machen, dass sie die konkreten Lebenssituationen überblenden. Das bringt uns zurück zu Katrin. Sie sagt von sich: »Ich bin vegan.« Und daran will sie festhalten, um ihre neu definierte Identität – ihr Ich-Selbstbild – nicht zu gefährden. Sie sagt sich so etwas wie: »Was ich denke und was ich tue, ist gut. Ich bin eine anständige Frau und nicht eine, die sich von toten Tieren ernährt.« Sich das zu sagen, gibt ihr ein Gefühl der Stärke, das ihr guttut. Gleichwohl flammt in ihr kurz ein Zweifel auf: der Zweifel, ob sich ihre Konsequenz mit der konkreten Situation verträgt. Ihr Chef, das war erkennbar, liebte dieses Restaurant, und ja, sie hatte es versäumt, ihm zu sagen, dass sie vegan isst. Das war ihr Fehler, und daher war es auch nicht ganz höflich von ihr, sich so kompromisslos zu zeigen. Sie hatte ihr Gegenüber in Verlegenheit gebracht – aber gleichviel: Er war es ja, der den Vorschlag machte, das Restaurant zu wechseln; da muss sie sich keinen Vorwurf machen, zugestimmt zu haben.

Der Konflikt, der hier aufflammt, spielt zwischen Anstandsregeln für konkrete Situationen und allgemeinen Grundsätzen der Moral. Und es ist nur normal, dass die Moral den Sieg davonträgt. Denn moralische Überzeugungen sind extrem mächtig. Eben deshalb, weil Menschen in hohem Maße mit ihnen identifiziert sind und ihr Selbstverständnis wesentlich davon bestimmt ist, dass sie sich und ihr Tun nach Maßgabe ihrer moralischen Überzeugungen gutheißen können. Und hier liegt der springende Punkt: Es käme – wie im Fall von Katrin sichtbar – einem Selbstverrat gleich, gegen die eigene Moral zu verstoßen. Katrin hätte sich am nächsten Morgen vor dem Spiegel nicht mehr in die Augen sehen können, wenn sie eingeknickt wäre. So aber konnte sie zu sich sagen: »Wow, ich bin gut!«

Weil nun unsere Vorfahren um jene Macht der Moral wussten, haben sie in ihrer Weisheit Anstandsregeln erfunden, die dieser Macht mit Milde und Behutsamkeit begegnen. Katrins Chef ist mit diesen Regeln vertraut. Auch wenn es ihm nicht gefällt, entscheidet er sich doch dafür, Gebrauch von seiner guten Kinderstube zu machen und gentlemanlike den Restaurantwechsel vorzuschlagen. Er will damit vermeiden, die Frau, die sein Gast ist, in Verlegenheit zu bringen. Was lehrt uns das?

Moralische Regeln, Werte und Maximen sind machtvolle Entscheidungshelfer – ihre Kraft überragt die von Recht und

Gesetz um ein Vielfaches. Und das ist gut so, denn es könnte ja sein, dass diese moralischen Regeln wirklich dem Leben dienlich sind – unserem und dem Leben anderer. Aber es gibt keine Garantie dafür. Denn die Erfahrung lehrt leider nur gar zu gut, dass es moralische Regelwerke gibt, die Menschen eher knechten als befreien und die ihrer Seele und den Seelen anderer schaden.

Der Macht der Moral tut das keinen Abbruch, denn sie hängt nicht davon ab, ob die Moral lebensförderlich und lebensdienlich ist oder nicht. Sie speist sich daraus, dass Menschen, die sie sich zu eigen machen, in ihrem Ich-Bewusstsein voll mit ihren moralischen Überzeugungen identifiziert sind. Kein Wunder, dass Gemeinwesen, Gesellschaften und Unternehmen einige Anstrengungen unternehmen, um Menschen auf ihnen genehme moralische Normen zu verpflichten: Berufsverbände haben ihre Ethik-Kodizes, Unternehmen ihren Code of Conduct. Wertetableaus sind ein bewährtes Instrument, Menschen in strittigen Entscheidungssituationen Wegweisung zu geben – oder sie auch zu manipulieren. So gab es Menschen, die so sehr von Propaganda erfüllt waren, dass sie es mit ihrer Moral vereinbaren konnten, Konzentrationslager zu unterhalten ... Wir werden noch darauf zurückkommen.

Wenn Sie über eine starke Moral verfügen und sich dieser Moral verpflichtet wissen, werden Ihnen viele Entscheidungen abgenommen. Moralische Gebote sind effizient.

Fürs Erste halten wir fest: Wer ein starkes moralisches Selbstverständnis hat, weiß eigentlich immer, was er zu tun hat. Es sei denn, seine Wertetableaus oder Kodizes sind in sich widersprüchlich – was vorkommen kann. Aber davon abgesehen ist Moral ein machtvoller Entscheidungshelfer.

Sie müssen allerdings einen Preis dafür zahlen: Der Umgang mit anderen Menschen kann schwierig werden. Katrin hatte Glück, dass ihr Chef die alten Anstandsregeln internalisiert hatte. Wäre sie auf einen überzeugten Steakesser getroffen, wäre der Abend anders verlaufen. Das heißt: Moral ist eine gute

Sache – aber sie ist oft nur einen Wimpernschlag vom Rigorismus und damit von harten Konflikten entfernt. Deshalb: Wenn Sie gesellschaftsfähig und im guten Kontakt zu anderen Menschen bleiben wollen, sollten Sie behutsam und vorsichtig mit Ihrer Moral umgehen. Sie ist ein mächtiger und eben deshalb nicht ungefährlicher Entscheidungshelfer.

NUTZEN: CHRISTIAN NIMMT DIE CURRYWURST

Christian ist auf Geschäftsreise. Es war für ihn ein guter Tag. Er hatte erfolgreich verhandelt. Sein Chef würde zufrieden sein. Da hatte er sich eine Belohnung verdient. Mit diesem Gefühl betritt er das Hotel-Restaurant. Und er hat auch schon eine klare Ahnung davon, womit er sich belohnen will: mit dem Surf-&-Turf-Steak, das er tags zuvor am Nachbartisch gesehen hatte. Die Vorfreude ist groß – doch ebenso die Ernüchterung, als er am rechten Seitenrand der Karte »48 Euro« liest. Mit Beilagen und Wein, das ist ihm klar, würde der Spaß recht teuer werden. Das wäre ja auch vertretbar, wenn er nicht – ja, wenn er nicht in diesem Jahr ein bisschen kürzer treten müsste; wegen seinem neuen Wagen, den er bald bestellen will. Irgendwie spitzt sich in seinem Kopf die ganze Sache auf die Frage zu: sattes Steak oder neues Auto? Als der Ober zu ihm kommt und sich nach seinem Essenswunsch erkundigt, sagt er mit angestrengtem Lächeln: »Ach, mir steht heute der Sinn nach Currywurst mit Pommes.«

Wie kommt Christian zu diesem Sinneswandel? Er hatte sich doch so sehr auf sein Steak gefreut. Okay, ich habe Ihnen unterschlagen, dass der gute Christian an der Uni zwei Semester Philosophie studiert hatte. Sein Hauptinteresse galt dabei der Ethik, und besonders eine Tradition hat ihm zugesagt, die mit dem schwer aussprechbaren Namen Utilitarismus. Und ganz besonders war er angetan von einem Werk des Philosophen

Jeremy Bentham (1748–1832), das den schönen Titel trug: »Eine Einführung in die Prinzipien der Moral und der Gesetzgebung«. Aus diesem Werk hatte er vor Jahren ein paar Sätze abgeschrieben, die ihm wichtig waren: »Unter dem Prinzip der Nützlichkeit ist jenes Prinzip zu verstehen, das schlechthin jede Handlung in dem Maß billigt oder missbilligt, wie ihr die Tendenz innezuwohnen scheint, das Glück der Gruppe, deren Interesse in Frage steht, zu vermehren oder zu vermindern, oder – das Gleiche mit anderen Worten gesagt – dieses Glück zu befördern oder zu verhindern. (…) Unter Nützlichkeit ist jene Eigenschaft an einem Objekt zu verstehen, durch die es dazu neigt, Gewinn, Vorteil, Freude, Gutes oder Glück hervorzurufen (dies alles läuft im vorliegenden Fall auf das Gleiche hinaus), oder (was ebenfalls auf das Gleiche hinausläuft) die Gruppe, deren Interesse erwogen wird, vor Unheil, Leid, Bösem oder Unglück zu bewahren; sofern es sich bei dieser Gruppe um die Gemeinschaft im Allgemeinen handelt, geht es um das Glück der Gemeinschaft; sofern es sich um ein bestimmtes Individuum handelt, geht es um das Glück dieses Individuums. (…) Von einer Handlung, die mit dem Prinzip der Nützlichkeit übereinstimmt, kann man stets entweder sagen, sie sei eine Handlung, die getan werden soll, oder zum mindesten, sie sei keine Handlung, die nicht getan werden soll.«[54]

Das hatte Christian gefallen. Benthams Prinzip der Nützlichkeit schien ihm ein kluger Kompass, von dem er sich versprach, mit seiner Hilfe gut durchs Leben navigieren zu können. Er fand plausibel, dass die Utilitaristen sagen: Es geht ums Glück. Das sah er ganz genauso: Glück ist unser höchstes Ziel: für ein Gemeinwesen oder eine Gruppe genauso wie für jeden Einzelnen. Wobei Glück viel mit dem zu tun hat, wovon in dem Zitat die Rede war: Gewinn, Vorteil, Freude. Wenn man fürs Leben eine Regel brauchte, so schien ihm, war es also diese: Schau stets darauf, das Nützliche zu tun! Entscheide so, dass dabei der größtmögliche Nutzen entsteht: das größtmögliche

Glück für die größtmögliche Menge. Und wenn deine Entscheidung nur dich betrifft: dein größtmögliches Glück. Mit dieser Maxime war er bislang gut zurechtgekommen.

Was ihm an Benthams Ansatz besonders gut gefiel, war seine Praxisnähe. Der alte Denker hatte nämlich nicht nur ein praktikables Prinzip für die Entscheidungsfindung formuliert, sondern auch gleich eine Anleitung mitgeliefert, wie man diese optimieren könne. Wenn man vor einer Entscheidung steht, entweder A oder B zu tun, dann solle man das hedonistische Kalkül zur Anwendung bringen.[55] Das heißt, man solle jede der Optionen daraufhin befragen, wie intensiv, wie dauerhaft, wie gewiss oder ungewiss, wie nah oder fern die zu erwartende Freude sei, die sie einem bescheren werde. Idealerweise solle man eine Art Freudenquotienten quantifizieren und dann errechnen, bei welcher der Optionen unterm Strich am meisten davon herauskomme.

Auch wenn er sich an diesem Abend mit der Currywurst darüber nicht im Klaren war, hatte Christian untergründig eine solche Operation angestellt und das hedonistische Kalkül durchgerechnet: »Jetzt ein Surf-&-Turf-Steak – leidlich intensives, aber kurzes Glück, dafür zeitnah und gewiss. Oder: In zwei, drei Monaten ein neues Auto – zwar noch eine Weile hin, dabei aber ziemlich sicher intensive, nachhaltige Freude. Hinzu kommt eine leckere Currywurst. 30 Glückspunkte für Surf & Turf, 50 Glückspunkte für Currywurst.« Entscheidung getroffen.

Okay, das Ganze ist ein bisschen karikiert, wobei ich, wie Sie sich denken können, beileibe nicht der Erste bin, der Benthams hedonistisches Kalkül ein bisschen auf die Schippe nimmt. Dieses Verfahren hat unzweifelhaft Schwächen: Wie soll man Glück und Freude quantifizieren? Gibt es nicht auch in dem Bereich der Emotionen qualitative Unterschiede? Diese Frage veranlasste einen anderen Kopf der utilitaristischen Schule namens John Stuart Mill zu dem denkwürdigen Ausspruch: »Lieber ein unglücklicher Sokrates als ein glückliches Schwein.« Aber sei's drum: Bei unserem Christian hat das Nützlichkeitsprinzip bei der Entscheidungsfindung funktioniert. Und eigentlich ist auch ganz klar, warum. Wenn wir als Ich entscheiden, davon sind wir ausgegangen, ist für uns maßgeblich, dass unsere Entscheidungen mit unserem Selbstbild kompatibel sind. Was die Utilitaristen uns zu sagen haben, ist einfach nur: Entscheide so, dass die daraus resultierenden Handlungen nützlich dabei sind, deinem Selbstbild gemäß zu leben. So muss es uns nicht überraschen, dass die von den Vordenkern des Utilitarismus im 18. und 19. Jahrhundert skizzierte Nützlichkeitsmoral in einer Welt, die vom Ich-Bewusstsein dominiert ist, auf fruchtbaren Boden fiel. Sie ist in die Grundmatrix unserer modernen Ökonomie eingezeichnet und leitet – wissentlich oder nicht – die Entscheidungsfindung all derer, die von einem Geist des Wirtschaftens durchdrungen sind. Nur, dass der Nutzen, um den es dem Utilitaristen geht, in einer anderen Währung ausgezahlt wird: nicht als Geld, sondern als Spaß. Aber davon will unser Ich nicht minder reichlich haben. Christian ist da keine Ausnahme.

In einer Welt des Ich ist das hedonistische Kalkül der Utilitaristen ein brauchbarer und praktikabler Entscheidungshelfer: Sie rechnen einfach hoch, wie viel Freude und Spaß sie bei den jeweiligen Handlungsentscheidungen erwarten dürfen – und entscheiden sich für diejenige, die dabei am besten abschneidet.

Übrigens: Haben Sie's gemerkt? Mit seinem hedonistischen Kalkül hätte Christian auch zum umgekehrten Ergebnis kommen können. Aber verraten Sie es ihm nicht. Er würde sich nachträglich noch ärgern.

Und wo wir schon dabei sind: Vielleicht hätte er besser eine Münze werfen sollen. Das sieht zwar nicht unbedingt elegant aus, kann aber helfen. Man muss nur wissen, wie es geht. Es ist nämlich nicht so einfach, wie Sie denken. Deshalb hier eine kleine Anleitung zur erfolgreichen Essensentscheidung durch Münzwurf.

DIE MÜNZE ENTSCHEIDET

Erstens: Nehmen Sie eine Münze und legen Sie die Bedeutung der beiden Seiten fest. Zum Beispiel: Kopf = Fisch; Zahl = Fleisch.
Zweitens: Werfen Sie die Münze und schauen Sie, welche Seite oben liegt.
Drittens: Achtung! Folgen Sie nicht blind dem Ergebnis des Münzwurfs, sondern achten Sie genau auf Ihre erste Reaktion: zufrieden oder enttäuscht?
Viertens: Bei »enttäuscht« wählen Sie genau das Gericht, das die Münze nicht anzeigt – bei »zufrieden« nehmen Sie genau das, was sie anzeigt.
Fünftens: Lassen Sie es sich schmecken und vergessen Sie, dass es je eine Alternative gab.

VISUALISIEREN: CLAUDIA WÄHLT DAS NOBELRESTAURANT

Ihr neuer Kollege hat alles, was man sich nur wünschen kann. Er sieht gut aus, ist gebildet, kultiviert, charmant, gentlemanlike, Single. Genau Claudias Typ. Letzte Woche hat sie sich ein Herz gefasst und ihn zum Essen eingeladen. Zu ihrer Freude hat er zugesagt. Jetzt ist die Frage: welches Restaurant? Claudia möchte sich gern als Frau von Lebensart präsentieren. Sie liebt ein weltläufiges und großzügiges Auftreten. Da böte sich das neue, feine Restaurant am Marktplatz an. Ist aber ziemlich teuer, und ärgerlicherweise ist Claudia gerade ein bisschen klamm. Als Alternative zieht sie den schönen Traditionsgasthof in der Altstadt in Betracht. Günstiger, auch gut, passt aber nicht ganz.

In ihrem Kopf geht es hin und her. Da fällt ihr ein, dass sie unlängst in einem Frauenmagazin gelesen hat, bei schwierigen Entscheidungen solle man sich ein bisschen Zeit nehmen, die Augen schließen und einen Film auf die innere Leinwand projizieren, der minutiös darstellt, wie der Abend in Restaurant A und wie er in Restaurant B verlaufen würde. Visualisieren nennt man das. Claudia visualisiert also. Am Ende steht fest: Gasthof A muss es sein. Der passt zu ihr. Sie sagt sich: »Die paar Euro mehr sind eine gute Investition.« Sie sollte recht behalten.

Claudia erprobt eine bewährte Variante des hedonistischen Kalküls, bei der es nicht um Zahlen, Kalkulationen und Hochrechnungen geht, sondern um innere Bilder. Dieses Verfahren bietet den großen Vorteil, dass es eine Art Stimmigkeitstest erlaubt: Was passt besser zu der Idee, die sie für den Abend hat? Welche Option lässt sie ihrem Ziel näher kommen? Was genau ist eigentlich ihr Ziel?

Je klarer das innere Bild dessen, was Sie vorhaben und worauf Sie zugehen wollen, ist, desto eher werden Sie in der Lage sein, die passende Entscheidung darüber zu treffen, welchen Weg Sie einschlagen sollten: den, der Ihnen – im Sinne der Utilitaristen – die größtmögliche Freude bereiten wird; und nicht nur Ihnen, sondern auch den anderen Beteiligten, in unserem Beispiel dem neuen Kollegen. Die beste Option wäre also die, bei der Claudia ganz bei sich sein kann, sodass beide einen unvergesslichen Abend miteinander haben können.

Das Wohlergehen und die Freude der von Ihren Entscheidungen immer auch mitbetroffenen Personen in den Entscheidungsfindungsprozess einzubeziehen – das zeigt das Beispiel –, ist außerordentlich wichtig. Denn Sie sind nie allein, auch nicht als Ich. Sie bewegen sich stets in einem Netz von Beziehungen, das Sie bei Ihren Entscheidungen nicht ausblenden sollten. Die vegane Katrin von Seite 88 hatte diesen Faktor in den Hintergrund gestellt. Sie blieb sich treu und kam zuletzt auf ihre Kosten, aber ihr Gastgeber konnte den Abend nicht recht genießen. Moralisch gesehen hatte ihr Verhalten einen guten Grund, aber menschlich gesehen war es schade, denn in dieser konkreten Situation stimmte es zwischen beiden nicht. Claudia visualisierte hingegen nicht nur ihre eigene Stimmung, sondern auch die ihres Kollegen – und erst, als sie innerlich sah, wie wohl er sich in dem Nobelrestaurant fühlen dürfte, war ihre Entscheidung gefallen. Es war eine gute Entscheidung, denn sie zog genau das mit in Betracht, was in Betracht gezogen werden muss, wenn das Ziel ist, einen schönen, gemeinsamen Abend – ja mehr noch: den Auftakt zu einer neuen Liebe – zu teilen.

Es ist gut, sich innere Bilder der zur Diskussion stehenden Optionen zu machen. Dabei sollten Sie nicht allein auf sich achten, sondern auch auf die anderen, die an der Situation beteiligt sind. Die Variante, die für alle am besten stimmt, verheißt Ihnen eine Entscheidung, mit der es Ihnen gut gehen wird.

RELIGION: BEKIR GIBT DEM BETTLER GELD, WERNER NICHT

Eine Szene, wie sie täglich in unseren Innenstädten vorkommt: Eine fremdländisch anmutende Frau sitzt gebückt an einer Hauswand und hält einen leeren Coffee-to-go-Becher in die Höhe. Die Passanten strömen vorbei. Es geht geschäftig zu, doch so gut wie niemand gibt ihr eine Münze. Gerade ist Werner an ihr vorbeimarschiert. »Ich bin doch kein Wohlfahrtsamt«, raunzt er vor sich hin. Anders Bekir. Er sieht die Frau, kramt in seiner Hosentasche und gibt ihr 20 Cent. Er hat selbst nicht sehr viel, aber sein muslimischer Glaube sagt ihm, er solle Almosen geben. Also tut er es.

Die Frage, ob man Bettlern Geld geben soll oder nicht, ist so alt wie das Geld selbst. Und, wie wir sehen: Eine abschließende Lösung gibt es nicht. Unterschiedliche Menschen gehen unterschiedlich damit um, unterschiedliche Kulturen ebenso. Nur die großen Religionen dieser Welt sind sich weitgehend darüber einig, dass man Notleidenden beistehen und sie mit Almosen unterstützen soll, wenn sie darum bitten. Das muss nicht immer Geld sein – aber eine milde Gabe ist in den meisten religiösen Ethiken geboten. Ein frommer Mann wie Bekir denkt deshalb nicht lange nach, ob er der Bettlerin die Münze geben soll. Da er sich selbst als Muslim begreift und ihm sein Selbstbild wichtig ist, tut er genau das, was den Lehren seiner Religion gemäß ist. Religionen sind fabelhafte Komplexitätsreduzierer, die durch klare Vorgaben Entscheidungsprozesse effizient verschlanken. Das klappt freilich nur, wenn Sie religiös sind. Sollte das nicht der Fall sein, dann bleibt Ihnen die – häufig ergriffene – Möglichkeit, säkulare Moralüberzeugungen und Ideologien als Entscheidungshilfe zu bemühen. Im Falle der veganen Katrin haben wir das bereits gesehen. Also: Glaubenssätze, Dogmen, Moral – all das ist wirkungsvoll.

Nicht minder effizient und praktisch sind in Stein gemeißelte Selbstbilder vom Schlage »Ich bin doch nicht das Wohlfahrtsamt«. Die Aussage ist sachlich richtig, und natürlich steht es jedem frei, sich selbst so zu deuten. Man hat dann eine klare Handhabe im Umgang mit anderen. Allerdings hat man auch ein hartes Herz: Man lässt sich nicht mehr berühren von dem, was ist – von anderen Menschen oder Situationen. Dieser Preis ist hoch, wie wir noch sehen werden: Denn wer für andere blind und taub ist, mag zwar im Sinne seines Ich strategisch klug und effizient entscheiden, wird damit jedoch die eigene Seele nach und nach verkümmern lassen.

Das Ich schätzt einfache und effiziente Lösungen. Deshalb ist Werner nicht allein mit seinem Vorgehen. In einer von Ich-Fixierung dominierten Welt braucht man sich nicht zu wundern, wenn die Mehrheit der Passanten der Bettlerin nichts gibt. Sie haben sich die Regel angewöhnt: »Ich gebe Bettlern nie etwas«, und diese Regel womöglich durch irgendein Halbwissen über angebliche rumänische Banden und organisierte Gruppen legitimiert. Das mag alles richtig sein. Es mag auch richtig sein, dass diese Bettlerin nicht echt ist. Das Ich – wie Werners Beispiel zeigt – findet immer gute Gründe, einem Bettler nichts zu geben. Der Hauptgrund aber dürfte sein: »Ich habe ein klares und begründetes Selbstbild: Ich bin kein Wohlfahrtsamt. Sollen andere doch sehen, wo sie bleiben. Ich gebe nichts.« Nie. Thema erledigt. Kein weiteres Nachdenken nötig.

Klare und unerschütterliche Selbstbilder verschlanken Entscheidungsprozesse erheblich. Deshalb sind sie für das Ich willkommene Entscheidungshelfer. Ob sie aber auch immer zu guten Entscheidungen führen, sei dahingestellt: Denn immer gehen sie von fixen Selbstbildern aus, die nicht weiter infrage gestellt werden – und durchaus der Seele schaden können.

Vielleicht haben Sie es schon bemerkt: Langsam erkennen wir, dass bei allem, was wir hier als Entscheidungen des Ich bzw. Entscheidungen der zweiten Dimension bedenken, im Hintergrund ein riesiges Problem erkennbar wird: Das Ich vermag durch Berechnungen, Kalkül, Strategien, Methoden, Werte, Gebote, Gesetze etc. dahingehend unterstützt werden, dass mit ihrer Hilfe erkennbar wird, wie es die Werte, Ziele und Wünsche erreichen und erfüllen kann, mit denen es sich identifiziert. Doch vergisst das Ich darüber allzu gern, diese Werte, Ziele und Wünsche daraufhin zu befragen, ob sie ihm auch wirklich guttun. Tatsächlich kann es diese Frage von sich her mit seinen eigenen Mitteln nicht entscheiden. Es braucht dafür eine höhere – oder tiefere – Instanz. Und das kann nur die Seele sein. Wir werden darauf zurückkommen. Bleiben wir aber für einen Augenblick auf der Straße in der Innenstadt.

INFORMATION: EVA KAUFT EIN OBDACHLOSENMAGAZIN

Eigentlich hasst Eva diese Situation. Sie sitzt mit einer guten Freundin in einem Straßencafé und plaudert. Da tritt ein junger Mann an ihren Tisch. Sein Aussehen ist nicht gerade gepflegt, aber man merkt ihm an, dass er einen Kurs zum Thema Kundenkontakt abgelegt hat. »Guten Tag, die Damen, mein Name ist Rüdiger, und ich bin obdachlos. Darf ich Sie vielleicht bitten, mir für einen kurzen Moment Ihre kostbare Aufmerksamkeit zu gewähren? Hätten Sie Interesse an der neuesten Ausgabe unserer Obdachlosenzeitung?« Die Frauen greifen zu ihren Handtaschen, kramen den Geldbeutel heraus und geben Rüdiger je einen Euro. Er bedankt sich überschwänglich und geht zum Nachbartisch. »Na, da haben wir uns ja noch mal freikaufen können«, lacht die Freundin. Eva bleibt ernst: »Das kannst du so sehen, aber nicht deswegen habe ich ihm den Euro gegeben, sondern weil ich neulich einen Artikel darüber gelesen habe, was für eine gute Arbeit diese Obdachlosenmagazine machen. Die helfen den Leuten wirklich. Ich kann dir mal einen Link zu dem Artikel schicken. Solltest du lesen.«

Diese oder eine ähnliche Situation haben Sie bestimmt auch schon erlebt; vielleicht in der S-Bahn oder einfach auf der Straße. Wie haben Sie reagiert? Und warum gerade so? Sie haben Ihre Antwort? Gut, dann machen wir uns an die Deutung unserer Szene. Was ist hier los? Über die Freundin können wir nur spekulieren. Wahrscheinlich hat auch sie, ähnlich wie Werner, eine ihrem Selbstverständnis entsprechende Handlungsregel für den Umgang mit Bettlern und Obdachlosen – nur eben eine andere: »Ich gebe denen was, damit ich sie mir vom Hals halten kann.« Okay, auch eine

Informationen sind als Entscheidungshelfer unentbehrlich. Sie machen das Entscheiden leichter. Deshalb sind Sie gut beraten, sich vor Entscheidungen gründlich zu informieren.

Option. Eva aber entscheidet auf andere Weise: Nicht aufgrund einer Regel, sondern aufgrund von Informationen. Sie weiß mehr als ihre Freundin und kann vor dem Hintergrund ihres Wissens eine fundiertere Entscheidung treffen. Das geht sogar so weit, dass sie gegen ihren eigenen Impuls vorgeht. Eigentlich möchte sie sich, genau wie ihre Freundin, diese Leute vom Hals halten – und wahrscheinlich hat sie bis zur Lektüre des Artikels genauso getickt wie sie. Dann aber haben sich aufgrund der neuen Informationen ihre Entscheidungsmaximen verändert. Bekir und Werner wäre das vermutlich nicht passiert. Sie haben einfach so entschieden, fest und unerschütterlich in ihren jeweiligen Glaubenssätzen. Kann man machen. Eva entscheidet informiert. Kann man auch machen. Kommt uns irgendwie auch besser vor; zumindest dann, wenn wir unserem Selbstverständnis nach Menschen sind, die auf der Grundlage von Argumenten, Zahlen, Kalkulationen etc. rational nach Maßgabe ihrer Ziele und Werte entscheiden. Wer diesen Anspruch an sich erhebt, ist gut beraten, sich gründlich zu informieren, bevor er eine Entscheidung trifft. Je weitreichender oder kostenintensiver eine Entscheidung ist, desto mehr sollten Sie darauf achten, gut informiert zu sein. Aber ... dabei ist wichtig, dass Sie das rechte Maß finden und die Recherche nicht übertreiben. Denken Sie noch einmal an Buridans Esel. Denn jetzt fängt die Sache an, komplizierter zu werden.

EXPERTISE: FERDINAND VERTRAUT AUF DIE FACHLEUTE

Ferdinand ist Topmanager. Er trägt eine hohe Verantwortung und muss täglich zahlreiche Entscheidungen treffen. Für ihn ist klar, dass er das nur tun kann, wenn er sich vorher gründlich informiert hat. Allerdings hat er nicht die Zeit, sich selbst das erforderliche Wissen anzueignen. Deshalb hat er einen Kreis von kompetenten Leuten um sich, die ihm die nötige Expertise beibringen. Er weiß, dass er sich auf sie verlassen kann. Doch das allein genügt ihm nicht. Die Experten sind für ihn als Entscheidungshelfer unverzichtbar, aber ebenso wichtig ist es ihm zu wissen, welche Experten er wann wozu konsultieren muss. Und wie viel Zeit er ihnen jeweils für ihre Präsentation einräumen sollte. Wenn er eine Entscheidung zu treffen hat, dann legt er den genauen Zeitpunkt fest, wann das zu geschehen hat, und terminiert entsprechend seine Meetings. Dieses Vorgehen hat sich als erfolgreich erwiesen.

In Unternehmen, aber auch in der Politik spielen Experten eine zentrale Rolle. Böse Zungen reden sogar davon, dass die Demokratie inzwischen durch eine Expertokratie ersetzt worden sei – dass also die Experten diejenigen sind, die die Entscheidungen treffen. Tatsächlich ist damit eine reale Gefahr benannt, die Ihnen da blüht, wo Sie Experten als Entscheidungshelfer in Anspruch nehmen: die Gefahr, dass Sie sich von den Experten die Entscheidung abnehmen lassen, die dann nicht mehr Ihre Entscheidung ist und für die Sie dann folglich auch keine Verantwortung übernehmen zu müssen glauben. Letztlich ist das eine Selbsttäuschung, die Ihnen gehörig auf die Füße fallen kann. Deshalb, auch wenn Sie Experten konsultieren und Audits durchführen: Sie behalten die Verantwortung für Ihre Entscheidungen. Sie können sie nicht auf Experten abwälzen.

Experten sind so etwas wie inkarnierte Information: Sie liefern Ihnen die Informationen, die Sie brauchen, um entscheiden zu können. Ein großer Irrtum wäre freilich zu glauben, dass Sie, wenn Sie alle erforderlichen Informationen, Prognosen, Kalküle, Algorithmen und Hochrechnungen zur Kenntnis genommen und die einschlägigen Experten befragt haben, mit zwingender Notwendigkeit die Entscheidung herleiten könnten. Ganz so, wie man bei einer mathematischen Gleichung am Ende zwangsläufig ein Ergebnis herleiten kann. So ist es aber nicht. Es gibt nicht den Punkt, an dem Sie alle nötigen Informationen beisammenhaben. Irgendwann müssen Sie entscheiden – und nicht die Informationen oder die Experten. Ferdinand weiß das ganz genau. Er weiß um die doppelte Gefahr, die jedem Entscheider droht: entweder zu schnell und mit zu wenig Informationen zu entscheiden – oder sich in Recherchen, Informationsbeschaffungen, Experten-Hearings etc. zu verzetteln und den Zeitpunkt für die richtige Entscheidung zu verpassen. Deshalb überlegt er sehr genau, wen er wirklich unbedingt hören muss und bis wann das zu geschehen hat.

Wenn Sie vor einer Entscheidung Rat einholen wollen, überlegen Sie sich genau, wer Ihnen als Entscheidungshelfer wirklich nützlich sein wird. Verzetteln Sie sich dabei nicht. Setzen Sie sich einen Termin, bis wann die Entscheidung getroffen sein muss, und machen Sie einen Plan, welche Informationen Sie bis dahin beisammenhaben müssen.

Sie sehen: Für komplexe Entscheidungsfindungsprozesse ist das Verfahren, das man wählt, äußerst wichtig. Entscheidungen in Unternehmen sind oft hochkomplex. Sich auf fixe Selbstbilder, moralische oder ethische Überzeugungen zu verlassen, hieße, der Komplexität nicht gerecht zu werden. Endlos lang Informationen zu sammeln und Ratschläge von Experten (oder solchen, die es zu sein vorgeben) einzuholen, zieht die Prozesse unnötig in die Länge. Professionelles Entscheiden zeichnet sich dadurch aus, auf der Basis eines hinreichenden Maßes von Information und Expertise effizient und zügig vollzogen zu werden.

ARGUMENTE:
ANDREAS MACHT SICH EINE LISTE

Eigentlich ist es ja super, wenn die Auftragslage gut ist. Andreas jedenfalls freut sich über jeden neuen Job, der ihm angetragen wird. Nur dieses Mal ist er in Verlegenheit. Eigentlich hat er einem alten, treuen Kunden versprochen, Ende des Monats dessen Kellerräume neu zu streichen. Und ausgerechnet jetzt kommt dieses große Unternehmen, für das er immer schon tätig werden wollte, und fragt ihn, ob er genau in diesen Tagen deren Empfangsräume tapezieren kann. Genau den Auftrag wollte er schon immer haben. Doch seinen alten, treuen Kunden will er auch nicht hängen lassen.

Er hatte gleich bei ihm gefragt, ob sich der vorgesehene Termin eventuell verschieben ließe. Nein, war die Antwort, denn ein Urlaub stehe an – und das klang so, als sei er gar nicht begeistert von dem Gedanken, die Streicharbeiten später erledigt zu bekommen. Verflixte Kiste! Was sollte er tun?

Da erinnert sich Andreas an einen Rat, den ihm vor langen Jahren sein Vater gab: »Mach dir eine Liste! Schreib auf, was für die eine Lösung und was für die andere Lösung spricht. Und dann entscheide dich für die, für die du mehr gute Gründe findest!« Gesagt, getan. Nach Feierabend setzt sich Andreas hin und schreibt seine Liste. Am Ende hat er fünf Argumente, die dafür sprechen, dem Unternehmen zuzusagen, und nur vier Argumente für die Kellerräume seines alten Kunden. Er bittet seine Mitarbeiterin, dort noch mal anzurufen, um Verständnis zu bitten und nach Möglichkeit einen neuen Termin zu finden.

Wie geht es Ihnen damit? Eine Liste schreiben, Argumente sammeln und abwägen? Haben Sie das schon mal probiert? Es klingt ja eigentlich ganz einfach und irgendwie sehr vernünftig. Zumal dann, wenn man weiß, dass sich dieses Verfahren offenkundig schon das eine oder andere Mal bewährt hat. Sogar bei einer so fundamentalen Frage wie der Partnerwahl. Tatsächlich ist bezeugt, dass kein Geringerer als der große Charles Darwin sie erfolgreich anwandte, als er nicht mehr weiterwusste. »Das ist die Frage«, notierte er auf einem Zettel und fertigte darunter zwei Spalten an: »Heiraten« und »Nicht heiraten«.[56] Und dann schrieb er alles auf, was aus seiner Sicht für die jeweiligen Optionen sprechen würde. Dabei wurde er durchaus poetisch: »Mal dir nur aus«, notierte er am Ende der Spalte »Heiraten«, »eine nette, zärtliche Frau auf einem Sofa, ein gutes Feuer im Kamin, Bücher und Musik vielleicht – vergleich das mit der schmuddeligen Realität in der Grt. Marlboros's Str.« Man ahnt, wofür er sich entschied: Er ehelichte seine Cousine Emma Wedgwood. Zehn Kinder gingen aus der Verbindung hervor, von denen allerdings drei in frühem Alter starben. Als er in seiner Heiraten-Spalte notierte »Kinder (wenn es Gott gefällt) – ständige Gefährtin (& Freundin im Alter), die sich für einen interessiert, Objekt zum Liebhaben und Spielen – jedenfalls besser als ein Hund ...«, hatte er sich offenbar nicht angelogen. Die Ehe währte bis zu Darwins Tod und war, soweit man das beurteilen kann, glücklich. Bezeugt ist, dass Emma oft für Charles Klavier spielte und ihn fürsorglich pflegte, wenn er krank darniederlag.

Und wo ich schon einmal dabei bin, Anekdoten zum Besten zu geben, sei auch noch auf Benjamin Franklin (1706–1790) verwiesen, den großen amerikanischen Dichter, Wissenschaftler und Staatsmann, dem wir das schöne Zitat verdanken: »Die schlimmste Entscheidung ist Unentschlossenheit.« Dass es ihm damit ernst war, zeigt ein viel zitierter Brief vom 8. April 1779 an seinen Neffen, der sich – ganz wie Darwin – nicht entscheiden konnte zwischen Heiraten oder Nicht-Heiraten. Darin heißt es: »Wenn du zweifelst, notiere alle Gründe, pro und contra, in zwei nebeneinanderliegenden Spalten auf einem Blatt Papier, und nachdem du sie zwei oder drei Tage bedacht hast, führe eine Operation aus, die manchen algebraischen Aufgaben ähnelt; prüfe, welche Gründe oder Motive in der einen Spalte denen der anderen in Wichtigkeit entsprechen – eins zu eins, eins zu zwei, zwei zu drei oder wie auch immer –, und wenn du alle Gleichwertigkeiten gestrichen hast, kannst du sehen, wo noch ein Rest bleibt. (...) Dieser Art moralischer Algebra habe ich mich häufig bedient, und obwohl sie nicht mathematisch exakt sein kann, hat sie sich für mich häufig als außerordentlich nützlich erwiesen. Nebenbei bemerkt, wenn du sie nicht lernst, wirst du dich, fürchte ich, nie verheiraten.«[57]

Kommt Ihnen diese Herangehensweise bekannt vor? Es sollte mich nicht wundern, denn das von Franklin skizzierte Verfahren erinnert von Ferne an das hedonistische Kalkül unserer utilitaristischen Freunde. Bei näherer Betrachtung aber ist es doch anders geartet. Denn Franklin – wie auch Darwin – geht es nicht darum, durch eine Art Berechnung zu ermitteln, welche Option das größtmögliche Glück für alle Beteiligten in Aussicht stellt, sondern sich zunächst einen Überblick darüber zu verschaffen, welche möglichen Argumente in der Entscheidungsfindung ins Feld zu führen sind, um sie sodann gegeneinander abzuwägen. Man sehe zu, welche sich in ihrer Stichhaltigkeit neutralisieren. Wenn dann noch Argumente übrig bleiben, dann sind es eben diese, die als Zünglein an der Waage fungieren und die Entscheidung möglich machen.

Auf diese Weise wird so etwas wie eine innere Debatte inszeniert. Sie kennen dieses spielerische Gesprächsformat vielleicht: Mehrere Redner treten gegeneinander an, um bei einer konkreten mit Ja oder Nein beantwortbaren Frage entweder für Ja oder für Nein zu plädieren. Am Ende stimmt das Publikum darüber ab und trifft damit die Entscheidung – nicht über tatsächliche Maßnahmen (es ist ja ein Spiel), sondern darüber, welche Redepartei gewonnen hat. So ähnlich geht es bei Franklins Liste zu: Argumente werden abgewogen, um zu ermitteln, welche Gründe für und welche Gründe gegen eine der Optionen sprechen.

Rationale Argumente sind bedeutende Entscheidungshelfer. Sie helfen Ihnen erkennen, was zu tun in einer konkreten Situation vernünftig ist. Sie versagen allerdings da, wo Sie entscheiden müssen, ob es Ihnen auch wirklich guttut, das Vernünftige zu wählen.

Am Ende dieser Prozedur weiß man zwar nicht zwangsläufig, was man will, aber immerhin doch, welche Option einem ratsamer, weil vernünftiger und rationaler scheint. So setzt man auf dasjenige, was der Philosoph Jürgen Habermas »den zwanglosen Zwang des besseren Arguments« nannte. Und da der Wille, wie Sie sich erinnern, uns ja ohnehin als fragwürdiges Konstrukt menschlicher Selbstdeutung erschien und wir mit Aristoteles erwogen haben, das Verstehen des Tunlichen könne – zumindest für das Ich – das Mittel der Wahl sein, wenn man sich nicht entscheiden kann, sollten wir Darwins und Franklins Listenschreiberei nicht voreilig veralbern oder abtun.

FOKUSSIEREN: JUDITH ENTSCHEIDET SICH FÜR DIE KARRIERE

»Das kann man eigentlich gar nicht ausschlagen«, denkt Judith, als sie das Büro ihrer Chefin verlässt, »ein Drittel mehr Gehalt, zwei Sprossen der Karriereleiter mit einem Schritt.« Sie spürt, wie ihr Herz klopft. »Was für ein Erfolg!« In bester Stimmung kommt sie nach Hause und erzählt sogleich dem Gatten, was ihr widerfahren ist. Der jedoch ist merkwürdig still. So recht scheint er die Begeisterung seiner Frau nicht teilen zu können. »Ja, aber was soll aus uns werden?«, fragt er schließlich. »Denk doch mal an die Kinder. Wird es ihnen guttun, wenn du kaum noch zu Hause bist? Die Stelle, die sie dir anbieten, ist in Hamburg, du müsstest jeden Tag mindestens eine Stunde hin und eine Stunde zurück fahren. Womöglich müsstest du dir sogar vor Ort eine kleine Wohnung nehmen, denn dass du bei dem Job nicht jeden Abend um 17 Uhr Feierabend machen kannst, ist offensichtlich. Ich weiß nicht. Klar, du verdienst deutlich mehr, und das Geld können wir gebrauchen. Aber willst du dafür wirklich deine Familie vernachlässigen?«

Judith stutzt und ist verunsichert. Ihr Gatte hat schon recht, die Sache will noch überlegt sein. Am nächsten Morgen geht sie vor der Arbeit bei der Buchhandlung vorbei. Ein Titel sticht ihr gleich ins Auge: »Wie ich herausfinde, was ich wirklich will.«[58] Das Büchlein ist herrlich schmal, sie wird es schnell gelesen haben. Und in der Tat, nach ein paar Stunden ist sie durch, und ihr Entschluss steht fest. Sie wird den Job annehmen. Denn sie hat herausgefunden, was sie will: Sie will oben mitspielen. Und das ist jetzt genau der richtige Schritt dorthin.

Wie geht es Ihnen mit Judiths Entscheidung? Was würden Sie ihr sagen, wenn Sie ihre Freundin wären? Und was denken Sie, wie es ihrem Gatten damit geht? Nun, es ist nicht bekannt, wie er die Entscheidung seiner Frau aufnimmt. Sie hat ihn auch nicht mehr gefragt, sondern einfach die Methode angewandt, die sie in diesem Buch gelernt hat. Schon die Einführung hatte sie angesprochen: »Gut und erfüllt zu leben heißt für mich, das zu bekommen oder zu werden, was man haben oder sein will. Nicht das, was Vater und Mutter für uns wollten, nicht das, was realistischerweise in dieser Welt aus uns werden kann, sondern das, was Sie wollen – Ihr Wunsch, Ihre Vorstellung, Ihr Traum!« Wow, das ist doch einmal eine klare Ansage.

Was ihr jedoch besonders zusagte, war, dass die Autorin es nicht bei solchen markigen Sätzen bewenden ließ, sondern auch zu zeigen versprach, wie man bekommt, was man will. Zuerst aber, so viel war klar, musste man herausfinden, was man wirklich will. Und eben das war ihre Frage: Will ich Mutter und Familienmensch sein – oder will ich Karriere machen und ganz oben mitspielen? Das war hier die Frage. Und mit dem Büchlein in der Hand ließ sie sich auch beantworten.

Besonders hilfreich war für Judith eine Übung, bei der sie aufgefordert wurde, sich zunächst eine Umgebung zu denken, »die so vollkommen auf Sie abgestimmt ist, dass alle Ihre besten Qualitäten wie von selbst zum Vorschein kommen«, und sich dann »einen vollkommen nach Ihrem Geschmack verlaufenden Tag vorzustellen«. Das hatte sie getan, sie folgte auch der Anleitung, sich auf das Wesentliche zu konzentrieren und ein konkretes Wunschziel zu benennen. Da sah sie sich vor ihrem inneren Auge bereits in einem schicken Büro in Hamburg – und als sie dann noch die Empfehlung las: »Nehmen Sie niemals den langen Weg, wenn es einen kürzeren Weg zum Wesentlichen Ihres Wunschziels gibt«, da war ihr klar, wohin der Kompass in ihr zeigt: Sie wollte diesen Job. Und zwar jetzt.

Der von Judith mithilfe ihres Ratgebers zurückgelegte Entscheidungsweg klingt in der Tat verheißungsvoll. Zumindest, wenn Sie sich in der Ich-Dimension bewegen. Denn für das Ich ist es eine enorme Entscheidungshilfe, wenn es ihm gelingt, sich selbst in seinen Wünschen und Zielen so konkret zu Bewusstsein zu bringen, dass es sich in einer Art von Leitbild manifestieren kann. Denn dann weiß es nicht nur: »Dies und das sind meine Werte, Ideale, Ziele und Wünsche«, sondern es weiß darüber hinaus konkret: »So und nicht anders will ich leben.« Dieses Leitbild funktioniert dann wie ein Leuchtturm, der bei schwierigen Richtungsentscheidungen zuverlässig den Weg weist – den geraden Weg, der keine Schnörkel nimmt und nicht mühsam durch die Lebenszeit mäandert. Das heißt: Hier werden Effizienz und Funktionalität in Aussicht gestellt – Qualitäten, die das Ich schätzt und die es von seinem Wirtschaften her gut kennt, gelten sie doch im Bereich der Ökonomie als Garanten für Erfolg und Profit schlechthin.

Eine klare Zielbestimmung, so einfach beschreibt es diese Methode, erlaubt es, geradlinig und konsequent dorthin zu kommen, wo man hinwill. Was diese Zielbestimmung genau ist, lässt sich auf verschiedenen Wegen ermitteln. Die Visualisierung des perfekten Tages ist nur eines der Verfahren, die die Autorin in dem konkreten Buch anbietet.

Andere sind nicht minder möglich. Wenn Sie ein bisschen im Internet stöbern, werden Sie feststellen, dass es an Ratgebern diesbezüglich keinen Mangel gibt: »Wer bin ich und was will ich wirklich«, »Wer bin ich – wer will ich sein?«, »Wer bin ich? Das große Selbsttest-Buch für Frauen«, »Was will ich? Glück, Erfolg und noch mehr«, »Der Seelen-Navigator: In 7 Schritten zu deinem wahren Lebensplan«… Das ist nur eine kleine Auswahl in diesem Bereich.

Alle diese Bücher gehen davon aus, dass es in einem jeden von uns das eine Ziel gibt – wobei die einen es in der Seele verorten, die anderen im Willen, die Dritten in irgendwelchen spirituellen Dimensionen; und dass es bei allen Entscheidungen, die Sie treffen, stets darum gehen muss, diesem einen Ziel zu entsprechen. Dem Ich leuchtet das natürlich ein, denn in diesem einen Ziel erkennt es sich selbst. Und deshalb ist diese Methode der Entscheidungsfindung für Anfänger tatsächlich ratsam: für Anfänger, die ganz im Ich-Bewusstsein leben und sich nicht darum scheren, ob da in der Tiefe womöglich eine Seele sitzt, zu der die Ziele, Wünsche und Ideale, die das Ich für sich methodisch aufschließt, gar nicht passen wollen.

Dem Ich genügt es, schnell und effizient ans Ziel all seiner Wünsche zu gelangen. Wenn Ihnen das ausreicht und Sie nicht daran glauben, mehr zu sein als nur das Bild, das Sie sich von sich machen, dann sind Sie gut beraten, sich wie Judith eine der zahlreichen Methoden anzueignen, um herauszufinden, was Ihr Ich sich wirklich wünscht.

»Wie ich herausfinde, was ich wirklich will« ist für Sie ein guter Ansatz, wenn Sie sich die Erfüllung Ihres Lebens davon versprechen, dass es ganz dem Bild entspricht, das Sie sich von sich zurechtgelegt haben. Dieses Selbstbild klar zu profilieren und zur Grundlage Ihres konkreten Lebensplanes zu machen, erlaubt es Ihnen, zielstrebig und konsequent auf die Ziele, Werte und Wünsche Ihres Ichs hinzuarbeiten.

Ob das, was Ihr Ich will, aber auch das ist, was Ihrer Seele guttut, bleibt bei alledem vollkommen unentschieden. Und deshalb sollten Sie diese Methode nur mit großer Vorsicht anwenden. Es könnte sein, dass sie Ihnen effizient und funktional den schnurgraden Weg ins Unheil weist.

SIMULIEREN: KLAUS LEHNT EIN KAUFANGEBOT AB

Klaus ist ein gestandener Unternehmer. Noch während des Studiums hat er angefangen, sich das Programmieren beizubringen. Dann war er einer der Ersten, der Internetseiten zu gestalten wusste. Die Nachfrage wuchs, die Firma auch. In wenigen Jahren wurde aus einem Hobby ein erfolgreiches mittelständisches Unternehmen. Es ging ständig bergauf, erst in den letzten zwei Jahren schwächelte die Auftragslage etwas. Und da kommt nun das Übernahmeangebot aus China. So viel Geld! Wer könnte da Nein sagen? Klaus vielleicht. Ihm ist die Firma längst ans Herz gewachsen. Er kennt jeden einzelnen der Mitarbeiter. Was wird aus den Arbeitsplätzen? Was wird aus dem Firmenklima? Nein, er kann die Leute nicht im Stich lassen. Andererseits: Er ist seit Jahren müde, hart am Burn-out. Die Familie wäre dankbar. Ach, verdammt, wie soll er hier entscheiden?

Er nutzt die verbleibende Zeit und meldet sich spontan zu einem Seminar an: »Einfach gut entscheiden!« Das ist es, was er braucht. Und was er von den Coaches beigebracht bekommt, bringt ihn tatsächlich weiter: die hohe Kunst des Simulierens. Er lernt, sehr konzentriert und sachlich alle Möglichkeiten durchzuspielen, die ihm realistisch scheinen: Komplettverkauf, Teilverkauf, als Geschäftsführer im Unternehmen bleiben, gar nicht verkaufen. Minutiös erwägt er alle Pros und Cons, versorgt sich mit Statistiken und Marktentwicklungsprognosen. Nichts lässt er unbeachtet. Nach einer Woche hat er sich entschieden. Er wird nicht verkaufen.

Klaus machte sich zu eigen, was ihn die Berater lehrten – und was er in deren Büchlein »Einfach gut entscheiden!«[59] nachlas. Der erste Satz, den er sich unterstrich, lautet kurz und bündig: »Reduzieren Sie Unsicherheit, indem Sie die besten Entscheidungen bis in die letzte Konsequenz durchspielen.« Das fand er überzeugend, wusste aber noch nicht recht, wie er es machen solle. Da kam ihm das zupass, was seine Coaches die »Quantitative Entscheidungsvorbereitung« nennen: »alle Konsequenzen einer Option nicht nur gedanklich (qualitativ) durchspielen, sondern anhand von Preisen auch in Heller und Pfennig quantifizieren.« Bei dieser Operation wurde ihm klar, dass der Verkauf dem Unternehmen bei näherer Betrachtung nicht die Kapitalspritze geben würde, die in dem Angebot so leuchtend präsentiert wurde.

Klaus machte weiter. Er ging in sich und schrieb an einem Abend das Szenario runter, das ihm am ehesten wahrscheinlich schien. Und dann befolgte er den Rat, ein weiteres Szenario zu ersinnen. »Keine Entscheidung ohne Alternativszenario!«, hatte er sich notiert. Und dabei beließ er es nicht. Er erdachte noch eine weitere Variante, sodass er zuletzt drei Szenarien vor sich

KLARER BLICK NACH VORN

Klaus' Beispiel zeigt, wie hilfreich es sein kann, die Unwägbarkeiten der Zukunft möglichst zu vereinfachen. Viele Fehlentscheidungen haben tatsächlich ihren Ursprung darin, dass die Entscheider zu naiv, zu chaotisch, zu impulsiv oder zu kontrolliert vorgehen. Klarheit ist das Wichtigste, wenn Sie rational mit Ihrem Verstand entscheiden wollen, was für Sie das Beste ist und wie Sie Ihren Werten, Zielen und Wünschen – also Ihrem Selbstverständnis – bestmöglich Rechnung tragen können. Johanna Joppe und Christian Ganowski – die Autoren des Buches, das Klaus so weiterhalf – verdichten diese Einsicht zu dem, was sie »das Kristallkugel-Prinzip« nennen: »Je systematischer Sie in die Zukunft blicken, desto besser und vor allem sicherer werden Ihre Entscheidungen.«

hatte: ein optimistisches, ein pessimistisches und ein realistisches. Und zu seiner Verblüffung stellte er fest, dass sein zuerst erwogenes (Verkaufs-)Szenario viel zu optimistisch war. Doch auch dabei ließ er es nicht bewenden. Die Methode, die er gelernt hatte, war wirklich gründlich. Als Nächstes beherzigte er die Mahnung zum »System-Check«: »Simulieren Sie immer auch, wie die umgebenden Systeme auf Ihre Entscheidung reagieren werden.« Mit diesem Schritt stand seine Entscheidung fest, denn ihm wurde klar, dass es bei seinen Kunden einige Irritationen auslösen würde, wenn er jetzt verkaufte. Mit verlorenen Kunden aber wäre weder ihm noch sonst jemandem geholfen. Das Seminar hatte sich wirklich gelohnt.

Simulationen von unterschiedlichen Szenarien sind bei komplexen und weitreichenden Entscheidungen verlässliche Helfer. Sie erleichtern es Ihnen, mit den Unwägbarkeiten der Zukunft umzugehen und mit kalkuliertem Risiko vorzugehen.

Die Entscheidungsfindung von Klaus ist äußerst professionell. Von allen Entscheidungshelfern, die wir bislang in Augenschein genommen haben, ist die von ihm gewählte Methode – durchaus auch in Kombination mit anderen – diejenige, die am anspruchsvollsten und vermutlich auch am verlässlichsten ist.

Oder sagen wir so: Sie markiert die Meisterschaft derjenigen Spielart von Entscheidungen, die wir in der Rubrik »Entscheiden für den Hausgebrauch« anschauen – also im Bereich der Entscheidungen, die wir als Ich treffen und die Maß daran nehmen, wie wir uns selbst verstehen oder gern sehen würden. Sie bleiben aber darin fehleranfällig, dass sie unausweichlich an nicht hinterfragten Selbstdeutungen Maß nehmen, die vom Ich einfach gesetzt sind, dabei aber – in nicht wenigen Fällen – durchaus problematisch sein können. Da das Ich von sich aus nicht ermessen kann, ob das Selbstbild, mit dem es identifiziert ist, wirklich seiner Seele angemessen ist, verfügt es über keine belastbaren Kriterien, seine eigenen Wünsche, Ziele, Werte und Ideale zu beurteilen. Aus eigenen Kräften kann es lediglich ermitteln, was es will – was aber gar nichts anderes bedeutet, als die eigenen Konturen schärfer zu profilieren –, um dann seine Entscheidungen danach zu beurteilen, ob sie diesem »Willen« genügen. Das Ich kann aber nicht beurteilen, ob es dabei seiner Seele entspricht. Und genau hier liegt der Hauptgrund dafür, dass viele Entscheidungen, die auf den bis hierhin beschriebenen Wegen getroffen wurden, letztlich dann doch falsch waren. Nicht, weil sie nicht den Wünschen des Ich entsprochen hätten, nicht weil die Entscheider nicht gewusst hätten, was sie wirklich wollen –, sondern gerade weil sie irrtümlich am Willen des Entscheiders maßnahmen und nicht an seinem Sein und seiner Seele.

Deshalb sind Entscheidungen des Ich im besten Falle Entscheidungen für Anfänger. Nicht sosehr für Anfänger in der Kunst des Entscheidens, sondern für Anfänger in der Kunst des Lebens: für Menschen, die total mit ihrem Ich identifiziert sind, sich mit dem Bild verwechseln, das sie von sich selbst erschaffen haben; die glauben, diesem Bild bei allem, was sie tun und entscheiden, genügen zu müssen, und die erwarten, dann ein erfülltes und glückliches Leben zu führen, wenn das, was sie für sich erfunden haben, Wirklichkeit geworden ist.

Menschen, die so leben, sind nicht böse oder schlecht. Für gemeinhin kommen sie mit ihrem Bewusstseinsstand ganz gut über die Runden. Doch kann es sein, dass sie in Entscheidungssituationen oder Konflikte geraten, in denen alle ihre erlernten Strategien nicht mehr weiterhelfen, weil es nicht mehr darum geht, für ihr Ich die beste Lösung zu entdecken – sondern weil sie selbst als Ich infrage gestellt sind. Dann hilft nur eines: die Seele zu Wort kommen lassen, Tiefseetauchen – um das falsche oder flache Selbstbild zu korrigieren. Die Entscheidung dazu aber kann das Ich mit seinen Mitteln niemals treffen. Dafür muss der Mensch auf die Seele hören.

Wie das geht, werden wir uns im nächsten Kapitel ansehen. Zuvor aber möchte ich Ihnen zwei Geschichten erzählen, die etwas Wesentliches davon zu verstehen geben, wie das Ich-

Bewusstsein arbeitet und was es maximal erreichen kann. Es handelt sich dabei um zwei Beispiele aus der Philosophie. Vielleicht haben Sie ja Lust, Ihre bis hierhin gewonnenen Erkenntnisse in der Kunst der Entscheidungsfindung auf diese Beispiele anzuwenden. Das könnte tatsächlich reizvoll sein, zumal es sich um echte Klassiker handelt.

PFLICHT: KANT VERPFEIFT SEINEN FREUND

Spätes 18. Jahrhundert. Auf der Suche nach Zuflucht eilt ein Mann durch die nächtlichen Gassen von Königsberg. Er wird von der preußischen Geheimpolizei verfolgt. Ängstlich schaut er sich um, als er an das große Tor pocht. Die Tür öffnet sich, man gewährt ihm Einlass. Hier, im Haus des großen Philosophen Kant, wird er sicher sein – so denkt er. Und täuscht sich. Wenig später klopft es wieder an der Pforte. Der Hausherr selbst öffnet das Tor. Der Kommandant der Truppe fragt, ob sich ein gewisser X in diesem Haus versteckt halte. Der Philosoph bejaht. Die Polizei stürmt das Gebäude und nimmt den Entsetzten gefangen. Wie war das nur möglich? Von seinem Freund verraten? Dabei wusste Kant doch, dass er nichts verbrochen hatte!

Das ist nie geschehen. Zumindest ist es nicht bezeugt. Es ist also eine Fiktion. Aber es hätte geschehen können. Das wissen wir aus einem kurzen Essay, in dem Immanuel Kant (1724–1804) einen ähnlichen Fall konstruiert hat, um darzulegen, wie man sich nach seiner Auffassung in einer solch ungewissen Situation entscheiden solle, ja entscheiden müsse. »Über ein vermeintliches Recht aus Menschenliebe zu lügen« heißt das Stück, wobei der Titel schon verrät, worum es geht: Darum, dass es dieses Recht nicht gibt. Nein, Kant meint, dass stattdessen eine Pflicht bestehe, nicht zu lügen, niemals. Eine Pflicht, in allen Situationen gegenüber jedermann immer die Wahrheit zu sagen – zumindest das, was man in diesem Augenblick für wahr hält. Bei Kant klingt das so: »Wahrhaftigkeit in Aussagen, die man nicht umgehen kann, ist formale Pflicht des Menschen gegen jeden, es mag ihm oder einem andern daraus auch noch so großer Nachteil erwachsen; und, ob ich zwar dem, welcher mich ungerechterweise zur Aussage nötigt, nicht Unrecht tue, wenn ich sie verfälsche, so tue ich doch durch eine solche Verfälschung, die darum auch (obzwar nicht im Sinn des Juristen) Lüge genannt werden kann, im wesentlichsten Stücke der Pflicht überhaupt Unrecht: d. i. ich mache, so viel an mir ist, dass Aussagen (Deklarationen) überhaupt keinen Glauben finden, mithin auch alle Rechte, die auf Verträgen gegründet werden, wegfallen und ihre Kraft einbüßen; welches ein Unrecht ist, das der Menschheit überhaupt zugefügt wird.«[60]

Und weiter: »Es ist also ein heiliges, unbedingt gebietendes, durch keine Konvenienzen einzuschränkendes Vernunftgebot; in allen Erklärungen wahrhaft (ehrlich) zu sein.«[61]

Was sagen Sie? Das ist doch mal eine klare Ansage – wenn auch etwas umständlich formuliert. Einen eindeutigeren Entscheidungshelfer kann sich keiner wünschen: Die Pflicht gebietet, nie zu lügen. Wenn Sie also je vor der Frage stehen: »Sage ich die Wahrheit, oder lüge ich?« – dann müssen Sie nicht lange überlegen: Dann sagen Sie die Wahrheit! Ende der Durchsage!

Und ganz im Ernst und allem intuitiven Widerstand zum Trotz, liebe Freunde der kleinen Notlüge: Es wäre doch wunderbar, wenn all die Menschen, die in Untersuchungsausschüssen und Parlamenten säßen, ihren Kant gelesen und darüber hinaus auch beherzigt hätten. Wäre unsere Welt nicht besser, wenn man Kant hier Folge leisten würde?

Einer, der das nicht so sah, war Benjamin Constant (1767–1830). Er hatte Kant schon zuvor entgegengehalten: »Der sittliche Grundsatz: es sei eine Pflicht, die Wahrheit zu sagen, würde, wenn man ihn unbedingt und vereinzelt nähme, jede Gesellschaft zur Unmöglichkeit machen.«[62] Gerade um diesen Einwand zu entkräften, schrieb Kant seinen kleinen Essay. Vielleicht ist Ihnen aufgefallen, dass er in dem zitierten Stück von einer »Pflicht überhaupt« redet und dies damit begründet, dass im Falle einer Lüge zwar möglicherweise einer einzelnen Person Schaden zugefügt wird, dass dies aber weniger wiege als der Schaden, der »der Menschheit überhaupt« zugefügt werde, wenn man infolge des Lügens einander nicht vertrauen könne. Fehlendes Vertrauen infolge von Unwahrhaftigkeit mache den Umgang der Menschen miteinander unmöglich. Und eben dieses zu vermeiden, sei eine Pflicht, die sich – wenn man so will – aus der menschlichen Vernunft unmittelbar herleiten lasse und deshalb auch für jedes denkende Wesen einsichtig sei; und gegen die zu verstoßen bedeutet, seine eigene menschliche Würde zu verletzen, die eben darin besteht, aus rationaler Einsicht so zu entscheiden, dass man der Forderung der Vernunft genügt. Laut Kant gibt es letztlich nur eine solche, die er den kategorischen Imperativ nennt: »Handle nur nach derjenigen Maxime, durch die du zugleich wollen kannst, dass sie ein allgemeines Gesetz werde.«[63]

Wenn Sie – als denkendes Ich – für Ihr Handeln einen Leuchtturm wünschen, der unerschütterlich bei Wind und Wetter den Weg zu weisen weiß: Dann finden Sie nichts Besseres als den kategorischen Imperativ.

Dieser kategorische Imperativ ist für Kant der ultimative Entscheidungshelfer. Denn wer an ihm Maß nimmt, handele immer vernunftgemäß und genüge damit der Pflicht, die einem jeden Menschen als Menschen aufgetragen ist.

Ob Kants inhaftierter Freund das auch so sehen würde, muss freilich fraglich bleiben. Vielleicht hätte er darüber geklagt, Kant habe kein Herz! Sollte es so sein: Er läge nicht ganz falsch. Zumindest hätte er bemerkt, dass die Entscheidung seines vermeintlichen Freundes eine Kopfgeburt war. Das Herz, die Seele hätten anders entschieden. Wie, das werden Sie sehen, wenn wir uns im letzten Kapitel mit Sokrates befassen.

SELBSTERHALTUNG: ANAXAGORAS TRITT DIE FLUCHT AN

Er war ein großer Forscher und ein herausragender Denker: Anaxagoras aus Klazomenai (499–428 v. Chr.). Mit Mitte dreißig war er nach Athen gekommen, wo er seine Lehren vortrug und großen Anklang fand. Vor allem einer war beeindruckt: Perikles – der Mann, der just in diesen Jahren nach dem großen Krieg gegen die Perser aus Athen die blühendste Kulturmetropole, die die Welt je gesehen hat, schuf. Perikles machte den Philosophen zu seinem Berater, und ein späterer Autor wie Plutarch konnte von ihm sagen, er sei es gewesen, der Perikles »jene Kraft, jenen festen und standhaften Mut, das Volk zu leiten beibrachte, und überhaupt seinen Charakter zu einer besonderen Würde und Vollkommenheit erhob«[64].

Doch wie das Leben nun mal spielt: Je mehr der Philosoph an Einfluss auf den großen Staatsmann gewann, desto größer wurde der Kreis seiner Neider. Am Ende kam es, wie es kommen musste: Ihm wurde der Prozess gemacht. Man warf ihm dabei etwas vor, womit man – wenn man wollte – jeden Denker zur Strecke bringen konnte: Gottlosigkeit. Anaxagoras wurde zum Tode verurteilt. Jedoch nahm man im alten Athen diese Strafe nicht ganz ernst. So konnte Perikles zu ihm schicken lassen und ihn vor die Entscheidung stellen: »Ich kann dich hier rausholen, aber dann musst du fliehen und irgendwo ein neues Leben beginnen. Oder die Strafe wird vollzogen.« Anaxagoras ließ sich nicht bitten und ergriff die Flucht.

Ihm blieb ja gar keine andere Wahl, werden Sie sagen – und täuschen sich dabei. Dass es auch anders ginge, zeigt der Fall des Sokrates, mit dem wir noch zu tun bekommen werden. Auch er war inhaftiert und hätte fliehen können. Er tat es aber nicht. Gleichviel, wenn Ihre erste Reaktion war: »Er hatte keine andere Wahl«, dann sind Sie damit nicht allein. Denn so denkt jeder rationale Mensch. Vor allem denkt man so, wenn man sich aus dem Ich-Bewusstsein heraus selbst versteht. Denn unserem Ich ist nichts mehr zuwider als der Gedanke, dieses Wesen, zu dem wir Ich sagen, könne nicht mehr sein. Das Ich fürchtet den Tod, denn mit dem Tod wird es verschwinden, wird das Selbstbild, das wir von uns haben, nicht mehr sein. Was nicht bedeutet, dass die Seele nicht fortbestehen könnte. Auch darauf werden wir noch zu sprechen kommen.

Doch der Mensch ist nicht nur Ich, sondern auch Seele. Ein ganz aus dem Seelenbewusstsein lebender Mensch wie Sokrates kam so auch zu einer anderen Entscheidung. Zu entscheiden, welche besser ist, überlasse ich Ihnen, wenn Sie am Ende des dritten Kapitels seine Geschichte gehört haben werden.

ENTSCHEIDEN AUS DEM HERZEN: WIE SIE ERAHNEN, WAS IHNEN WIRKLICH GUTTUT

Beginnen wir mit einem kurzen Rückblick: Als Ich, so sagten wir, entscheiden Sie nach Maßgabe Ihrer Werte. Diese Werte verdanken sich dem Selbstbild, das Sie von sich erschaffen haben. Deshalb steht für Sie als Ich fest: Gute Entscheidungen sind solche, die Ihrem Selbstbild und der ihm entsprechenden Werteordnung gemäß sind. Sofern Sie sich als Ich entscheiden, scheinen Ihnen Ihre Entscheidungen frei zu sein, denn Sie bewegen sich in einem Möglichkeitsspielraum, der sich dem wunderbaren menschlichen Vermögen verdankt, dass Sie sich zu sich selbst verhalten und dann zu sich Ich sagen können. Dabei, wir waren darauf eingegangen, sollten wir uns nicht darüber täuschen, dass die Entscheidungsfreiheit des Ich ebenso virtuell ist wie das Ich selbst. Es wäre zu hoch gegriffen zu behaupten, sie wäre eine Illusion. Das ist sie nicht, aber sie existiert nur innerhalb der Klammer der uns so geläufigen Selbstdeutung des Menschen als ein Ich-Subjekt, die für uns im Zuge unserer Kulturgeschichte maßgeblich geworden ist.

Die Entscheidungsfreiheit des Ich stößt jedoch rasch an ihre Grenzen. Wohl sind Sie als Ich in der Lage, nach Maßgabe Ihres Selbstbildes Ziele zu setzen, Wünsche zu formulieren und Werte zu verfolgen. Sie haben aber keine Handhabe dafür, diese Ziele, Wünsche und Werte darauf zu befragen, ob sie – um es salopp zu sagen – gut sind: ob sie Ihnen wirklich guttun, ob sie anderen Menschen guttun, ob sie der Welt guttun. Dafür braucht es andere Maßstäbe, die Ihr Ich allein nicht ermitteln kann. Was wohl – am Rande bemerkt – einer der Gründe dafür ist, dass wir in einer vom Ich-Bewusstsein beherrschten Welt so viele Menschen sehen, deren Entscheidungen für sie, ihre Mitmenschen und die Welt durchaus schädlich sind.

Die Kriterien, die es Ihnen erlauben würden, die Werte, Wünsche und Visionen Ihres Ich – also das Selbstbild, mit dem Sie sich identifizieren – darauf zu befragen, ob sie stimmen und gut sind, finden Sie allein in der Dimension, die wir Seele genannt haben. Sie jedenfalls ist die Instanz, von der aus Sie entscheiden können, ob die Werte, Wünsche, Visionen und Ziele Ihres Ich (und denen Ihr vermeintlicher Wille gilt) gut und richtig sind. Was aber heißt hier richtig? Richtig nun eben nicht mehr im Sinne der Richtung, in die Ihr Ich will, sondern richtig nach Maßgabe der Seele; also nach Maßgabe dessen, was Sie in der Tiefe, im Ganzen, eigentlich sind; richtig nach Maßgabe Ihres Seins und nicht nach Maßgabe Ihres Willens.

Wären Sie nur zweidimensional, also lediglich Ich, wäre der Entscheidungshelfer hier (so wie die meisten handelsüblichen Entscheidungsratgeber) zu Ende. Da Sie aber unter Ihrer Ich-Oberfläche auch Seele sind, können wir nun tiefer gehen.

Nun können wir fragen: Wie kann uns die Seele dabei helfen, die richtigen Werte zu setzen und die richtigen Entscheidungen zu treffen? Dabei müssen wir uns darüber im Klaren sein, dass Ihre Seele und Ihr Ich in den meisten Fällen nicht deckungsgleich sind. Wäre es anders, bräuchten Sie dieses Buch nicht. Tatsächlich folgt die Seele – wie ich Ihnen im abschließenden Kapitel schmackhaft machen möchte – ihrer eigenen Richtung. So kann der Fall eintreten, dass sie in die Sphäre Ihres Ich eingreift: dass sich plötzlich etwas in Ihr Entscheidungsprozedere einmischt, von dem Sie nicht recht wissen, woher es kommt und wie Sie sich einen Reim darauf machen können.

Solche Fälle möchte ich jetzt mit Ihnen anschauen. Sie treten häufiger auf, als Sie vielleicht denken. Und es gibt sogar Handwerkszeuge, mittels derer Sie die Stimme der Seele hörbar machen oder sie verstärken können. Wir wenden uns daher jetzt auch Entscheidungshelfern zu, die Ihre Seele Ihrem Ich zuspielt, um Sie auf der Benutzeroberfläche Ihres Seins nicht allein zu lassen. Sie zu kennen, zurate zu ziehen und mit ihnen vertraut zu sein, zeichnet die Fortgeschrittenen in der Entscheidungskunst aus.

EINGEBUNG: SOKRATES SCHERT NICHT AUS

Sokrates war nie auf der Autobahn. Aber gesetzt den Fall, er sei dort unterwegs gewesen, hätte ihm etwas widerfahren können, von dem er kurz darauf gesagt hätte: »Als ich vorhin, mein Guter, zum Überholen ansetzte, hat sich mir das Daimonion – jenes Zeichen, das mir zu widerfahren pflegt – gezeigt, das mich jedes Mal von etwas abhält, was ich gerade zu tun im Begriff bin; und es war mir, als ob ich eine Stimme von dort her hörte, die mir das Überholen untersagte.«[65] Beim Originalzitat aus Platons Dialog »Phaidros« geht es darum, dass Sokrates auf die beschriebene Weise davon abgehalten wurde, einen Bach zu überqueren, aber in der Sache läuft es aufs Gleiche hinaus. Der große Philosoph steht im Begriff, eine Handlung zu vollziehen, aber eine Eingebung, eine innere Stimme hält ihn davon ab. Und er folgt ihr – immer, bedingungslos.

Haben Sie so etwas auch schon mal erlebt: dieses Gefühl, irgendetwas fällt Ihnen in den Arm, fährt Ihnen in die Parade? Gehen Sie doch einmal kurz in sich und kramen Sie in Ihren Erinnerungen. Denn das wird helfen, um das, was ich Ihnen nun von Sokrates erzählen möchte, in Ihre eigene Lebenswelt zu übersetzen.

Was es genau mit der inneren Stimme des Sokrates auf sich hat, weiß niemand. Er selbst nennt sie sein Daimonion, also etwas

Dämonisches. Dabei dürfen Sie aber nicht an die uns geläufigen Dämonen denken – also irgendwelche hässliche Kobolde, wie man sie so pittoresk an den Wasserspeiern gotischer Kathedralen abgebildet findet. Nein, ein Daimonion ist im griechischen Verständnis ein Geistwesen, das sich, wie Platon einmal sagt, im Zwischenreich von Himmel und Erde bewegt. In unserer Vorstellung dürfte dem Daimonion wohl am ehesten die Figur entsprechen, die man Schutzengel nennt.

Interessant ist, dass Sokrates von seinem Schutzengel oder Schutzgeist sagt, dass er ihn nie zu einer Handlung auffordert, wohl aber von möglichen Akten abhält. Es ist also eher ein Verhinderer als ein Entscheidungshelfer, nichtsdestotrotz aber etwas, das unsere Aufmerksamkeit verdient, kommt es doch dem recht nahe, was auch heute vielen Menschen widerfährt. Gerade erst erzählte mir ein Freund davon, er habe beim Skifahren in sich alle Alarmglocken klingeln hören, als er bei der letzten Abfahrt die schwarze Piste nehmen und direkt bis vors Hotel fahren wollte. Er fuhr trotzdem. Kreuzbandriss. Ich wette, Sie kennen ähnliche Geschichten.

Die »Alarmglocken« haben viele Namen: Sokrates nennt sie Daimonion, andere sprechen von Bauchgefühl, innerer Stimme, siebtem Sinn oder von Intuition. Dass es so etwas gibt, ist unstrittig – zu groß ist die Menge der glaubwürdigen Berichte davon, dass Menschen aus intuitiven Impulsen handelten. Nicht minder groß ist die Menge der Zeugnisse dafür, dass die von Menschen in schwierigen Situationen intuitiv getroffenen Entscheidungen meistens gute Entscheidungen sind. Erstaunlich so gesehen, dass dennoch umstritten ist, dass Intuition ein kostbarer Entscheidungshelfer sein kann.

Wie das Beispiel von Sokrates lehrt, war das nicht immer so. Tatsächlich zeigt sich von der Antike bis in die frühe Neuzeit eine außerordentliche Hochschätzung der Intuition, galt sie doch als die tiefste und weiteste Form des Verstehens. »Von Engeln und spirituellen Wesen«, schreibt der wohl derzeit führende Intuitionsforscher im deutschsprachigen Raum Gerd Gigerenzer, »nahm man an, dass sie mit unfehlbarer Klarheit intuitiv erahnten, was bloß menschlichem Denken verschlossen blieb. Heute wird sie (die Intuition) als unzuverlässige und verdächtige Richtschnur des Handelns belächelt.«[66] Das aber, meint Gigerenzer, ist ein großer Irrtum. In seinem Buch »Risiko« legt er eine solide untermauerte Verteidigungsrede für die viel gescholtene Intuition vor.

WAS INTUITION NICHT IST

Als bekannter Psychologe und Direktor am Max-Planck-Institut räumt Gerd Gigerenzer mit weitverbreiteten Missverständnissen zur Intuition auf:

Intuition ist weder eine Laune noch die Quelle aller möglicher schlechten Entscheidungen. Sie ist unbewusste Intelligenz, welche die meisten Regionen unseres Gehirns nutzt.

Intuition ist dem logischen Denken nicht unterlegen. Meistens sind beide gemeinsam erforderlich. Intuition ist unentbehrlich in einer komplexen, ungewissen Welt, während Logik in einer Welt ausreichen kann, in der alle Risiken mit Gewissheit bekannt sind.

Intuition beruht außerdem nicht auf mangelhafter mentaler Software, sondern ganz im Gegenteil auf intelligenten Faustregeln und viel Erfahrung, die in den Tiefen des Unterbewussten verborgen liegt.[67]

Das vorausgesetzt, gibt es gute Gründe, die Intuition als Entscheidungshelfer zu rehabilitieren und all den kalkulierenden und berechnenden Operationen der zweidimensionalen Entscheidungsfindung des Ich, die wir im vorigen Kapitel angeschaut haben, mindestens an die Seite zu stellen, wenn nicht gar überzuordnen. Das würde, meint Gigerenzer, im Übrigen auch der Realität in den Etagen der Entscheider großer Unternehmen entsprechen, denn man wisse inzwischen, dass »etwa die Hälfte der Entscheidungen in großen Unternehmen Bauchentscheidungen«[68] sind. So gesehen sei es nachgerade ironisch, »dass angehende Manager an ihrer Universität nichts über Bauchentscheidungen lernen«[69].

Wenn wir dem folgen – und es gibt reichlich gute Gründe dazu –, dann dürfen wir der Intuition innerhalb des Clubs unserer Entscheidungshelfer durchaus eine Schlüsselrolle zubilligen.

Heißt das aber nicht, das Nicht-Denken doch die Lösung ist? Nein, denn Intuition ist durchaus auch eine Art des Denkens; nur eben eines Denkens, das nicht bewusst vom Ich gemacht wird, sondern eines, das ... – ja, von wem dann rührt es her? Meine Antwort ahnen Sie schon. Ich schlage vor zu sagen: Die Intuition rührt von der Seele her.

Intuition in die Ausbildung von Eliten einzubinden, ist dringend geboten, denn wie Gigerenzer sagt: »Wahres Führen heißt, intuitiv verstehen, welche Regeln in welcher Situation angebracht sind.«[70]

Die Psychologen sprechen gern vom Unbewussten, aber der Begriff Seele trägt meines Erachtens weiter, weil er die Ganzheit des Seins eines Menschen besser zum Ausdruck bringt. Als Ursprung der Intuition bietet sich die Seele vor allem deshalb an, weil sie nach allem, was wir wissen, ihren Ort nicht allein im Gehirn hat, sondern auch der ganze Leib an ihr beteiligt ist. Es scheint, das Ganze des menschlichen Seins spiele bei ihr zusammen, noch bevor im Gehirn der Vorgang des Intuierens überhaupt messbar wird.

Sagen wir doch einfach mal: Intuition ist ein Denken der Seele, mit dem sich Ihre tiefere Intelligenz auf die Benutzeroberfläche Ihres Ich spielt. Intuitionen sind gleichsam Depeschen aus der Tiefe, über deren Absender wir nur spekulieren können. Da freilich ihr Inhalt meistens stimmt und trefflich zu dem passt, was uns tatsächlich guttut, scheint die Annahme nicht völlig abwegig, dass es sich bei ihm um unsere Seele handelt. Intuitionen entstammen dem Denken Ihrer Seele. Sie gibt Ihnen Signale, die Ihrem Ich in Entscheidungssituationen die für Ihr ganzes Sein und Wesen stimmige Richtung weisen können. Diesen Impulsen zu folgen, ist – nach allem, was wir bislang wissen – sehr sinnvoll.

Wenn das zutrifft, müssen wir uns aber auch eingestehen, dass wir als Ich nicht in der Lage sind, Intuitionen zu erzeugen. Wie Sokrates' Daimonion kommen und gehen sie, nicht wann wir wollen, sondern wann es ihnen passt. Was kann man also tun, um sich diese wertvollen Entscheidungshelfer verfügbar zu machen? Techniken und Methoden zur Intuitionsbildung kann es nicht geben – wer Ihnen so etwas in Aussicht stellt, ist unseriös. Wohl aber können Sie die Empfänglichkeit für Intuition steigern. Der Markt der Anbieter auf diesem Feld ist freilich unüberschaubar geworden. Meistens werden in diesem Zusammenhang Entspannungstechniken, Atemtechniken, Achtsamkeitsübungen oder auch Meditationsformen angepriesen, weil durch diese Praktiken die Aufmerksamkeit für die inneren Impulse gesteigert werden könne.

An diesem Punkt sollten Sie sich dann aber doch wieder den Titel dieses Buches zu Herzen nehmen. Denn schon eine flüchtige Durchsicht der einschlägigen Internetseiten lässt Zweifel aufkommen, ob all das, was dort zu Markte getragen wird, wahrhaft seriös ist. Zum einen, weil die Erfahrung lehrt, dass auch Menschen, die Achtsamkeit üben oder meditieren, falsche Entscheidungen treffen – man denke nur an hochdekorierte japanische Zen-Meister wie den berühmten D. T. Suzuki, der während des Zweiten Weltkriegs die japanische Kriegspolitik offensiv unterstützte und Zen als Ausbildungsweg für Soldaten anpries.[71] Groß nämlich ist die Gefahr, dass über solche Trainings lediglich die wohlbekannten Wünsche, Werte und Visionen des Ich mit einem spirituellen Zuckerguss versehen werden. Wo das geschieht, wird es am Ende nur noch schwieriger, die Seelenstimme wahrzunehmen. Zum anderen – und das führt uns zurück zu Sokrates' Daimonion – lehren Erfahrung und Wissen der Tradition, dass sich Intuitionen zumeist denen zuspielen, die gerade nicht nach ihnen gerufen haben. Sie kommen auf leisen Sohlen und überraschend. Daran können Sie die Echtheit Ihrer Intuition ermessen. Und wenn sie diesen Test besteht: Dann sind Sie gut beraten, ihr zu folgen.

LIEBE: SOPHIA GEHT VOM GAS

Es ist schon spät. Sophia ist müde. Sie will nach Hause. Aber der Weg ist noch weit. Die Autobahn ist leer, ihr Auto ist schnell. Rasen ist nicht so ihre Sache. Eigentlich sollte sie langsamer fahren. Egal, der Tacho zeigt 200. Im Abendlicht rauscht die Welt an ihr vorbei. Sie denkt an ihren Mann und ihre Kinder, die auf sie warten. Knapp über dem noch hellen Horizont steht eine hauchzarte Mondsichel. Da geschieht etwas Merkwürdiges. Aus der Tiefe ihres Herzens quillt eine warme Woge hinauf und breitet sich in ihrem ganzen Körper aus. Sie spürt und weiß in diesem Augenblick, wie grenzenlos sie ihren Partner und die Kinder liebt. Ihr ganzes Wesen ist nichts anderes mehr als Liebe. Sie nimmt den Fuß vom Gas und schert nach rechts aus auf einen Parkplatz. Jetzt ist ihr klar: »Ich setze nichts aufs Spiel. Ich will gesund nach Hause kommen.«

Das, was Sophia auf die Bremse treten lässt, ist mehr als Intuition. Es ist auch mehr als ein Gefühl – es ist Liebe; oder wie die alten Griechen sagten: Es ist Eros. Es ist das unbedingte, absolut gewisse Wissen darum, dass es etwas gibt, das ihrer Seele maßgeblich ist: das, was sie liebt. Und dieses unbedingte Wissen steckt in jeder Zelle ihres Körpers. Es ist nicht bloß gedacht und auch nicht bloß im Bauchgefühl geahnt; nein, es ist alles zugleich: gedacht und geahnt und gespürt. Es ist das Sein der Seele, das sich hier manifestiert. Wo so etwas geschieht, steht die Entscheidung längst fest: im Zweifel für die Liebe. So einfach ist es. Und so schwer.

Warum »so schwer«? Weil es mit der Liebe eine besondere Bewandtnis hat. Sie kennen sie, aber vermutlich sind Sie sich dessen nicht immer auch bewusst. Die Liebe ist Widerfahrnis. Sie können sie nicht herstellen oder erzeugen. Oder haben Sie sich schon einmal kraft Ihres blanken Willens in jemanden verliebt? Wohl eher nicht, denn die Liebe entzieht sich Ihrer Macht und Machbarkeit.

Die Griechen, die davon sehr viel verstanden, stellten die Liebe in Gestalt des Eros deshalb stets mit Pfeil und Bogen dar: weil der Mensch von ihr getroffen wird, nicht umgekehrt; weil die Liebe – wenn sie denn Ihr Herz ergriffen hat – Sie überspült, ganz so wie jene warme Woge, die Sophia in sich fühlte. Und wenn Eros Sie erst getroffen hat, so lehrt etwa Platon, dann zieht er Sie mit Macht voran. Wohin? Zu dem oder der Geliebten, ist doch klar! Oder etwa nicht?

Doch, es ist klar, nur dass ein Philosoph wie Platon noch ein wenig weiterblickte. Er meinte, dass Sie in der Liebe am Ende gar nicht auf den von Ihnen geliebten Menschen aus sind, sondern auf ein voll erblühtes, glückseliges Leben – auf ein Leben, das stimmt, in dem Sie ganz bei sich und ganz beim anderen sind, voll entfaltet, vollkommen lebendig. Zu einem erfüllten Menschsein, so lehrte er, zieht Sie der Eros mit all seiner Kraft und Macht.[72] Er ist die größte Kraft des Lebens: die einzige, die Ihnen Flügel wachsen lässt, sodass Sie über sich hinauswachsen können. Wer von Eros ergriffen ist, so meinte Platon, den hält nichts und niemand auf.

Ich wette, dass Sie das längst wissen – wenn auch vielleicht irgendwo in einem heimlichen Winkel Ihres Herzens, zu dem Sie sich den Zugang wegen Kitschgefahr verwehrt haben. Oder aus Angst, verletzt zu werden, wenn Sie die alte Liebe neu entfesseln. Genau das aber sollten Sie unbedingt tun, wenn Sie einen Kompass für Ihr Leben brauchen. Denn Eros – die Liebe – ist die Antriebskraft der Seele. Für Ihre Seele ist sie etwa das, was für ihr Ich der Wille ist, dessen Existenz freilich fraglich ist. Die Existenz der Liebe ist hingegen unstrittig. Kein Wunder, ist sie doch der Brennstoff und die Energie dessen, was Sie wahrhaft sind: Seele. Sogar ein Theologe wie der heilige Augustinus konnte sagen: »Liebe! Und tue, was du willst« – was so viel heißt wie: Was du in der Liebe und aus Liebe tust oder entscheidest, das ist immer richtig. Denn die Entscheidung wächst aus deinem wahren Sein hervor, als Frucht deiner liebenden Seele.

> *Die Liebe – oder Eros – nimmt Ihrem Ich das lästige Entscheiden ab. Sie setzt sich an die Stelle des Willens, übernimmt das Kommando und navigiert das Schiff Ihres Lebens in Richtung Blüte und Erfüllung. Wenn Sie das haben, brauchen Sie sonst nichts mehr.*

Wenn es denn wirklich Liebe ist ... Genau da liegt der Hase im Pfeffer: Wenn es denn wirklich Liebe ist und nicht der bloße animalische Trieb Ihres Leibes und auch nicht der egoistische Willen Ihres Ich, die sich gern als Eros tarnen, ihn in Wahrheit aber vertreiben. Hier liegt das Problem, und hier kommt neuerlich das gute, alte Denken ins Spiel: die Selbstprüfung, die Sie unbedingt anstellen müssen, bevor Sie den Anspruch erheben können, aus Liebe zu entscheiden. Sie besteht in einer einzigen, erschütternden Frage: Geht es Ihnen um sich selbst, oder geht es Ihnen um diejenigen, die Sie lieben?

Denken Sie an Sophia. Zuerst war sie bei sich und ihrem Ich. Sie wollte die Fahrt so schnell wie möglich hinter sich bringen und ans Ziel kommen. Doch als die Liebe in ihr aufstieg, war ihr nur noch die Verbundenheit mit ihrem Mann und ihren Kindern wichtig. So wirkt der Eros im Herzen, nicht das Ego.

Liebe, Eros als Entscheidungshelfer – das ist stark. Nur, ich muss es noch einmal betonen, glauben Sie bitte nicht, Sie könnten diesen Entscheidungshelfer je herbeizwingen. Es ist ganz so wie bei der Intuition: Ratgeber, Methoden, Techniken, um die Liebe in ihnen zu wecken, sind zwar sehr beliebt und verkaufen sich gut, taugen aber nichts. Vergessen Sie's: In die Liebe geht man nicht mit dem selbstbewussten Schritt des Machers oder Könners, in die Liebe fällt man; weil man von ihr hingerissen wurde. Wenn Sie also den Entscheidungshelfer Eros bei sich haben möchten, dann schicken Sie Ihr Ego heim und halten Sie sich empfänglich für den Liebreiz, den das Leben Ihnen bietet. So wie Sophia, die sich durch die zarte Mondsichel am Abendhimmel sachte in die Liebe ziehen ließ.

GEWISSEN: GEORG LÄUFT DEM MUSIKANTEN NACH

Ein milder Sommerabend. Georg hat früh Feierabend gemacht und sich mit einem Freund im Biergarten verabredet. Er kommt etwas zu früh, und kaum, dass er sich hingesetzt hat, taucht ein Typ am Nebentisch auf, wo ein Pärchen sitzt. Der Mann fängt an zu singen und begleitet sich dazu auf der Gitarre. Und er singt richtig gut. Die Klänge berühren Georg. Er denkt an eine Verflossene … Nachdem der Musiker geendet hat, tritt er auch zu Georgs Tisch und streckt ihm seinen Hut hin. Doch Georg dreht sich weg und gibt nichts. Kaum, dass der Sänger das Lokal verlassen hat, springt Georg jedoch auf und läuft ihm nach. »Pardon«, sagt er zu dem Verdutzten, »ich war grad in Gedanken. Hier zwei Euro, Danke für das Lied.« Als er zurückkommt, steht sein Freund an seinem Tisch. »Ich sah dich weglaufen«, sagt er, »was war denn los?« – »Ach, weißt du, ich bin noch mal zu dem

Musiker, der gerade hier war. Ich hatte plötzlich Gewissensbisse, weil ich ihm nichts gegeben hab. Da hab ich mich entschieden, ihm rasch nachzulaufen.«

Gewissensbisse als Entscheidungshelfer! Oh weh, da hat uns der Georg ein schwieriges Thema eingebrockt. Oder wie sehen Sie das? Ist das Gewissen nicht irgendwie altmodisch? Und wollen nicht auch Sie von irgendwelchen Gewissensdingen möglichst verschont bleiben? Schauen wir mal genauer hin. Fest steht: Es gibt kaum ein menschlich-psychologisches Phänomen, das so schwer zu fassen ist wie das Gewissen. War es schon nicht ganz leicht mit dem Willen – ich sage Ihnen: Das Gewissen ist noch komplizierter.

Ursprünglich war das nicht so. Die unserem Wort »Gewissen« entsprechenden Begriffe der Griechen (*syneídesis*) und Römer (*conscientia*) meinten eigentlich nichts anderes als ein Mitwissen: eine Art Bewusstsein, das sich an das eigene Handeln und Entscheiden heftet und dabei mitschwingt. Aber im Laufe der Geschichte wurde daraus bald mehr: »der Dolmetscher Gottes« (Balzac) oder ein »Orakel aus der ewigen Welt, das mir verkündigt, wie ich an meinem Teile in die Ordnung der geistigen Welt [...] mich einzufügen habe«[73], wie Johann Gottlieb Fichte formuliert. Die Stimme des Gewissens, so der Denker, »gebietet mir in jeder besonderen Lage meines Daseins, was ich bestimmt in dieser Lage zu tun, was ich in ihr zu meiden habe«[74].

Ein starkes Wort. Wenn es zutrifft, brauchen wir eigentlich als Entscheidungshelfer gar nichts anderes mehr. Das Gewissen managt das – und zwar ziemlich professionell. Dazu noch einmal Fichte: »Das Gewissen irrt nie und kann nie irren«, denn es ist »selbst Richter aller Überzeugungen«, der »keinen höheren Richter über sich anerkennt«[75]. Es könnte also sein, dass in Ihnen die Seele nicht nur durch die Intuition, sondern auch mit der Stimme des Gewissens spricht.

Natürlich ist eine Sichtweise wie die Fichtes nicht unwidersprochen geblieben. »Orakel aus der ewigen Welt«, das war doch etwas dick aufgetragen, und so war vor allem die Psychologie mit ihrem Anspruch auf strenge Wissenschaftlichkeit sehr darum bemüht, dem Gewissen genannten, merkwürdigen Phänomen eine etwas nüchternere Deutung zu geben. Schon Sigmund Freud tat sich damit hervor, dass er das Gewissen vom ehrwürdigen Richterstuhl hob und auf die Couch verlegte, indem er es zum Über-Ich erklärte. Das Über-Ich sei jedoch in Wahrheit nichts anderes als eine ins Unbewusste abgeschobene Identifikation mit dem zugleich geliebten und gefürchteten Vater, die nun aus dem Dunkel heraus das bewusste Ich überwache und durch seine Strenge die Gewissensangst hervorrufe.[76]

Inzwischen sind andere psychologische Deutungen hinzugekommen, die darauf abheben, das Gewissen als eine Art Repräsentanz der Gruppen oder sozialen Gefüge zu deuten, denen ein Mensch zugehört: also nicht nur dem Vater, sondern der ganzen Familie oder dem Stamm, dem Clan, einer Nation. Es sei, so gesehen, ein spätes Relikt aus unserer Vergangenheit. Scheinbar dagegen stehen philosophische Deutungen wie die von Karl Jaspers, der das Wesen des Gewissens auf die lapidare Formel bringt: »Im Gewissen spricht eine Stimme zu mir, die ich selbst bin.«[77] Und etwas präziser noch formuliert Martin Heidegger: »Das Dasein ruft im Gewissen sich selbst.«[78]

Das Gewissen wäre dann tatsächlich Ihre innere Stimme, mit der Ihre Seele – oder Ihr eigentliches Sein, Wesen, Selbst – Sie dazu mahnt, so zu entscheiden oder zu handeln, dass es zu Ihnen passt und »stimmt«. Nicht die Vernunft, wie manche meinten, oder ein jenseitiger Gott (der durch das Gewissen in uns wacht), wie andere glaubten, wäre dann der Urheber des Gewissens, sondern unsere eigene Tiefendimension.

Bei näherer Betrachtung verträgt sich die philosophische Sicht von Heidegger oder Jaspers durchaus mit der dargelegten Deutung der Psychologen, wonach das Gewissen eine Art Wächter über die Zugehörigkeit zum Kollektiv ist. Vielleicht erinnern Sie sich: Wir sagten, dass Ihr Sein bzw. Ihre Seele fest verwoben und verbunden ist mit dem Sein bzw. den Seelen anderer Menschen. Denn was Sie in Ihrer Tiefe ganzheitlich gesehen eigentlich sind, ist immer das Produkt aus den Beziehungen, in denen Sie als Mensch nun einmal stehen. So bleibt nicht aus, dass die Stimme des Gewissens – als Stimme der Seele – immer auch die Stimme des Kollektivs ist, dem Sie als Seele zugehören.

Wenn Sie Gewissensbisse plagen, dann sind Sie folglich gut beraten, die Stimme, die sich da in Ihnen meldet, nicht leichtfertig vom Tisch zu wischen und als Über-Ich zu pathologisieren. Weit besser ist es, achtsam auf sie zu hören und sie ernst zu nehmen.

Der alte Fichte geht vielleicht ein bisschen weit, wenn er die Unfehlbarkeit des Gewissens behauptet – aber ganz falsch liegt er nicht: Das Gewissen ist ein guter Entscheidungshelfer. Mit ihm ruft Ihre Seele Ihr Ich zur Ordnung, wenn es sich anschickt, etwas zu tun, was Ihnen in Ihrem Sein und Wesen schaden würde. Nehmen Sie Ihr Gewissen ernst. Es ist, wie Vincent van Gogh bemerkt, »der Kompass des Menschen«.

LEIB: PETER GRÜNDET EINE GENOSSENSCHAFT

Seinen Geschäftskollegen verrät Peter sein Geheimnis nicht. Er lacht, wenn diese über ihren Statistiken und Listen, Prognosen und Kalkulationen sitzen. Er schaut sie mitleidig an, wenn sie auf ein Entscheidungsfindungs-Seminar fahren. Nein, er hat da sein eigenes Verfahren. Und das hat ihn noch nie im Stich gelassen. Im Augenblick steht er vor der schwierigen Frage, welche Gesellschaftsform sein neues Unternehmen bekommen soll: gemeinnützige GmbH oder Genossenschaft? Er ist sich nicht sicher. Was macht er? Er ruft seine Frau zum Armdrücken. Ja, Sie haben richtig gehört: zum Armdrücken, eine Technik, die er aus der Kinesiologie kennt und die dort für Diagnosezwecke und Medikationen verwandt wird: Er streckt den rechten Arm aus und sagt dabei: »Ich werde eine GmbH gründen.« Seine Frau kann den Arm mühelos herunterdrücken. Dann sagt er: »Ich werde eine Genossenschaft gründen.« Dieses Mal kann sie drücken, wie sie will: Der Arm bleibt oben. Die Sache ist klar. Peter gründet eine Genossenschaft.

Habe ich da gerade jemanden sagen hören: »Jetzt wird's mir zu bunt«? Okay, damit war zu rechnen, denn dieser Entscheidungshelfer ist wahrlich exotisch. Und doch sollten Sie ihn nicht vorschnell verschmähen. Wenn sich auch nicht leicht erklären lässt, was dabei vorgeht: Die Methode funktioniert mit großer Sicherheit. Und warum sollte Ihre Seele nicht auch mit dem Körper denken? Es scheint, dass sie es tut. Sie nutzt ihn, um sich Ihrem Ich vernehmbar kundzutun. Sie sind eben komplexer, als Ihr Kopf es denken kann.

Das von Peter sogenannte »Armdrücken« ist eigentlich ein kinesiologischer Muskeltest. Die Idee: Schauen wir doch mal, was mein Körper zu den Informationen sagt, die ich ihm gebe! Wobei der Körper als unmittelbares Ausdrucksinstrument dessen verstanden wird, was man gemeinhin das Unbewusste nennt, wofür wir hier aber den umfassenden Begriff Seele verwenden. Eigentlich ist sie es, die Peter mit seinem »Armdrücken« um Auskunft bittet. Und wenn wir ihm Glauben schenken, tut sie es anstands- und umstandslos.

Ich höre wieder einen Zwischenruf: »Was hat das mit Philosophie zu tun? Wo wird hier gedacht?« Moment, ich gebe diese Frage mal an Peter weiter. Er sagt: »Man muss dabei ganz gehörig denken. Denn die Kunst des Armdrückens liegt darin, die richtigen Fragen zu stellen.« Das Armdrücken ist also kein Wundermittel oder Orakel. Es ist jedoch ein gutes Instrument herauszufinden, was für Sie stimmig ist: für Ihren Leib, für Ihr Ich, für Ihre Seele – für Ihr Sein im Ganzen. Probieren Sie es mal aus. Es gibt sogar einen Selbsttest mit dem Zeigefingermuskel.

Anleitungen finden Sie im Internet, wenn Sie bei der Suchmaschine »Kinesiologischer Muskeltest« eingeben. Wenn Sie Mut und Lust haben, einen exotischen Entscheidungshelfer zu erproben, der Ihre Seele zu Wort kommen lässt, dann ist der kinesiologische Muskeltest nicht das schlechteste Mittel der Wahl.

KINESIOLOGISCHE TESTS

Beim Muskeltest handelt es sich um ein Biofeedback-Verfahren. Die Grundannahme dahinter ist, dass ein Muskel unter Einwirkung von Stressoren (Substanzen, Informationen, Emotionen etc.) für einen Augenblick geschwächt wird, was nicht bewusst oder willentlich beeinflusst werden kann. Diese unwillkürliche Reaktion macht sich der Therapeut zunutze, indem er Druck auf den ausgestreckten Arm seines Patienten ausübt. Nun gibt es zwei Möglichkeiten: Entweder der Arm hält dem Druck stand, oder er gibt nach. Die jeweilige Reaktion wird als Antwort auf eine dem Patienten zuvor gestellte Frage verstanden. Klar ist, dass das Ganze nur mit Fragen funktioniert, die man mit Ja oder Nein, »schädlich« oder »unschädlich« und Ähnlichem beantworten kann.

Man könnte also sagen, dass dieses Testverfahren dazu dient, unter Umgehung des rationalen Denkens eines Patienten wichtige Informationen über die Befindlichkeit und Bedürftigkeit seines Köpers oder seiner Seele zu erhalten. Wissenschaftlich ist das Ganze nicht anerkannt, gleichwohl wird das Verfahren auch von vielen Schulmedizinern geschätzt und angewandt.

EMOTIONEN: MAJA KÜNDIGT IHREN JOB

Maja ist unglücklich. Seit Wochen schon. Die Arbeit macht ihr keine Freude mehr. »Eigentlich«, sagt sie sich immer wieder, »eigentlich muss ich hier raus.« Doch kaum, dass sie diesen Gedanken denkt, meldet sich eine andere Stimme in ihr zu Wort: »Kannst du aber nicht. Du musst Geld verdienen, wie willst du sonst deine Tochter durchbringen?« Dann seufzt Maja, krempelt die Ärmel hoch und macht weiter. Irgendwie geht es ja. Aber irgendwie auch nicht. Sie ist ratlos. Da erzählt ihr eine Freundin von einem Buch. Die Autorin erklärt darin, in welchem Maß körperliche Signale Entscheidungshelfer sein können. Maja kauft das Buch, liest es und macht an sich ein Experiment. Sie setzt sich an einem milden Nachmittag auf eine Parkbank und stellt sich vor, wie es ist, wenn sie in einem halben Jahr weiterhin an ihrem Arbeitsplatz sitzt. Sie spürt, wie augenblicks in ihrer Brust die Spannung zunimmt. Dann stellt sie sich vor, wie es wäre, in einem halben Jahr auf Jobsuche zu sein. Zu ihrer Überraschung stellt sie fest, dass der Druck in der Brust kaum merklich ist. Da fasst sie sich ein Herz und schreibt noch am selben Abend ihre Kündigung.

Sie haben es bemerkt: Auch in diesem Fall spielt der Leib bei der Entscheidung eine Schlüsselrolle. Er gibt die Signale ans Bewusstsein, die Maja braucht, um voranzukommen. Erneut also fungiert der Körper als Entscheidungshelfer bzw. als Instrument, mit dem Ihre Seele sich dem Bewusstsein vernehmbar macht und Ihnen diejenigen Impulse zuspielt, die Ihr bewusstes Ich zu einer Entscheidung verarbeiten kann. Was wir die Seele nennen, heißt bei denen, die sich der Erforschung solcher körperlichen Signale widmen, emotionales Erfahrungsgedächtnis – ein Begriff, den der Psychologe Gerhardt Roth geprägt hat. Dahinter steckt eine Theorie des portugiesischen Neurowissenschaftlers António Damásio. Lassen Sie mich Ihnen davon kurz erzählen. Sie werden staunen!

Damásio hat in seinen Forschungen den Nachweis dafür erbracht, dass in Entscheidungsprozessen nicht etwa ein wacher, verstandesmäßig bestallter Richter entscheidend ist, sondern unsere Emotionen. Sie sind es, die – meist unbewusst – in Windeseile die möglichen Optionen bewerten und somit den Entscheidungsprozess aus der Tiefe des emotionalen Erfahrungsgedächtnisses heraus lenken. Dort sind alle Erfahrungen, die wir im Laufe des Lebens gemacht haben, gespeichert und mit einer einfachen Bewertung als positiv oder negativ hinterlegt. Dieses Wissen teilt sich über körperliche Signale mit, die Damásio als »somatische Marker« bezeichnet hat: Schweiß auf der Stirn, Flugzeuge im Bauch oder Majas Druck in der Brust.

Solche somatischen Marker sind nützliche Entscheidungshelfer. Innerhalb von Millisekunden signalisiert die Seele, ob sie einem Vorhaben zustimmt oder nicht. So kommt es, das »ein Kribbeln im Bauch oder ein Zittern in den Knien unter Umständen mehr Einfluss auf Entscheidungen ausüben kann als zwanzig Aktenordner mit Fakten«[79], schreibt Maja Storch, die sich im deutschsprachigen Raum als Multiplikatorin der Theorien Damásios hervorgetan hat. »Körpersignale«, folgert sie, »sind für gute Entscheidungen unentbehrlich«[80], auch wenn sie – oder gerade weil sie – in ihren Botschaften beschränkt sind: Ja oder Nein, Stopp oder Go. Doch das war bei Peters kinesiologischem Test und Sokrates' innerer Stimme auch nicht anders.

Emotionen, die in Gestalt somatischer Marker aus der Tiefe Ihres seelischen Seins an die Oberfläche Ihres Bewusstseins drängen, sind – wenn man Damásios Theorie folgt – freilich nicht nur hilfreiche Faktoren bei der Entscheidungsfindung, sondern eine »unersetzliche Überlebenshilfe«, um nochmals Maja Storch zu bemühen.[81] Letztlich scheint es darauf hinauszulaufen, dass die Seele – in diesem Falle eben in Gestalt des emotionalen Erfahrungsgedächtnisses – maßgeblich und richtungsweisend an allen Entscheidungsprozessen beteiligt ist. Womöglich ist sie es auch, die jene eigentümlichen Impulse aktiviert, die nach Erkenntnis der Neurophysiologen im Gehirn messbar sind, bevor wir bewusst meinen, eine Entscheidung zu treffen. Sie erinnern sich vielleicht an das Experiment des US-amerikanischen Neurophysiologen Benjamin Libet, von dem ich Ihnen auf Seite 41 erzählt hatte.

Wichtig ist nun festzuhalten, dass auch Entscheidungen nach Maßgabe somatischer Marker nicht ohne Verstand und Denken ablaufen. »Bedürfnisse und Wünsche«, schreibt Storch, »sind im emotionalen Erfahrungsgedächtnis gespeichert und können von dort ins Bewusstsein gelangen. Hier werden dann Analysen und Abwägungsprozesse vorgenommen. Entschieden wird durch diese Überlegung jedoch nichts. Entschieden wird, so sagt die Gehirnforschung, mit den ›Stopp!‹- und ›Go!‹-Signalen des emotionalen Erfahrungsgedächtnisses.«[82] Deshalb gelte: »Die Kunst der klugen Entscheidung beherrscht, wer seine beiden Entscheidungssysteme – den Verstand und das emotionale Erfahrungsgedächtnis – souverän handhaben kann, wer ihre Stärken und Schwächen kennt und darum situationsgerecht einsetzen kann.«[83]

Wenn Sie vor einer Entscheidung stehen, die unterschiedlichen Optionen durchspielen und dabei sorgsam darauf achten, welche Signale Ihr Leib Ihnen zuspielt, wird er Ihnen das Leben leichter machen. Nur vergessen Sie nicht, die körperlichen Signale gründlich zu interpretieren und zu durchleuchten.

Diese Kunst lässt sich einüben. Der erste Schritt ist es, die somatischen Marker wahrzunehmen. Darauf folgt eine Analyse oder ein Hinterfragen dieser Reaktion: Woher kommt sie? Worauf bezieht sie sich? Hat man darüber Klarheit gewonnen, wird es möglich sein, das Signal einzuordnen und für die Entscheidungsfindung einzusetzen.

WALD: EMERSON GEHT SPAZIEREN

Ralph Waldo Emerson, der große US-amerikanische Naturphilosoph, notierte in seinem berühmt gewordenen Essay »Natur«: »In den Wäldern kehren wir zur Vernunft und zum Glauben zurück.«[84] Denn in der freien Natur habe der Mensch die Möglichkeit, seinem wahren Wesen zu begegnen: der Natur in ihm, in seiner eigenen Seele. Hier könne er sich dessen bewusst werden, dass er Teil einer großen, bunten, pulsierenden und dabei bezaubernd schönen Symphonie ist, die selbst das noch in einer höheren Einheit umfasst, was einander bekämpft und verzehrt.

»In der Wildnis«, schreibt Emerson, »finde ich etwas Wertvolleres und Verwandteres als auf den Straßen und in den Dörfern. In der ruhigen Landschaft, und besonders in der weit entfernten Linie am Horizont, erblickt der Mensch etwas, das so schön ist wie seine eigene Natur.«[85]

Wenn Emerson recht hat – und ich glaube, das trifft zu –, dann können Natur, Wildnis und Wald für uns kostbare Entscheidungshelfer sein, sofern es uns darum geht, die Impulse der eigenen Seele in unsere Entscheidungen miteinzubeziehen. Sie stellen ein Ambiente bereit, das guten Entscheidungen förderlich ist. Sie wissen es wahrscheinlich längst aus eigener Erfahrung: Wenn Sie hinaus in den Wald gehen, können Sie die Seele neu stimmen. Allein dadurch, dass Sie die große Symphonie der Natur auf sich wirken lassen, kommen Sie in bessere Stimmung. Im Shopping-Center klappt das nicht.

Dieses Verfahren funktioniert auch im Alltag und erweist sich oft als segensreich: vor einer Entscheidung in die Natur gehen.

Sie können aber noch einen Schritt weitergehen und den Gang in den Wald oder in die Wildnis gezielt und systematisch zur Entscheidungsfindung in existenziellen Fragen einsetzen. Auch dafür gibt es unterschiedliche Methoden. Eine, die mir besonders einleuchtet, ist die Visionssuche.

VISIONSSUCHE:
JOACHIM FINDET SEINE VISION

So, da war er nun. Mitten im Wald, vier Stunden Fußmarsch entfernt vom Camp. Bei sich hat er eine Isomatte, drei Wasserflaschen und einen einfachen Regenschutz. Nicht viel, wenn man bedenkt, dass er drei Tage und drei Nächte hier draußen zubringen soll – allein in der Wildnis. Unfassbar, dass er dafür so viel Geld ausgegeben hat. Das kann er niemandem erzählen, aber egal. Irgendetwas musste jetzt geschehen. Und warum nicht ein Vision-Quest – eine Visionssuche nach alter Indianersitte? Vielleicht würde ihm das die Entscheidung leichter machen: die Entscheidung für seine Frau oder gegen seine Frau, Trennung oder nicht Trennung. Alle Therapien hatten ihn nicht weitergebracht, Zen-Workshops hatten nichts geholfen. Irgendwie war die Visionssuche seine letzte Hoffnung, doch noch den Knoten im Hirn gelöst zu bekommen. Zeit genug hat er ja jetzt. Es dämmert. Er rollt seine Matte aus …

Die Zeit vergeht schneller als erwartet. Als er beim dritten Sonnenaufgang sein spärliches Lager verlässt, stellt er überrascht fest, dass er seit Stunden schon nicht mehr an seine eigentliche Frage gedacht hat. Dafür war in ihm eine Gewissheit gewachsen: Er würde seinen Weg allein weitergehen. Mit dieser Entscheidung kommt er zurück ins Camp.

Es wurde schon gesagt: Die Visionssuche ist ein altes indianisches Ritual, dem sich die jungen Männer eines Stammes an der Schwelle zum Erwachsenwerden unterziehen mussten. Für mindestens drei Nächte wurde sie allein in die Wildnis geschickt, um ihre persönliche Lebensvision zu finden. Wir könnten genauso gut sagen: um ihr Selbstbild abzustreifen, ihrer Seele zu begegnen und herauszufinden, was ihnen wirklich wichtig ist.

Auch die Visionssuche der indigenen Völker ist ein Weg, den Schritt von der zweiten in die dritte Dimension des Daseins zu vollziehen und sich dem zuzuwenden, was dem Ich eine Richtung geben kann, sodass unsere Entscheidungen dem entsprechen, was wir wirklich sind. Drei Tage und drei Nächte sind nach den Erfahrungen der alten Völker die Zeit, die es braucht, um die uns so selbstverständliche Identifikation mit unserem Selbstbild – also unserem Ich – aufzugeben und unser fixes Selbstverständnis aufzuweichen. Wer sich der Visionssuche unterzieht, stellt fest, dass all das, was das Ich umtreibt und beschäftigt – die Wünsche, Werte, Ziele und Visionen –, an Relevanz verlieren und in den Hintergrund treten; dass sich dafür aber die Tiefe öffnet und erkennbar wird, in welche Richtung es die Seele zieht und treibt, und was zu tun oder wie zu entscheiden damit übereinstimmt. So erklärt es sich, dass Menschen, die in den Wald zogen, um eine Vision zu suchen, mit einer klaren Entscheidung von dort zurückzukamen.

Eine Visionssuche ist, wenn Sie so wollen, eine Art mentale Reinigung, die Sie dazu befähigt, all die verkrusteten Konzepte, Theorien oder Bilder über sich selbst und die Welt abzulegen, um das in sich laut werden zu lassen, was Sie wirklich sind. Dass Sie sich dabei der Natur aussetzen, hat einen doppelten Sinn: Zum einen erdet es Sie und beschleunigt die innere Reinigung; zum anderen zwingt es Sie dazu, Ihrer eigenen Angst zu begegnen. Das ist von großer Bedeutung, wenn Sie existenzielle Entscheidungen treffen müssen. Meistens steht Ihnen dabei die Angst Ihres Ich vor Selbstverlust im Weg. Diese Angst zuzulassen und zu erkennen, dass Sie wohl Ihrem Ich, nicht aber Ihrer Seele zusetzt, lässt Sie furchtlos in die Zukunft schauen. Und Furchtlosigkeit ist aller guten Entscheidung Anfang.

Wenn Sie den Schritt hin zu Ihrer Seele vollziehen, erschließt sich Ihnen deren Freiraum, in dem Sie auch existenzielle Entscheidungen mit innerer Gewissheit treffen können.

Joachim hat das erlebt. Als er zu seiner Visionssuche aufbrach, führte der Gedanke, sich von seiner Frau zu trennen, bei ihm regelmäßig zu Panikattacken. In der Wildnis aber wurde ihm klar, dass er keine Angst zu haben braucht und dass er sich ins Freie wagen kann. So fasste er seinen Entschluss. Der Schritt hinaus aus der Zivilisation und hinein in das ursprüngliche Leben ist ein Schritt aus der Angst des Ich hinein in die Furchtlosigkeit der Seele.

LEERLAUF: HARALD JOGGT

Wenn das Gedankenkarussell mal wieder nicht zum Halten kommt und trotzdem nichts dabei herauskommt, zieht sich Harald die Laufschuhe an und geht joggen. Und dann geschieht das Wunderbare: Anfangs beschäftigt sich sein Kopf noch mit dem gerade anstehenden Problem. Aber dann, von Schritt zu Schritt, verselbstständigt sich sein Denken. Nicht er denkt jetzt noch nach, sondern es denkt in ihm. Und dann fängt es meistens an zu sprudeln: Hier ein Einfall, dort eine Formulierung, da die Lösung für ein lange hin und her gewälztes Problem. Joggen ist für Harald ein Fest der Kreativität. Wenn er Einfälle braucht, dann geht's in den Wald.

Ich bin mir sicher, dass auch Sie so etwas kennen – vielleicht nicht beim Joggen, aber unter der Dusche oder in der Sauna oder morgens im Halbschlaf, wenn der Wecker schon geklingelt hat, Sie aber noch nicht aufstehen. Es gibt diese Zeiten, zu denen Sie sich in einer Art Alltagstrance bewegen – ein Zustand, in dem Sie wach sind, aber doch nicht wie sonst bewusst gedanklich aktiv; in dem Sie nicht fokussiert bei der Sache sind und zielgerichtet auf etwas hinarbeiten, sondern den Strom Ihres Denkens gemächlich durch die Zeit mäandern lassen. Ganz so, wie Harald gemächlich durch den Wald läuft.

Wenn Sie solche Erfahrungen kennen, dann wissen Sie auch, dass Ihnen dabei oft die besten Ideen kommen. Das ist kein Zufall. Zumindest behauptet das die Hirnforschung. Einer, der sich mit dem Thema Kreativität besonders intensiv beschäftigt hat, ist Gerald Hüther. Er hat herausgefunden, dass »die in unterschiedlichen neuronalen Netzwerken verankerten Wissensinhalte, Kenntnisse und Erfahrungen nur dann auf eine andere, neuartige Weise miteinander verknüpft werden, wenn die Energie dort oben, also der Erregungszustand im Gehirn, weder zu hoch noch zu niedrig ist. (…) Deshalb kommt auch niemand auf eine neue, kreative Idee, wenn er sich anstrengt, wenn er sich unter Druck gesetzt fühlt oder von starken Affekten getrieben ist.«[86] So könne man sich neurophysiologisch einen Reim darauf machen, dass viele kreative Menschen immer dann die besten Einfälle hatten, »wenn sie ohne Druck, frei und unbekümmert, also spielerisch in der Lage waren, ihre Gedanken einfach laufen zu lassen und abzuwarten, was sich dann wie von selbst zusammenfügte. Bei manchen passierte das unter der Dusche, bei manchen im Bett oder beim Spazierengehen. Zweckfrei und absichtslos, also spielerisch, waren sie mit ihren Gedanken unterwegs. Und dann kam, wie aus heiterem Himmel, die entscheidende Idee.«[87]

Entscheidungshilfen aus der Seele fließen Ihnen nicht durch einen begradigten, funktionalen und linearen Kanal rationalen oder strategischen Denkens zu, sondern gedeihen in den Biegungen und Windungen, die entstehen, wenn Sie Ihre Gedanken mäandern lassen.

Entscheidende Ideen – das liegt auf der Hand – sind etwas, dass Sie bei anstehenden Entscheidungen gut gebrauchen können. Deshalb sei Ihnen angeraten, es unserem joggenden Harald gleichzutun: Gönnen Sie sich den Luxus, ab und zu Ihr fokussiertes Denken aufzugeben und Ihren Gedanken freien Lauf zu lassen – egal ob Sie dabei nun laufen, unter der Dusche stehen oder im Whirlpool liegen.

ENTSCHEIDEN, WER SIE SIND: WIE IHRE SEELE DEM LEBEN IMPULSE GIBT

Vergewissern wir uns noch einmal unseres aktuellen Standortes: Wir haben uns dem Thema Entscheidungen bislang aus der Perspektive unseres landläufigen Alltagsbewusstseins zugewandt. Dieses Bewusstsein ist geprägt durch die unbewusste Grundannahme, Sie und ich – ein jeder von uns – sei ein zu freien Entscheidungen befähigtes Subjekt, das nach Maßgabe von Werten, Visionen, Idealen und Zielen freie Entscheidungen zu treffen vermag. Als ein solches Subjekt sagen Sie »Ich« zu sich und nehmen bei Ihren Entscheidungen daran Maß, was Ihnen wichtig ist und was Sie wollen.

Diesem in unseren Breiten allgegenwärtigen Selbstverständnis und dem in seinem Hintergrund waltenden neuzeitlichen Menschenbild haben wir ein wenig auf den Zahn gefühlt und dabei festgestellt, dass das, was wir für eine solide Grundlage unserer Handlungen und Entscheidungen halten – unser Ich – in Wahrheit ein Konstrukt ist, dass wir nach Maßgabe uns selbst unbewusster Werte und Wünsche eingerichtet haben. Mehr noch sind wir so durch eine von ökonomischen Parametern verwaltete Welt erzogen und geformt worden. Subjektivität und Interessenorientierung als Grundlage freier Handlungen und eines freien Willens sind so gesehen keine objektiven, unerschütterlichen Wirklichkeiten, sondern hierzulande in Geltung stehende Kategorien zur Deutung unseres Entscheidens.

Nichtsdestotrotz definieren diese Kategorien eine Dimension des Bewusstseins, die für einen jeden von uns real ist und in der wir uns in unserem alltäglichen Wachbewusstsein mit Selbstverständlichkeit bewegen: eben das, was wir unser Ich nennen. Als Ich sehen wir uns in der Lage, uns zu uns selbst und zu unseren Möglichkeiten zu verhalten und autonom zu entscheiden. Wie Sie das am besten anstellen können, welche Helfer Ihnen dabei zu Gebote stehen und inwiefern Sie diese für all die Entscheidungen, die tatsächlich in den Zuständigkeitsbereich Ihres Ich fallen, zur Anwendung bringen sollten, haben wir im Kapitel »Entscheiden für den Hausgebrauch« angeschaut.

Im darauffolgenden Kapitel haben wir den Horizont erweitert. Ich habe versucht, Ihnen den Gedanken schmackhaft zu machen, dass Sie als Ich keine verlässlichen Kriterien haben, mit deren Hilfe Sie ermessen können, ob die Ziele, Werte, Wünsche und Visionen Ihres Ich – ja ob dieses Ich selbst – tatsächlich dem entspricht, was sich in ihm zu einem Selbstbild verdichtet hat: Ihr Sein, Ihr Selbst, das ich mir hier Ihre Seele zu nennen getraue. Noch einmal zur Erinnerung: Seele meint dabei das, was Sie als Ganze(r) in der Tiefe – unter der Oberfläche Ihres Ich – sind: ein komplexes Wesen aus Leib, Bewusstsein, Unbewusstem, Geist und einem irgendwie nicht auflösbaren Rest, der all dies zu einem Ganzen fügt. Ihre so verstandene Seele ist maßgeblich dafür, ob die Werte, Visionen, Ziele und Wünsche, die Ihr Ich sein Eigen nennt und mit denen es identifiziert ist, gut sind – und damit auch, ob die nach Maßgabe der Werte, Visionen, Ziele und Wünsche Ihres Ich getroffenen Entscheidungen wirklich – also auch in der Tiefe – gut für Sie, für Ihre Seele, sind. Um das für Ihre Entscheidungen verlässlich bestimmen zu können, sind Sie darauf angewiesen, Ihr Ich durchlässig zu machen für die in Ihrer Tiefe waltende Seele – und für die aus der Tiefe Ihrer Seele aufsteigenden Impulse und Signale aufmerksam zu sein, sodass Sie diese als Ich bei Ihrer Entscheidungsfindung zur Geltung bringen können.

Deshalb haben wir im Kapitel »Entscheiden aus dem Herzen« zunächst verschiedene Beispiele dafür angeschaut, wie sich

Ihre Seele über Ihren Körper Ihrem Ich mitteilt, und sodann exemplarisch einige Varianten des Tiefseetauchens beleuchtet: Verfahren und Methoden, die es Ihrem Ich erlauben, Signale und Winke aus der Tiefe Ihres Seins zu vernehmen und für Ihre Entscheidungsfindung zurate zu ziehen.

Damit sind Sie nun gut vorbereitet, um sich ganz in die Tiefe der Seele vorzuwagen. In diesem Kapitel werden wir uns zunächst damit befassen, wie Ihre Seele – oft kaum spürbar – in Ihrem täglichen Leben entscheidend mitspielt. Danach werden Sie sich der Seele unmittelbar zuwenden und ermitteln, wie sie ihre Entscheidungen trifft und was Sie als Ich dazu beitragen können, dass Ihre Seele in ihren Entscheidungen nicht behindert wird, sondern sich frei entfalten kann.

Genau das ist die Meisterschaft der Entscheidungskunst: Da, wo es geboten erscheint – und das sind vor allem die existenziellen Entscheidungen, die das Wachstum Ihrer selbst betreffen –, der Entscheidungskompetenz Ihrer Seele (die Sie wesentlich sind) zu trauen und ihr Räume zu öffnen bzw. die nötigen Voraussetzungen für ihre (= Ihre) Entfaltung zu schaffen. Am Ende nämlich gilt: Als Seele – und nur als Seele – sind Sie entscheidend.

Bevor wir uns nun wieder einigen exemplarischen Fällen zuwenden, muss ich Ihnen vorab eine wichtige Frage zumuten: Wie entscheidet die Seele? Ich kann Ihnen an dieser Stelle nur eine vorläufige Antwort anbieten, doch hoffe ich, sie durch die anschließenden Fallbeispiele glaubwürdig machen zu können.

Wie entscheidet die Seele? Eines steht fest: Sie entscheidet nicht willentlich. Wille ist eine Kategorie, die mit der Seele nicht in Verbindung zu bringen ist. Wenn überhaupt irgendwer irgendetwas will oder zu wollen hat, dann ist es das Ich, das gern einen Willen sein Eigen nennt, um sich durch ihn zu stabilisieren. Aber nun fragen Sie natürlich:»Wenn die Seele nichts will, was tut sie dann?« – Antwort: Es treibt sie.

Wie jedes andere lebende Wesen auch, so treibt die Seele ein Impuls, sich zu entwickeln, die in ihr schlummernden Potenziale zu entfalten, zur Blüte zu reifen, zu gedeihen und Frucht zu tragen. Darum geht es der Seele: Es treibt sie, voll und ganz lebendig zu sein, als ein schönes, starkes Wesen. Lebendigkeit und Blüte sind das Maß, das ihr verbindlich ist.

Die Seele reift, wie eine Pflanze wächst. Deshalb macht sie nichts. Sie macht nichts in dem Sinne, wie das Ich meint, sich nach Maßgabe seiner Werte »machen« zu können. Wir sprachen schon davon: Wenn es so etwas wie decision-making gibt, dann findet das im Reich des Ich statt. Die Seele kann Entscheidungen nur treffen. Wie aber gelingt ihr das?

Die Seele wächst, es treibt sie dazu, groß und ganz zu sein. Das ist jedoch nicht alles. Es treibt sie auch dazu, sich so zu entfalten, dass es stimmt. Und das ist immer dann der Fall, wenn sich ihr Wachsen und Gedeihen harmonisch einfügt in die Welt, in der sie ihre Heimat hat – und wenn es dabei so vonstattengeht, dass sie mit sich selbst im Einklang bleibt: dass Leib und Ich und Emotionen, Geist und Intellekt nicht gegeneinander arbeiten oder sich blockieren, sondern stimmig ineinandergreifen und so die Seele reifen lassen. Geschiedenheit ist deshalb für die Seele nicht zu akzeptieren. Wenn sie entscheidet, geht es ihr darum, sich der inneren Scheidung zu entledigen, Geschiedenes zu verbinden oder Unstimmiges auf einander einzustimmen.

Das ist die Logik ihres Wesens: Die Seele wächst da, wo es stimmt, und sie wächst hin zur großen Harmonie mit allem.

Sie können sich das Wachsen und Entscheiden Ihrer Seele vorstellen wie Musik. Ihre Seele hat kein fixes Ziel, sie ist auf keine Richtung festgelegt. Es geht ihr nur darum, in Harmonie und Einklang mit sich und der Welt zu sein, denn nur unter diesen Voraussetzungen kann sie ihr Potenzial entfalten – das heißt, können Sie Ihr wirkliches Potenzial entfalten. Ihre Seele ist dabei wie eine Melodie, die fortwährend das Lied ihres Lebens weiterschreibt. In jedem Augenblick entscheidet sie aufs Neue, wohin die Reise geht; und das nach Maßgabe dessen, welcher Schritt am besten zu dem passt, was sie schon ist und was sich folglich auch am stimmigsten in ihr (= Ihr) Wesen einpasst. Darin besteht Ihre Freiheit, darin besteht die Freiheit Ihrer Seele. Sie gleicht der Freiheit eines Komponisten, der zwar gänzlich unter dem Diktat dessen steht, was er schon zu Gehör gebracht bzw. komponiert hat, der aber kreativ darauf aufbauend seine Melodie weiterspinnen, weitersingen kann. Seine Entscheidungen folgen ihrem Rhythmus und Takt. Sie ringen um Stimmigkeit und fügen sich in das, was schon geworden ist.

Gleichzeitig steht Ihre Seele unter dem Diktat der Welt, in der Sie leben und mit der Sie leben. Das bedeutet nicht, dass Ihre Seele unfrei wäre. Das gerade nicht, nur ist die Freiheit Ihrer Seele anderer Art: Die Freiheit einer Seele ist eine Freiheit, die nicht in dem Raum verortet ist, der sich öffnet, wo sich das Ich zu sich selbst verhält, sondern ihre Freiheit öffnet sich zwischen Vergangenheit, Gegenwart und Zukunft: Rückgebunden an das, was sie geworden ist, antwortet sie auf das, was gegenwärtig ist, und wächst als Antwort auf die eigene, zukünftige Blüte hin.

So gesehen ist die Seele ein Gespräch, in dem das Künftige als Antwort auf das Vergangene und Gegenwärtige geboren wird. Dieses Gebären ist die Weise, wie Ihre Seele sich entscheidet. Sie ist ein Lied, eine Poesie, die im Austausch mit der Welt ertönt und dabei stets darum bemüht ist, zu Schönheit, Harmonie und Stimmigkeit zu wachsen. Und dementsprechend ist sie kreativ in ihren eigenen Entscheidungen. Ein seelischer Entscheidungshelfer ist entsprechend das, was Ihre Seele dazu befähigt, gut und von Ihrem Ich möglichst ungestört komponieren – sich entfalten – zu können.

DIE SEELE WILL NICHT

Die sie bewegende Kraft ist nicht der Wille, sondern das, was die Griechen Eros nannten. Die Seele ist von Liebe bewegt – von Liebe zum Schönen und Stimmigen. Das hat Auswirkungen auf Ihr Sein und auf Ihr Entscheiden: Je mehr Raum Sie Ihrer Seele geben, desto mehr wird die Liebe Sie erfüllen. Je mehr Sie von Liebe erfüllt sind, desto weniger werden Sie wollen. Je weniger Sie wollen, desto besser, tiefer und gründlicher werden Sie entscheiden. Und Sie sind endlich frei davon, nach Maßgabe von Nützlichkeit für Ihr Ich entscheiden zu müssen.

BILDUNG: GYGES BLEIBT SAUBER

All das, was ich Ihnen gerade über die Seele sagte, stammt nicht von mir, sondern von Platon (428–348 v. Chr.), dem größten und bedeutendsten der abendländischen Philosophen. Er war es, der mehr als alle anderen das delphische »Erkenne dich selbst!« ernst nahm. Denn er war es, der sein ganzes Philosophieren und Denken unter die eine Frage stellte: wie man auf eine gute Weise leben könne.[88] »Man«, das war für ihn nicht das Ich-Subjekt der Neuzeit, sondern das, was er wie alle Griechen *psyché* nannte: Seele. Die Grundfrage seines Philosophierens kann man daher mit Recht auch so formulieren: Was ist eine gute Seele? Oder: Was können wir dafür tun, dass eine Seele gut ist oder gut wird? Was im Blick auf die Seele »gut« bedeutet, davon war bereits die Rede. Es bedeutet, dass die Seele stimmig ist – dass sie im Einklang mit sich und der Welt zu ihrer vollen Größe und Schönheit erblühen kann.

Und wie erblüht die Seele? Was können Sie dafür tun, dass Sie sich als Seele voll entfalten? Was kann Ihre Seele dafür tun, dass sie die richtigen Entscheidungen trifft? Was kann Ihr Ich dafür tun, dass Sie als Seele entscheiden?

Wie wäre es, wenn wir Meister Platon selbst dazu belauschen? In seinem Dialog »Über den Staat« (»Politeia«) erzählt er eine passende Geschichte:[89]

Im fernen Lydien lebte einst ein Hirte namens Gyges. Ihm war ein sonderbares Schicksal zugeteilt: Ein großes Erdbeben erschütterte die Berge seiner Heimat. So mächtig war die Kraft des Bebens, dass sich die Erde spaltete und einen Riss auftat. Da Gyges diesen Riss erblickte, spürte er das innige Verlangen, in diese Kluft hinabzusteigen. Er tat es und erblickte in der Tiefe wunderliche Dinge. Ein großes, hohles Pferd, in dessen Inneres er durch ein Fenster blickte, wo er zu seinem Schrecken einen toten Mann erblickte, der allem Anschein nach von größerer Gestalt war als ein Mensch. Am Finger dieses Leichnams sah er einen goldenen Ring, der sein Interesse auf sich zog. Gyges drang in das Innere des Pferdes, zog jenen goldenen Ring vom Finger des Verblichenen, steckte ihn sich an und stieg hinaus zum Licht der Sonne.

Am Abend jenes wunderreichen Tages begab es sich, dass Gyges in Gesellschaft anderer Hirten um das Feuer saß. Am Finger trug er seinen neuen Ring, und da die anderen von ihren Abenteuern plauderten, geschah es, dass er, ohne nachzudenken, an dem Stein des Ringes drehte. Zunächst begriff er nicht, was da mit ihm geschah, doch bald schon ward er dessen inne, dass ihn die anderen nicht länger sehen konnten: dass ihn der Ring der Sichtbarkeit entzogen hatte. »Oh wundervolle Gabe«, dachte er, denn rasch begriff er, welche Macht ihm dieser Ring verleihen könnte: Was immer er in Zukunft unternehme – als Urheber würde er stets verborgen bleiben. Er könnte stehlen, rauben, Unzucht treiben – und niemand wäre in der Lage, ihn für sein Tun zur Rechenschaft zu ziehen. Und also kam es, dass er sich entscheiden musste: ob er mit seinem Ring zum Königshofe ziehen sollte, um sich der Herrschaft und des Reichtums seines Herrn zu bemächtigen; oder ob er trotz seiner Unsichtbarkeit lieber doch als ehrlicher und anständiger Mann die Tage seines Lebens fristen wolle ...

Sie wollen wissen, wie die Sache weitergeht? Was meinen Sie, wie Gyges sich entscheidet? Und wozu würden Sie tendieren: dazu, sich alle Ihre Wünsche zu erfüllen, ohne dass Sie irgendwer belangen könnte, wenn Sie dabei Unrecht tun; oder dazu, doch an den Sitten und Gesetzen Ihrer Umwelt festzuhalten und Ihr Leben so zu führen, wie es die Moral gebietet? Gehen Sie in sich und seien Sie ehrlich!

Der junge Mann, dem Platon die Geschichte von dem Lyder Gyges in den Mund legt, trägt den Namen Glaukon. Und dieser Glaukon ist sich völlig sicher, dass er genau prognostizieren kann, wozu Sie sich entscheiden werden: zu Eigennutz und Egoismus. Ganz so, wie es dem Vernehmen nach auch Gyges tat: Er zog zum Königshof, verleitete des Königs Weib zum Ehebruch, stellte mit ihr gemeinsam dem König nach, tötete ihn und riss die Herrschaft an sich. Dies, meint Glaukon, sei ein »sicheres Zeichen« dafür, »dass niemand freiwillig gerecht ist, sondern nur infolge von Nötigung. Denn für den Einzelnen liegt nichts Gutes in der Gerechtigkeit. Deshalb wird jeder Unrecht tun, wenn er glaubt, dafür straflos zu bleiben. Jedermann nämlich meint, die Ungerechtigkeit sei für den Einzelnen weit vorteilhafter als die Gerechtigkeit. Und diese Meinung ist richtig. Denn wenn jemand im Besitze solcher Freiheit nie Unrecht tun wollte und fremdes Gut nicht berühren würde, so würde er allen, die es bemerkten, höchst unglücklich und unverständig erscheinen.«[90]

So weit Glaukon, der sich hier als früher Theoretiker des Homo oeconomicus der Neuzeit hervortut – also jenes Menschenbildes, das behauptet, der Mensch sei gleichsam von Natur aus ein Narzisst, dem es bei allem, was er tut, ausschließlich darum gehe, für sich den größten Vorteil rauszuholen: ohne

Rücksicht auf die anderen nur sich selbst und seine Habe rational zu optimieren. Was dann so weit geht, dass Menschen heutzutage allen Ernstes glauben, auf dieser Basis und mithilfe der ökonomischen Spieltheorie das menschliche Verhalten mit naturwissenschaftlich-mathematischer Präzision prognostizieren zu können. Wenn Glaukon recht hätte, wäre dieses Menschenbild begründet. Dann hätte Gyges in Wahrheit aber auch gar keine Wahl gehabt: Er wäre ob der egozentrischen Natur des Menschen nachgerade verdammt dazu gewesen, den kriminellen Weg zu wählen und sich all das anzueignen, was er zwar begehrte, was ihm aber nicht zustand.

Sokrates, an den der gute Glaukon seine These adressiert, ist jedoch anderer Meinung. Er will keineswegs dessen Menschenbild folgen und sich dessen These der naturbedingten Neigung jedes Menschen zu Narzissmus und Ungerechtigkeit anschließen. Nein, Sokrates will dem etwas entgegensetzen – er will den Nachweis führen, dass der Mensch durchaus nicht durch seinen Egoismus und seine Profitinteressen dazu verdammt ist, ohnmächtig ein Programm abzuspulen, bei dem ihm maximal die kleine Freiheit seines Ich verbleibt, selbst zu entscheiden, wie er denn am besten an das komme, was er haben will. Sokrates schickt sich an darzulegen, warum der Mensch um seines eigenen Menschseins willen gut beraten ist, nicht den Interessen seines Ich blind gesteuert nachzugehen, sondern sich seiner eigenen Seele zuzuwenden und ihrem Lebenskurs zu folgen. Und dieser Kurs, so wird er Glaukon zeigen, führt zielstrebig genau zu dem, was dieser als Gerechtigkeit in Zweifel zog.

Sokrates will zeigen, dass es uns möglich ist, ein selbstbestimmtes, freies Leben zu führen, das nicht von Egoismus geprägt ist.

Wenn Sie sich zu sich selbst nicht länger als zu einem Ich verhalten, sondern sich stattdessen Ihrer Seele zuwenden, dann werden Sie, so Sokrates, erkennen, dass Ihre Seele einer anderen Logik folgt als Ihr Ich. Dem Ich geht es um seine Habe und die

Mehrung seines Eigentums, der Seele geht es um ihr Sein und Wohlergehen. Die Seele strebt nach innerer und äußerer Balance und Harmonie – und diese Sehnsucht zu befriedigen, ist das, worum es jedem Menschen gehen muss, der wahrhaft Mensch sein und die in ihm schlummernden Lebendigkeitspotenziale zur Blüte bringen will. Die eigentliche Entscheidungsfreiheit des Menschen liegt darin, wählen zu können, wer er selbst ist und wie er sich selbst sieht: als Ich, dem es um seine kleine Habe und die Befriedigung seiner egoistischen Wünsche geht, oder als Seele, der es darum geht, zu voller Schönheit zu erblühen.

Unterwegs zur Tugend

Sokrates, der sich seinem Selbstzeugnis nach als »Geburtshelfer« der Menschenseele sieht, votiert mit aller Verve dafür, das Leben unter das Maß der Seele zu stellen und sich der durch Glaukon so trefflich beschriebenen Zwänge und Fesseln der falschen Selbstdeutung des Menschen als Egoist oder – ins Heutige gewandt – als Homo oeconomicus zu entledigen. Und er weiß, dass es nur einen, vielleicht zwei Wege gibt, die es dem Menschen erlauben, wahrhaft zu sich selbst zu kommen: den Weg der Bildung und den Weg der Liebe, die idealerweise zusammenlaufen und gemeinsam das hervorbringen, was Sokrates *philosophia* nennt: die Liebe zur Weisheit. Diese definiert er dabei als Liebe zu einem guten Leben – oder als Liebe zur Tugend der Seele.

Auf dem Weg der Bildung zur Tugend, so der Gedanke des Sokrates, erschließt sich die wahre menschliche Entscheidungsfreiheit und Entscheidungskompetenz: die Freiheit, die darin liegt, als Mensch eigentlich man selbst zu sein.

Was aber ist damit gemeint: die Tugend der Seele? Auch dafür muss ich etwas ausholen, aber dabei werden wir sehen, dass uns dieser Nebenweg geradewegs zu dem vielleicht wichtigsten Entscheidungshelfer unserer Seele führt: zur Bildung, die unsere Seele zur Tugend reifen lässt.

Was also ist die Tugend der Seele? Sokrates geht einen langen und steinigen Weg, um seine Antwort auf diese Frage schmackhaft zu machen. Wir kürzen das Ganze ab, indem ich Ihnen sage: Die Tugend der Seele ist ihre Stimmigkeit und Harmonie, das Gleichgewicht dessen, was Sokrates die drei Seelenteile nennt: Intellekt, Emotionen, Affekte. Wo wir mit uns im Einklang sind, wo unsere Seele mit sich selbst übereinstimmt, da ist sie gut, da hat sie ihre Tugend, ihre *areté*, wie das auf Griechisch heißt – ein Begriff, der wörtlich übersetzt nichts anderes bedeutet als »Bestheit« oder »Optimum«.

Die Frage, die sich nunmehr stellt, ist freilich: Was können wir dafür tun, dass sich die Seele, die wir in der Tiefe unseres Daseins sind, so entfaltet und entwickelt, dass sie ihre Bestheit wirklich ausprägt? Die Antwort haben Sie bereits vernommen: Der Weg zur Bestheit ist die Bildung, das Herausbilden jenes Zustandes der inneren Balance und Stimmigkeit. Der Weg der Bildung dient dazu, die Menschenseele zuerst von den Zwängen und oberflächlichen Engführungen des Ich zu befreien und sie dann so zu stärken und zu unterstützen, dass sie ihrer naturgemäßen und wesentlichen Sehnsucht (Eros) nach ihrer stimmigen Bestheit freien Lauf gewähren kann. Ganz so, wie der Weg der Heilkunst dazu führt, den Menschenleib darin zu unterstützen, zuerst von den Zwängen und oberflächlichen Engführungen eines fremdbestimmten und ungesunden Lebensstils zu befreien und ihn sodann darin zu unterstützen und zu stärken, dass seine naturgemäßen Selbstheilungskräfte und deren Drang zur Gesundheit entfesselt werden.

Bildung als Ausbildung der Tugend ist das Mittel der Wahl, wenn es darum geht, Menschen dazu zu befähigen, wirkliche Entscheidungen zu treffen und nicht den vermeintlichen Zwängen der egoistischen Fernsteuerung im Stile eines Gyges zu erliegen. Wäre dieser – so die Pointe des Sokrates – nicht ein Hirte, sondern ein gebildeter Mensch gewesen, er hätte die Freiheit gehabt, sich gegen seine kriminellen Machenschaften und für ein

Leben im Dienste der seelischen Tugend zu entscheiden (... was freilich Hirten gegenüber unfair ist. Sokrates war Städter...). Die mangelnde Bildung war die Ursache und nicht ein natürlicher Drang. Es war auch nicht das heute so gern und irrtümlicherweise beschworene egoistische Gen, das ihn zu seinem Tun verleitet hat. Nein, wäre Gyges gebildet gewesen: Der alte lykische König wäre noch am Leben ...

Tanz, Gymnastik und Musik

Was aber heißt hier Bildung? Ganz sicher geht es nicht um die Vermittlung großer Mengen theoretischen Wissens. Das antike Bildungsverständnis des Sokrates hat mit dem, was heute als Bildung an Schulen und Universitäten angeboten wird, herzlich wenig zu tun. Was Bildung für den guten Sokrates bedeutet, kann hier nur ansatzweise skizziert werden, denn tatsächlich braucht Platon weitere acht Bücher, um Sokrates mit der erforderlichen Liebe zum Detail ein Bildungsprogramm entfalten zu lassen, das dem, der es absolviert, ein wirklich gutes Leben in Aussicht stellt: ein Leben, bei dem die Seele sich zur vollen Schönheit, Harmonie und Stimmigkeit entfalten und ihre ungetrübte Tugend ausbilden kann.

Nur so viel sei erwähnt: Platon meint, die Grundlagen auf dem Weg zum guten Leben einer voll erblühten Seele sollten schon im frühen Kindesalter gelegt werden. Und zwar keineswegs durch Wissenserwerb oder theoretische Belehrung, sondern durch drei Unterrichtsfächer, denen Platon bzw. Sokrates die größtmögliche Aufmerksamkeit zuwendet: Musik, Gymnastik und Tanz. Erstaunlich, oder? Erstaunlich, aber konsequent, denn auf diesem Wege, so die alten Philosophen, wird dem jungen Menschen ein Sinn, ein Gespür, ein Gefühl für Harmonie, Gleichgewicht und Stimmigkeit gleichsam einverleibt: Rhythmusgefühl, Taktgefühl, ein sicheres Gespür für das, was stimmt und was nicht stimmt. Später dann, so die Ausführungen des

Sokrates in Platons »Staat« (wie auch in seinem letzten großen Werk über die Gesetze), sollte darauf der kognitive Unterricht aufbauen, der mithilfe von Mathematik, Astronomie, Harmonik und Philosophie die großen harmonischen Strukturgesetze des Lebens und der Natur auch im Außen erkennbar macht und darin den Sinn für das Gute, Wahre und Schöne in der Menschenseele festigt. Das geschieht nicht, um sich in schöngeistiger Kulturbeflissenheit zu ergehen, sondern um dem eigenen Menschsein zu genügen, einen ethischen Orientierungssinn zu gewinnen und in der Lage zu sein, gute Entscheidungen zu treffen – gute, wahre, schöne und wesentliche Entscheidungen, die nicht der Maßgabe eines flachen Bildes des Selbst folgen, sondern der Maßgabe dessen, was wir wesentlich sind und wahrhaft sein können: voll erblühte Seelen.

Richtungssinn und Kompass

Von hier aus wird nun auch ersichtlich, inwiefern Bildung – als Bildung zur Tugend verstanden – der kostbarste Entscheidungshelfer Ihrer Seele ist: weil Bildung Ihre Seele mit einem sicheren Richtungssinn versieht, der stark genug ist, auch in Ihr Ich hineinzustrahlen. Bildung – und zwar unbedingt im ganzheitlichen Sinne, der die physische und emotionale Bildung umfasst – verschafft Ihnen einen zuverlässigen Kompass, der Ihnen bei allen Entscheidungen die Richtung weist, die Ihre Seele auf Ihrem Weg zur vollen Blüte einschlagen sollte.

Bildung erzeugt Tugend. Wer im antiken Sinne tugendhaft geworden ist, wird, ohne je strategisch kalkulieren zu müssen, die richtigen Entscheidungen treffen: wer der Richtung der Seele auf ihrem Weg zu einem erfüllten und wahrhaft menschlichen Leben folgt.

Kommen wir zurück zu Gyges: Hätte er das Glück gehabt, einem Sokrates zu begegnen und von ihm »zum Menschen gebildet« zu werden, er hätte einen anderen Weg gewählt. Nicht aus moralischem Gehorsam oder billigem Gutmenschentum, sondern angetrieben von jenem sonderbaren »Egoismus« der Seele, den die Griechen Eros nannten; und dem es überall darum zu tun ist, Stimmigkeit und Harmonie, Balance und Einklang zu erzeugen. Er weist Entscheidungen, wo er von den Fesseln unseres kleinen, Ich-versessenen Egoismus befreit ist, die richtige und gute Richtung: die Richtung zur Harmonie der Seele, als welche Sokrates das deutet, was die Griechen Gerechtigkeit nannten. So kann er zuletzt für sich in Anspruch nehmen, er habe »bei der Gerechtigkeit an und für sich, ohne alle Rücksicht auf Belohnung, gefunden, dass es für das Herzstück des Menschen, die Seele, das Beste sei, gerecht zu handeln, mag sie nun den Gygesring haben oder nicht.«[91]

Mit diesen Einsichten in die Entscheidungskunst der Seele ausgestattet, kehren wir nun zurück in die Gegenwart und zu alltäglichen Situationen, die Entscheidungen verlangen.

TAKTGEFÜHL: KARIN BRICHT DIE REGEL

Hans und Karin sind bei Freunden zum Essen eingeladen. Sie waren schon länger nicht dort, und so erklärt sich wohl, dass ihre Gastgeber vergessen haben, dass Karin schon seit Jahren kein Fleisch mehr isst. Nicht, weil sie es nicht vertragen würde, sondern weil sie die Tötungsindustrie der Schlachtbetriebe nicht unterstützen will, wie sie ihre Entscheidung zu erklären pflegt. Und nun kommt es, wie es kommen muss: Der Herr des Hauses tischt einen Rinderschmorbraten auf, für den er, wie er nicht ganz unbescheiden mitteilt, »seit gestern Mittag in der Küche« stand. Der Stolz und die freudige Erwartung stehen ihm ins Gesicht geschrieben. Seine Partnerin hat schon das Aufgebestecke in der Hand, da gewahrt sie Karins leicht verwirrten Blick und den Schweiß auf der Stirn von Hans. »Stimmt was nicht?«, fragt sie verunsichert. Hans winkt ab und sagt nur: »Alles gut, das sieht ja köstlich aus.« Und Karin ergänzt: »Oh ja, aber für mich trotzdem nur eine kleine Portion, bitte.« Da strahlt der Gastgeber, und alle vier verbringen einen zauberhaften Abend voller Leichtigkeit und Freude.

Auf dem Heimweg nimmt Hans seine Karin in den Arm: »Was war denn das?«, fragt er. »Das war das erste Mal, dass du von deinen Prinzipien abgewichen bist.« Karin lächelt: »Ja, aber weißt du, ich spürte, dass ich uns allen den Abend versauen würde, wenn ich jetzt sage, dass ich Vegetarierin bin. Das war es mir nicht wert. Ich habe es einfach geschehen lassen.«

Sie ahnen schon, was kommt: Karin handelt so, wie wir es nach dem im vorherigen Abschnitt Vernommenen von einem Menschen erwarten könnten, sollte er schon in früher Kindheit das alte sokratisch-platonische Bildungscurriculum durchlaufen und einen feinen Sinn für Stimmigkeit ausgebildet haben: eben für das, was man auch Taktgefühl nennen kann. Es wurzelt durchaus in der Tiefe der Seele, und es macht sich immer da bemerkbar, wo jemand – oft ohne viel darüber nachzudenken – bei seinen Entscheidungen von dem Impuls geleitet ist, das Gleichgewicht eines Systems nicht zu gefährden oder dessen Harmonie wiederherzustellen.

Tatsächlich nämlich geht es der Seele (und dem in ihr mächtigen Eros) nicht allein um die innere Harmonie, die Übereinstimmung der Seele mit sich selbst, den Einklang von Kopf, Herz und Bauch – nein, es geht ihr nicht minder um die Übereinstimmung des Menschen mit seinem Umfeld: um eine gute Integration in das Ganze, um den »Familienfrieden«, die soziale Gerechtigkeit und die ökologische Balance im Umgang mit der Natur. Wer nicht aus der

Ihr Taktgefühl ist ein Entscheidungshelfer – ein Entscheidungshelfer, der aus Ihrer Seele kommt und Ihnen dabei hilft, den richtigen Weg zu wählen: den Weg, der dem Maßstab Ihrer Seele und Ihrer Sehnsucht nach voll erblühtem Leben folgt; den Weg, der für Ihr Leben Harmonie und Stimmigkeit erstrebt.

Haltung des Ich heraus lebt und sich als rationales Ego sieht, sondern wer als Seele agiert und entscheidet, wird immer das Ganze und dessen Stimmigkeit im Blick haben – wohl wissend, dass die Stimmigkeit des Ganzen, dessen Teil er ist, für den eigenen Seelenfrieden eine unabdingbare Voraussetzung ist.

So auch Karin. Sie hat Taktgefühl. Sie hat die seelische Intelligenz in sich ausgebildet und freigelassen, die ihr sogleich signalisiert, dass es nicht stimmen würde, wenn sie in der gegebenen Situation auf ihren Prinzipien oder Ansichten bestehen würde. Sie lässt, wie sie selbst sagt, »es geschehen«, was so viel heißt wie: Sie lässt ihre Seele machen und stellt ihr Ich zurück.

EINFÜHLUNG: RAINER VERSCHENKT EINE ROSE

Immer um die Mittagszeit macht Rainer mit seiner Freundin einen Spaziergang. Tagein, tagaus führt ihr Weg sie an einer Bettlerin vorbei, die zusammengekrümmt auf dem Boden kauert und ihre ausgezehrte Hand dem Paar zustreckt, um ein Geldstück zu erbitten. Rainer gibt nie etwas. Seine Freundin jedoch hat ein gutes Herz. Jedes Mal kramt sie in ihrer Tasche nach einer Münze, um sie der alten Frau in die offene Hand zu legen. Ohne ein Wort oder eine Geste des Dankes lässt die Frau das Geldstück in ihrem Gewand verschwinden.

Eines Tages wird es Rainers Freundin zu bunt: »Warum gibst du dieser armen Frau nichts«, fragt sie ihren Begleiter. Rainer schaut sie an und sagt: »Wir müssen ihrem Herzen schenken, nicht ihrer Hand.« Am nächsten Tag hat Rainer eine eben aufgeblühte weiße Rose mitgebracht. Als er und seine Freundin bei der Bettlerin vorbeikommen, legt er die Rosenblüte in die Hand der Frau. Die Frau blickt zu ihm auf, erhebt sich mühsam, tastet nach der Hand des Gebers, küsst sie und geht mit der Rose in der Hand davon.

Ich gebe zu: Die Geschichte ist geklaut. Man findet sie im Internet auf Hunderten von Seiten. Ihr Held ist kein Geringerer als der Dichter Rainer Maria Rilke, seine Begleiterin eine namentlich nicht genannte Französin. Das Ganze soll sich in Paris zugetragen haben. Leider findet sich auf keiner der vielen Internetseiten eine Quellenangabe, sodass die Story wohl eher in die Rubrik Wandermythen gehört. Aber uns kann das egal sein, weil sie so oder so auf charmante Weise von einer Entscheidung handelt, die ich mir nun mit Ihnen genauer ansehen möchte.

Wir haben, wie Sie sich erinnern werden, schon in früheren Kapiteln Straßenszenen angeschaut, bei denen es um Bettler oder Bedürftige ging. Dabei sind uns Menschen begegnet, die sich dafür entschieden, den Hilfesuchenden etwas zu geben, und solchen, die es nicht taten. Unterschiedliche Motive oder Entscheidungshelfer konnten dabei identifiziert werden: religiöse Faktoren, Informationen oder die Stimme des Gewissens. Wer oder was aber ist hier die treibende Kraft, die Rainer dazu veranlasst, der Bettlerin die Rose zu geben?

Die Antwort, die er selbst uns gibt, ist einfach: »Wir müssen ihrem Herzen schenken.« Sie verrät eine Haltung, die nicht an der Oberfläche abprallt und deshalb in der Bettlerin nicht nur eine mittellose Frau sieht, die Geld erbittet. Rainers Blick reicht tiefer. Er sieht nicht nur die äußere Erscheinung jener Bettlerin, sondern er sieht in ihrer Tiefe eine Seele, die sich nach Liebe und Beachtung sehnt. Er

Wer mit dem Herzen zu sehen vermag, der erkennt auch, was jeweils tunlich ist.

sieht das ausgezehrte Herz und erkennt, dass es noch mehr leidet als die ausgezehrte Hand. Und dieses Herz erblickt er nicht mit seinen Augen, sondern mit eben dem Organ, mit dem man es allein erblicken kann: mit seinem eigenen Herzen – ganz im Sinne des berühmten Wortes aus Antoine de Saint-Exupérys »Der kleine Prinz«, das da lautet: »Man sieht nur mit dem Herzen gut, das Wesentliche ist für die Augen unsichtbar.«[92]

Der Blick von Herz zu Herz ist freilich eine poetische Metapher für das, was man heute meist Empathie oder schöner noch Einfühlung nennt. Es ist das wunderbare Vermögen des Menschen, sich emotional in die Situation eines anderen zu versetzen und sich auf diese Weise mit ihm in der Tiefe zu verbinden. Es ist eine Art von Resonanz, die zwischen zwei Seelen schwingt und die es ihnen erlaubt, einander zu verstehen. Rainer jedenfalls ist in der Lage zu erspüren, was der Bettlerin tatsächlich fehlt. Er ist mit seiner Seele bei ihr; und seine Seele ist es – nicht sein Intellekt, schon gar nicht sein Kalkül –, die in ihm die Entscheidung motiviert: zunächst, der Bettlerin kein Geld zu geben; ihr dann aber eine Rose in die Hand zu legen.

Es ist eine Entscheidung, die seine Seele trifft und nicht sein Ich. Und sie bezeugt ein hohes Maß an seelischer Gesundheit oder Intuition. Das heißt nicht, dass Rainer sich bei seiner Entscheidung nichts gedacht hätte. Er hat dabei durchaus von seinem Kopf Gebrauch gemacht, wie seine kluge Antwort klar bezeugt:»Wir müssen ihrem Herzen schenken, nicht ihrer Hand.« Es ist ein Gedanke, der hier ausgesprochen wird. Stark daran ist, dass mit diesem Gedanken das Ich seine Entscheidung an die Seele delegiert. Er ist im Ich geboren, und er nötigt es zugleich, sich selbst zurückzustellen und der Seele Raum zu geben, das zu tun, was nach ihrem Maßstab tunlich ist.

Ein Zeichen wahrer Reife: Das Ich nimmt sich selbst zurück und delegiert die Entscheidung an die Seele.

Und was ist nach ihrem Maßstab tunlich? Der Frau nicht Geld, sondern lebendige Schönheit zu geben: nichts, was das Ego nährt, sondern die Seele, deren Bedürftigkeit seine eigene Seele kraft ihres Einfühlungsvermögens sich selbst spürt. Das Einfühlungsvermögen avanciert somit zum seelischen Entscheidungshelfer Rainers. Wenn Sie es lieber neurophysiologisch haben wollen, könnte ich ebenso sagen: Die Spiegelneuronen, kraft derer wir uns in die Lage eines anderen Menschen versetzen können, leisten hier die entscheidende Entscheidungshilfe. Aber das ist einerlei. Wirklich wichtig ist, dass die Seele mittels des Fühlens – des Einfühlens – entscheidet, was zu tun ist.

Wenn Sie nach Maßgabe dessen, was Ihnen wirklich guttut, entscheiden wollen, dann sollten Sie sich angewöhnen, das Kalkül und die Berechnungen Ihres Ich hintanzustellen und sich nach Möglichkeit in die Seele der betroffenen anderen einzufühlen. Wo Sie das tun, erschließt sich Ihnen das Wissen, das Sie brauchen, um im Dienste ihres eigenen und des Lebens überhaupt entscheiden zu können.

So wie es Rainer tat. Das jedenfalls legt das Ende der Geschichte von Rilke und der Rose nahe: Eine Woche lang ist die Alte verschwunden, der Platz, an dem sie vorher gebettelt hat, bleibt leer. Vergeblich sucht die Begleiterin Rilkes eine Antwort darauf, wer wohl jetzt der Alten ein Almosen gebe. Nach acht Tagen sitzt die Bettlerin plötzlich wieder wie früher am gewohnten Platz. Sie ist stumm wie damals, wiederum nur ihre Bedürftigkeit zeigend durch die ausgestreckte Hand. »Aber wovon hat sie denn all die Tage, da sie nichts erhielt, nur gelebt?«, fragt die Französin. Rilke antwortet: »Von der Rose ...«

Tatsächlich spricht vieles dafür, dass das Gefühl der Kompass ist, der Ihre Seele auf dem Weg zu Ihrer Blüte leitet. Die Seele sieht nur mit dem Herzen gut. Und ebenso kann sie nur mit dem Herzen gut entscheiden.

Die treuesten Entscheidungshelfer Ihrer Seele sind Ihre Gefühle. Sie zuzulassen oder freizulassen, sie auszubilden und zu stärken, ist der Beitrag, den Ihr Ich zu leisten vermag, wenn es Sie zur Meisterschaft in der Entscheidungskunst entlassen mag. Es selbst muss dafür weitgehend abdanken und es geschehen lassen, dass Taktgefühl, Mitgefühl und Sinn fürs Stimmige das Heft des Handelns übernehmen.

Die Kunst der seelischen Entscheidungsfindung ist nicht ein Machen oder Können, sondern ein Geschehenlassen. Mehr können Sie als Ich nicht tun, als Ihre Seele dazu auszubilden, dass sie für Sie entscheiden lernt – bzw. dass Sie als Seele entscheiden lernen. Nicht immer aber steht es gut um unsere Seele. Oft ist sie krank oder verstummt. Und manchmal geht sie in die Irre. Das ist kein Wunder, leben wir doch in einer vom Homo oeconomicus bis in den letzten Winkel verwalteten Welt, die wohl fortwährend unserem Narzissmus in die Hände spielt, dabei jedoch die Seele darben lässt. Die Folgen davon lassen nicht lange auf sich warten, wir sehen sie allenthalben: Die Menschen werden krank und seelisch impotent. Und ist nur erst dieser bejammernswerte Zustand da, verlieren sie ihre schöpferische Kraft der Kreativität und der Entscheidungsfähigkeit.

Wo das der Fall ist, hilft nur noch die Therapie – oder eine Seelsorge, die ihres Namens wirklich würdig ist. Denn gute Therapeuten oder Seelsorger verfügen über Kenntnisse, wie Sie mit Ihrer Seele wieder in Beziehung treten können. Sie kennen Wege, die es Ihnen erlauben, die meist erstarrte oder vereiste Oberfläche Ihres Ich transparent und durchlässig zu machen, sodass Sie sich zu Ihrer Seele überhaupt erst wieder ins Verhältnis setzen können. Und wenn sie – also Ihre Therapeuten oder Seelsorger – gut sind, dann geben sie Ihnen auch Methoden an die Hand, mit deren Hilfe Sie mögliche Verkrampfungen und Verspannungen Ihrer Seele auflösen können, sodass Sie wieder frei und ungezwungen Ihrem inneren Streben nach Harmonie und Einklang folgen können.

THERAPIE? PHILOSOPHIE?

Die Zahl dieser Methoden ist unüberschaubar: Gestalttherapie, Gesprächstherapie, Logotherapie, Systemische Therapie, Psychoanalyse.... – und das alles in Hunderten von Spielarten. Ein philosophischer Ratgeber wäre – offen gestanden – völlig überfordert, wollte man von ihm verlangen, dass er dieses weite Feld durchmisst, ordnet, beurteilt und nach Entscheidungshilfe-Qualität für Sie erschöpfend aufbereitet. Sehen Sie mir bitte nach, dass ich das nicht leisten kann! Und es auch nicht leisten mag.

Was aber kann ich Ihnen bieten? Am ehesten doch wohl die eigene Erfahrung. Denn es ist so: Ich war einmal in einer schwierigen Entscheidungssituation, bei der mir alle bislang vorgestellten Entscheidungshelfer nicht wirklich weiterhelfen konnten. Es ging dabei um eine wesentliche, existenzielle Entscheidung über meinen weiteren Lebensweg. Und irgendwie ahnte ich, dass der Grund meines Nicht-Vorankommens gut versteckt in der Tiefe meiner Seele liegen würde: dass mein Seelengefüge irgendwie in sich verknotet oder verheddert war, sodass die Seele in mir auf der Stelle trat. Also fasste ich den Beschluss, jemanden zu konsultieren, der mit mir auf Tauchfahrt gehen könnte: einen Kommandeur und ein Tauchgerät, mit dem ich mich aufs Abenteuer des Tiefseetauchens würde einlassen können; in der Hoffnung, dass mir diese Tauchfahrt zum Entscheidungshelfer werden könne.

SEELISCHES AUFRÄUMEN: CHRISTOPH WIRD FREIBERUFLER

Es ist eine Sackgasse. Es geht weder vor noch zurück. Am Ende können beide Seiten nicht umhin, das einzusehen. So bleibt nur noch die Trennung. Die Kündigung wird geschrieben, die Wege führen auseinander. So weit, so gut. Doch wie soll es weitergehen? Christoph hat keine Ahnung. Einerseits erscheint es ihm reizvoll, den Schritt in die Freiberuflichkeit zu wagen, sein eigener Herr zu sein, von zu Hause aus zu arbeiten, niemandem rechenschaftspflichtig zu sein. Andererseits stehen ihm die Schweißperlen auf der Stirn, sobald er sich das konkret ausmalt. Da übermannt ihn die Angst vor der Ungewissheit, vor der Abhängigkeit von Auftraggebern. Die Zeit verstreicht. Halbherzig schreibt er Bewerbungen, die er wieder zurückzieht. Halbherzig unternimmt er Schritte für die Freiberuflichkeit, an die er in der Tiefe seines Herzens nicht glaubt. Er wird immer unruhiger und unzufriedener. Endlich hält es seine Frau mit ihm nicht länger aus. Sie gibt ihm einen liebevollen Tritt in den Hintern: »Lass dir helfen«, sagt sie. Und Christoph folgt ihrem Rat. Er sucht einen Therapeuten auf, der eine ungewöhnliche Methode vorschlägt: den Voice Dialogue.

In der Therapiesitzung wird Christoph in eine leichte Trance versetzt. Das ermöglicht es dem Therapeuten, mit Christophs »innerem System« in Verbindung zu treten. Man kann sich das vorstellen wie eine Art Chor der inneren Stimmen, die im Unbewussten der Seele aktiv sind. Eine dieser Stimmen drängt sich dabei in den Vordergrund. In Christophs Imagination ist es eine dunkel gewandete Gestalt, deren Antlitz er nicht erkennen kann. Diese Gestalt nimmt ihn ständig unter Beschuss, bremst ihn aus, ermahnt ihn, erhebt Einwände. Sie ist mächtig und votiert mit Verve gegen die Freiberuflichkeit. Später wird Christoph erfahren, dass dies die Stimme des »inneren Kritikers« ist, in der sich viele von seiner Familie ererbte Gedankenmuster und -ängste verdichtet haben. Im Zuge der Therapiesitzung wird nun ein Gespräch der inneren Stimmen in Gang gebracht, sorgfältig moderiert vom Therapeuten. Am Ende steht zwar keine eindeutige Entscheidung, welchen Weg Christoph einschlagen wird – aber er hat ein besseres Verständnis für die Dynamiken seiner Seele gewonnen, das ihm erlaubt, sich freier und souveräner zu sich selbst zu verhalten. Er weiß nun, was ihn bremst und blockiert. Und dadurch, dass er die dunkle Kraft in seinem Inneren benennen kann, verliert sie ihre Macht über ihn. Nach ein paar Wochen ist der Weg frei. Christoph wird Freiberufler.

Bestimmt haben Sie schon einmal etwas Vergleichbares durchlitten: Es gibt nun einmal im Leben diese Situationen, bei denen wir auf der Stelle treten und einfach nicht vorankommen. Es scheint unmöglich, eine Entscheidung zu treffen. Vielmehr geht es uns wie Buridans Esel: Wir hängen zwischen Baum und Borke und sehen überhaupt keinen Anhaltspunkt, der uns als Entscheidungshelfer die ersehnte Lösung, den erhofften Ausweg zeigen könnte. Verhängnisvollerweise tritt das meistens dann auf, wenn es um die wirklich großen Lebensthemen geht: Partnerschaft, Karriereplanung, Umzüge und dergleichen.

Immer dann, wenn viel auf dem Spiel steht, droht das innere Patt, das innere Verrecken zwischen den in Aussicht gestellten Heuhaufen ... Was dann?

In solchen Situationen ist es recht wahrscheinlich, dass Sie innerlich verstrickt sind: dass Ihre Seele mit sich selbst uneins ist, disharmonisch, in sich blockiert. Das Bild eines chaotischen inneren Stimmenensembles beschreibt den Missstand ziemlich gut: Alles geht durcheinander, nichts passt, die Sänger treten sich gegenseitig auf die Füße, stimmen unterschiedliche Tonlagen an, bremsen sich gegenseitig aus. Der Chor ist aus dem Gleichgewicht, er hat seine innere Mitte verloren, muss neu gestimmt werden, damit es wieder rundläuft. Denn so wie es ist, kann es nicht bleiben. Nicht nur, weil es nicht vorangeht und nichts

Schönes oder Ansehnliches mehr zustande kommt, sondern auch, weil die Sänger extrem viel Lebenszeit und Lebensenergie aufwenden, um als disharmonisches System irgendwie bestehen zu können. Der Mensch, dessen Seele ebenso uneins und verworren ist, fühlt sich mitunter völlig matt und ausgebrannt. Und das macht auf die Dauer auch den Körper krank.

Wer unter solchen inneren Blockaden oder Verstrickungen leidet, kann keine existenziellen Entscheidungen mehr treffen, denn die wesentliche Instanz seines Lebens, die Seele, ist gleichsam verstummt, in sich verknotet, paralysiert. Erst wenn sie wieder entknotet und frei ist, kann sie sich orientieren und ihren Weg zu Blüte und Fruchtstand weitergehen.

Die meisten Fälle von Entscheidungsschwäche haben ihren eigentlichen Grund in seelischen Verstrickungen. Hier kommt das Ich nicht weiter – nicht aus eigenen Stücken, weil seine Methoden und Mittel für existenzielle Entscheidungen zu kurz greifen, aber auch nicht durch die bereits besprochenen seelischen Signale, weil die Seele eben nicht mehr eindeutige Signale zu senden vermag. Hier helfen dann tatsächlich nur noch innere Aufräumarbeiten: die Verfahren der systemischen Therapie, die das innere System der Seele auf irgendeine Weise handhabbar machen, um es dann neu zu stimmen.

Wenn ich Ihnen mit einer weiteren Erfahrung aus meiner eigenen Vita aufwarten darf, dann lassen Sie mich davon erzählen, wie es mir bei einem schweren inneren Konflikt in Sachen Partnerschaft und Liebe ging. Es gab zu dieser Zeit in meinem Leben zwei Frauen, die mich beide anzogen, die ich beide begehrte und die auch durchaus willens waren, meinem Werben nachzugehen. Eigentlich ganz schön, wenn es nicht eben zwei davon gegeben hätte. Ich konnte mich einfach nicht für eine der beiden – nein, falsch: gegen eine der beiden – entscheiden. In meiner damaligen Not folgte ich dem Rat eines weisen Mannes und meldete mich zu einer Familienaufstellung an. Es würde zu weit führen, den Verlauf hier darzustellen. Deutlich aber wurde dabei, dass mein innerer Konflikt zwischen beiden Frauen einen Konflikt meines inneren Systems abbildete: einen Konflikt zwischen der väterlichen und der mütterlichen Familienlinie. Dominiert von einer starken Mutterbindung, die durch die eine der beiden Frauen repräsentiert war, konnte ich nicht die Anbindung an die väterliche Linie und damit an meine männliche Kraft finden. Diese aber hätte mich zur anderen der beiden Frauen hingezogen. Das innere (Familien-) System war in Unordnung. Um es aufzuräumen, brachte mich der äußerst kundige Aufstellungsleiter dazu, mich gezielt meinem Vater und meiner väterlichen Familie zuzuwenden. In der Aufstellung wurde das praktisch verrichtet, indem ich mich vor die Reihe meiner männlichen Ahnen stellte. Das war stark. Es durchdrang mich mit einem Energieschub, der mich bis heute begleitet. Mit dieser Energie war es dann nicht mehr schwer, die richtige Entscheidung zu treffen – richtig nach Maßgabe der inneren Stimmigkeit meiner Seele, meines Seins. Ich – als meine Seele – entschied mich für die Frau, mit der ich noch heute verheiratet bin.

Es gibt viele Wege nach innen – es gibt viele Methoden, das innere Gleichgewicht der Seele (wieder-)herzustellen und den Chor der inneren Stimmen zu harmonisieren. Es liegt mir fern, die eine gegen die andere auszuspielen, aber ich will doch nicht verhehlen, dass mir die Richtungen besonders einleuchten, die einen systemischen Ansatz wählen.

Beim systemischen Arbeiten kann ich mir so gut bildlich vorstellen, was geschieht: Die ins Ungleichgewicht geratene Seele, die enorm viel Kraft aufbringen muss, um den inneren Kollaps zu vermeiden, wird so justiert und eingestimmt, dass sie zuletzt mit sich im Einklang ist. Das Bild, an das ich dabei immer denken muss, kommt aus der Welt des Sports: Ich lernte vor nicht vielen Jahren die Kunst des Skatens, eine bestimmte, dem Schlittschuhlaufen verwandte Technik beim Skilanglauf. Mit dieser Technik kommen Sie extrem schnell und kräftesparend voran, wenn Ihr Körper sie in einer perfekten Harmonie verrichtet. Dann ist Ihnen, als glitten Sie auf Wolken. Wenn aber Ihr Bewegungsapparat nicht gut eingestimmt ist und die Harmonie von Armen, Beinen, Hüften etc. auch nur im Geringsten gestört ist, dann strampeln Sie sich schweißgebadet ab, bis Sie voller Verzweiflung in den Tiefschnee sinken.

Genauso ist es mit der Seele: Wenn Sie mit sich im Einklang sind und alles glattläuft, dann wissen Sie in Ihrer Tiefe ganz genau, was Sie jeweils zu tun haben. Ihre Seele wird Sie nicht im Stich lassen, und wenn Sie dann noch vom Eros beseelt Ihrer Begeisterung folgen, wird Ihre Seele Ihr Ich sicher durch ein anregendes und erfüllendes Leben navigieren.

Deshalb sind Sie gut beraten, Seelsorge zu treiben und genau darauf zu achten, wie es um den großen Chor in Ihrer Tiefe bestellt ist. Und sollten Sie den Eindruck haben, dass dort Unstimmigkeiten auftreten und Ihnen die innere Führung entglitten ist, dann sollten Sie sich nicht scheuen, sich der Arbeit des Tiefseetauchens und des inneren Aufräumens zu unterziehen. Sie werden Ihnen schneller, als Sie denken, zu unverzichtbaren Entscheidungshelfern in allen existenziellen Konflikten.

Auch die Welt der Arbeit ist nicht frei von existenziellen Entscheidungen. Zwar glauben viele Manager und Führungskräfte, sie könnten sich darin allein mit den Instrumenten des Ich zurechtfinden; aber früher oder später werden sie einsehen müssen, dass sie dabei einer Illusion aufsitzen. Der Grund ist einfach: Auch wenn ihnen die Propagandisten des Homo oeconomicus einreden wollen, der Mensch sei nichts anderes als ein rationaler Egoist, dem es nur um seinen Profit geht, liegt die Wahrheit doch darin, dass auch sie eine Seele sind, die nach Erfüllung strebt: die blühen und Frucht tragen »möchte« – was allen Entscheidungen eine gänzlich andere Richtung gibt als diejenige, die die ökonomischen Spieltheorien uns vorzuschreiben versuchen. Wer wirklich führen will, muss deshalb in die Tiefe gehen. Das Potenzial, gute existenzielle Entscheidungen zu treffen, erschließt sich nicht durch strategisches Kalkül und Berechnungen, sondern durch eine solide und kontinuierliche Sorge für die eigene Seele – *epiméleia tés psychés*, wie Sokrates das nannte. Damit ist nicht gesagt, dass Sie als Führungskraft von einem Therapieworkshop zum nächsten hecheln müssten. Wieso auch? Sie sind ja nicht krank. Und folglich brauchen Sie auch keine therapeutischen Verfahren.

Was Sie brauchen, sind weit eher kleine spielerische Arrangements, die es Ihnen erlauben, Ihre Seele wirklich zur Sprache zu bringen. Auch davon gibt es eine ganze Reihe möglicher Alternativen. Und so manche davon finden Sie in den Methodenkoffern von Coaches und Beratern. Vieles davon ist der Psychologie entlehnt, manches der Esoterik, und einiges entspringt der Fantasie der Anbieter.

Aber gleichviel, ich beschränke mich hier auf einige wenige Ansätze, die ich selbst erprobt habe. Denn wenn es um die Seele geht, ist man gut beraten, nur dem zu folgen, was man selbst erfahren hat. Alle Entscheidungshelfer, die ich Ihnen in diesem Buch und speziell in diesem Teil hier vorstelle, haben sich gut bewährt, wenn es darum geht, die Seele in ihren Entscheidungen zu begleiten oder sie darin zu unterstützen herauszufinden, welchem Weg sie folgen wird.

SELBSTGESPRÄCH:
WALT HÄLT MIT SICH EINEN RAT

Von Walt Disney wird erzählt, dass er in schwierigen Entscheidungssituationen einen Rat mit sich selbst abhielt – nicht als inneres Gespräch wie beim Voice Dialogue, sondern als eine Art Monolog mit verteilten Rollen.[93]

Walt weiß es einfach nicht: Er weiß nicht, ob er einige Millionen in die Hand nehmen soll, um eine neue Produktion zu starten, oder es nicht doch lieber lässt. In einer solchen Situation greift er zu einem bewährten Verfahren. Er stellt drei Stühle in sein Büro: einen Stuhl für den Träumer in sich, einen Stuhl für den Kritiker in sich und einen Stuhl für den Praktiker und Geschäftsmann in sich. Und nun lässt er die drei miteinander streiten; und zwar so, dass er jedes Mal den Stuhl wechselt, wenn er einen anderen seiner drei Diskussionsteilnehmer zu Wort kommen lassen möchte. Alle finden sie dabei Gehör. Am Ende weiß Walt Disney, was er tun wird.

Der als Walt-Disney-Methode bekannte Monolog mit verteilten Rollen lässt sich als vereinfachte und alltagstaugliche Spielart des Voice Dialogue deuten. Der große Vorteil des Verfahrens besteht darin, dass Sie es auch ohne Helfer ganz für sich allein anwenden können. Denn den Träumer, den Pragmatiker und den Kritiker in sich zu finden, dürfte Ihnen kaum schwerfallen. Alles, was Sie darüber hinaus brauchen, ist die Fähigkeit, sich ganz in diese drei Rollen versetzen zu können, um auf diese Weise die ansonsten diffusen und oft unklaren Stimmen Ihrer Seele sich verlautbaren zu lassen. Das Stuhlarrangement ist dabei äußerst hilfreich, weil es Sie darin unterstützt, die jeweiligen Impulse zuzulassen. Natürlich lässt es sich auch ausweiten, sollten Sie den Eindruck haben, dass noch eine vierte Stimme aus Ihrem Inneren zu Wort kommen sollte.

Es geht bei der Methode nicht darum, Pro- und Contra-Argumente zu ermitteln und abzugleichen, sondern die einander widersprechenden, darin aber wirkmächtigen Unterströmungen Ihrer Seele ans Licht zu bringen. Wo Ihnen das gelingt, wird die innere Dynamik der Seele unterstützt. Die verschiedenen Stimmen kommen zur Sprache, werden ans Licht gebracht, können sich zeigen und verlieren dadurch ihre subversive Macht, die sie nur so lange haben, wie sie im Seelenuntergrund herumspuken. Zwar führt die Disney-Runde nicht sogleich zu einer definitiven Entscheidung, die drei Gesprächspartner stimmen am Ende auch nicht ab, aber es wird doch ein innerer Prozess angestoßen, in dessen Folge in der Regel die Entscheidung in der Seele wachsen und gedeihen kann. So braucht ein in der Methode kundiger Entscheider irgendwann nur noch die Entscheidung seiner Seele zu exekutieren. Und sie wird immer so ausfallen, dass sie vom Chor der Stimmen einvernehmlich vorgeschlagen wird.

Was Walt Disney erprobte, lässt sich ebenso, mit einer Formulierung Platons, als Dialog der Seele mit sich selbst beschreiben. Es ist also kein Disput zwischen Ich und Seele oder eine Interessenkollision im Inneren des Egowillens. Es ist das bewusste und an die Oberfläche des Bewusstseins gehobene Sich-Einstimmen der Seele auf das, was ihr im Ganzen wohltut und ihr Wachstum unterstützt. Das Gespräch ist dabei äußerst hilfreich. Wir werden in den nächsten Abschnitten noch klarer sehen, dass nichts der Seele als Entscheidungshelfer so guttut wie die Begegnung mit dem Anderen und Unbekannten, mit dem Anstößigen oder Provokanten. Von ihm kommt meist der beste Anstoß, wenn es darum geht, eine existenzielle Entscheidung zu finden. Dabei ist es am Ende zweitrangig, ob Sie den Dialog mit dem Anderen in sich selbst führen oder mit einem anderen Menschen in der Außenwelt. Der Andere, bis dato Unbekannte, die fremde Stimme, die Sie bislang überhörten: Es ist der Helfer, der Ihrer Seele dabei helfen wird, auf ihrem – Ihrem – Weg zum Selbstsein wirklich gut voranzukommen.

> *Das Schöne an der Disney-Methode ist: Sie ruft den Anderen und Fremden in Ihnen selbst auf. Sie erlaubt Ihnen, jederzeit in einen höchst spannenden Dialog zu treten. Das Einzige, was Sie brauchen, sind drei Stühle. Die sollten Sie in Ihrem Office ja irgendwie auftreiben können, und zu Hause sowieso.*

SPIEL: JULIA SPIELT THEATER

Verkauft sie, oder verkauft sie nicht? Julia ist Chefin eines Modelabels. Der Laden läuft gut, die Umsätze steigen, ein fettes Kaufangebot liegt auf dem Tisch. Jahrzehntelang hat sie geschuftet, hat die Firma aufgebaut, hat Leute eingestellt, hat Krisen durchgestanden. Jetzt ist sie Mitte fünfzig – und erschöpft. Die Ehe ist im Eimer, die Kinder sind erwachsen. Sie spürt in sich den Drang, ihr Leben umzukrempeln. Und jetzt winkt ihr die große Freiheit: die Chance, noch einmal durchzustarten und das Leben wieder rundzukriegen. Es klingt so gut: verkaufen, frei sein, endlich wieder in den Garten gehen, endlich wieder Zeit für Freunde haben, endlich wieder musizieren ... Und doch: Es will ihr nicht gelingen, den großen letzten Schritt zu gehen. Sie war bei Coaches, war beim Therapeuten. Und immerhin weiß sie seitdem, wo ihr Problem liegt: Immer, wenn sich vor ihrem inneren Auge ausmalt, wie es ist, vor die Belegschaft zu treten und ihren Leuten zu sagen: »Ich habe beschlossen, die Firma zu verkaufen«, tritt ihr der Angstschweiß auf die Stirn, und nackte Panik schießt durch ihre Adern. Sie weiß, dass diese Angst sie bisher davon abgehalten hat, die Unterschrift unter den Kaufvertrag zu setzen. Doch in ihr lodert weiterhin die Unruhe, den Deal bald unter Dach und Fach zu bringen.

Da trifft sie eine Freundin, die ihr von einem Coachingseminar erzählt, das sie zutiefst begeistert hat. Bei einer Schauspielerin sei sie gewesen, die mit ihr und einer Gruppe Theater gespielt habe – Improvisationstheater, um genau zu sein, bei dem man keine Rollen lernen müsse, wohl aber trainieren könne, wie es ist, etwas zu tun, was man sonst niemals täte; oder von dem man meint, es nie tun zu können. Da macht es »klick« in Julia. Sie ruft die Dame an, vereinbart einen Termin. Die beiden Frauen treffen sich, Julia schildert ihr Problem, und die Schauspielerin schlägt ihr vor, gemeinsam eine Rede von Maria Stuart einzuüben. So lernt sie, mit den Worten einer tapferen und starken

Frau zu sprechen. Beim übernächsten Termin beginnt sie schon, ihre eigene Rede durchzuspielen. Es dauert nicht mehr lange, dann kann sie vor ihre Leute treten und den Verkauf bekannt geben. Die Entscheidung dazu fiel ihr nicht mehr schwer.

Friedrich Nietzsche bemerkt einmal, die eigentliche »Reife des Mannes« bestehe darin, »den Ernst wiederzufinden, den man als Kind hatte – beim Spiel«[94]. Das ist ein starkes Wort, denn es erinnert daran, wie wichtig und hilfreich uns ein Spiel sein kann, wo scheinbar nur der Ernst des Lebens waltet – also im Geschäftsleben zum Beispiel. Dass Spielen eine ernste Angelegenheit ist, weiß jeder, der selbst spielt – oder wenigstens einmal Kindern beim Spielen zugeschaut hat. Denen sollten Sie besser nicht mit der alten Floskel kommen »Es ist ja nur ein Spiel«. Nein, es ist eben nicht nur ein Spiel, sondern es ist ein ernster Akt, in dem sich reifes Menschsein bekundet. Spielen, so merkwürdig es klingen mag, ist nicht für Kinder reserviert, sondern das Spiel ist ein Königsweg zum erwachsenen, verantwortungsvollen Menschsein. Vor diesem Hintergrund ist auch das weithin bekannte Wort Friedrich Schillers gesprochen, der Mensch sei eigentlich »nur da ganz Mensch, wo er spielt«[95].

Warum ist das so? Und warum verhilft das Spiel unserer Julia zum Durchbruch? Eine Antwort darauf gibt die zeitgenössische Hirnforschung. Gerald Hüther, einer der führenden Repräsentanten dieser Zunft, schreibt in dem Buch »Rettet das Spiel!«, »nur dann, wenn wir nicht mehr auf die vielfältigen Bedrängnisse und Notwendigkeiten reagieren müssen, die das Leben außerhalb des Spiels ständig für uns bereithält, sind wir in der Lage, wirklich frei zu denken und zu handeln. Dann erst können wir unbekümmert und ohne Angst erkunden und erproben, was alles möglich ist.«[96]

Was Hüther hier über kreative Gedanken und Einfälle sagt, lässt sich genauso gut auf Entscheidungen anwenden. Gute Entscheidungen können Sie treffen, wenn Sie in einem geschützten Raum durchspielen, wie es ist, diese Entscheidung umzusetzen.

Das genau ist ja, was Julia mit der sie coachenden Schauspielerin erprobt hat: Sie hat sich selbst in der Rolle gespielt, die zu spielen bis dato ihr Vorstellungsvermögen überstiegen hatte. Indem sie aber auf einer (fiktiven) Bühne stand und diese Rolle – in allem Ernst – für sich durchspielte, gab sie ihrer Seele die Chance, tastend, probend, versuchend, eben spielerisch die Erfahrung zu machen, wie es wohl wäre, auch jenseits der Bühne, im echten Leben der Firma, diese vermaledeite Rede zu halten, mit der sie den Firmenverkauf kundtun würde. Es war nur ein Spiel, aber eines, mit dem sie Ernst machen konnte.

DIE SEELE SPIELEND BEFREIEN

Theaterspielen hat eine erstaunliche Wirkung. Es lässt Ihre Seele frei. Denn der Zauber des Theaterspielens liegt darin, dass es bleibende Spuren in Ihnen hinterlässt. Was Sie einmal für sich leibhaftig durchgespielt haben, prägt sich als Erfahrung ins Körpergedächtnis ein. Unsere Julia weiß jetzt, wie es sich anfühlt, etwas glaubhaft und entschlossen auszusprechen, von dem sie ahnt, dass die Menschen, zu denen sie spricht, sich schwer damit tun werden. Und sie weiß auch, dass es sich gut anfühlt, die Dinge klar beim Namen zu nennen.

Diese emotional codierte Leiberfahrung macht das kreative Spiel zu einer unvergleichlichen existenziellen Lernerfahrung. Das geht aber nur im geschützten, durch eine Spielzeit, einen Spielraum und klar definierte Spielregeln markierten Raum. Sind diese Voraussetzungen erfüllt, dann kann nicht nur das improvisierte Theaterspiel, sondern dann können alle Spiele zu Brutkästen guter Entscheidungen werden.

Darauf sind letztlich alle Spiele angelegt, ob Sportspiele oder Brettspiele, Musikspiele oder Theaterspiele, Kampfspiele oder Liebesspiele, Kultspiele oder Geschicklichkeitsspiele – sie alle öffnen zweckfreie Spielräume, damit sich darin etwas zeigen kann, was sich außerhalb des Spielfeldes und der Spielzeit niemals zeigen könnte: Menschen zeigen ein anderes Gesicht, schlüpfen in andere Rollen, erproben nie gekannte Emotionen, spielen Gedanken und Strategien durch, erschließen brachliegende Fertigkeiten. Ein jedes Spiel ist – genau genommen – eine Bühne, auf der sich die Seelen der Spielenden zeigen können: mal in ihrer Sehnsucht, mal in ihrer Bedürftigkeit, mal in ihrem wahren Wesen. Schon Platon soll gesagt haben: »Beim Spiel kann man einen Menschen in nur einer Stunde besser kennenlernen als im Gespräch in einem Jahr.«

Spiele öffnen Freiräume für eine Tiefendynamik Ihrer Seele, in deren Folge Sie sich sortieren und ordnen und daraufhin klare Entscheidungen treffen können.

Ähnlich wie bei der Disney-Methode oder auch bei manchem therapeutischen Verfahren geben sie Ihnen die Chance, Ihr inneres Gleichgewicht herzustellen, innere Harmonie zu erzeugen und dadurch die Energie freizusetzen, die Sie brauchen, um entschlossen die Entscheidungen herbeizuführen, die Sie auf dem Weg zu einer voll erblühten und entfalteten Lebendigkeit voranbringen.

Spiele sind wertvolle Entscheidungshelfer. Zumal sie auch noch Spaß machen. Lassen Sie Ihre Seele spielen, lassen Sie sie durchspielen und ausspielen, was in ihr steckt. Sie werden verblüfft sein, wie schnell Sie dabei die gesuchte Entscheidung finden.

Auch beim Theaterspiel haben Sie die Chance, den Anderen, die Andere, den Unbekannten und die Fremde in sich aufzurufen, auf die Bühne zu stellen, kennenzulernen, zu erproben und durchzuspielen. In diesem Spiel werden die im Konflikt verstrickten oder verdrängten Anteile in Ihrem Inneren lebendig. Und das ist gut, denn Sie brauchen gerade Ihre dem Ich unbekannten Facetten Ihres Seins, um mit vollem Ernst und entschlossen Ihre Entscheidungen zu treffen. Sie treffen sie, indem Sie das innere Gleichgewicht Ihrer Seele treffen, was sie, also Sie, trefflich entscheiden lässt.

Was jetzt kommt, hat sich schon abgezeichnet: die Ausweitung der Entscheidungszone. Bislang haben wir – von wenigen Ausnahmen abgesehen – so getan, als könnten und müssten wir unsere Entscheidungen allein treffen; als sei es gleichsam ein Naturgesetz, dass wir als Entscheider einsam sind und uns deshalb in uns selbst zurückziehen müssten, um zu guten Entscheidungen zu kommen. Für das Ich ist das eine ausgemachte Sache, meint es doch, bei seinen Entscheidungen allem voran herausfinden zu müssen, was es wirklich will. Und das kann das Ich natürlich nur selbst wissen. So denken wir – und damit kommen wir tatsächlich auch so lange leidlich gut zurecht, wie wir es mit Entscheidungen zu tun haben, die sich in der flachen Dimension des Ich bewegen: wie ich meine Wünsche erfülle, meine Bedürfnisse befriedige, meine Vorteile erwirtschafte etc.

Auch da, wo wir gelernt haben, bei unseren Entscheidungen die Stimme aus der Tiefe unserer selbst zu konsultieren, bleiben wir beim Entscheiden meist allein. Wohl lassen wir es zu, dass unsere Seele uns etwas zu sagen hat; doch das Gespräch, dass wir als Ich mit uns als Seele führen, bleibt zuletzt dann auch ein Selbstgespräch, dass wir mit uns allein halten.

Das wird erst anders, wo Sie sich der Meisterschaft der Entscheidungskunst annähern: wo Sie nicht mehr als Ich und auch nicht als Ich unter Zuhilfenahme der Signale Ihrer Seele entscheiden, sondern wo Sie als Seele entscheiden, wo Sie Ihrer Seele das Entscheiden überantworten. Wo Sie als Seele, wo Sie in der Seelendimension Ihres Daseins entscheiden, öffnet sich die Perspektive für das Andere, den Anderen, die Andere. Als Seele entscheiden Sie nicht allein, sondern im Gespräch: im inneren Gespräch mit dem oder der Anderen Ihrer selbst in Ihnen. Oder im Gespräch mit dem oder der Anderen da draußen in der Welt, die Ihnen etwas zu sagen haben, was Sie noch nicht wussten oder kannten – die Ihnen die Perspektive öffnen, die bisher durch Ihre blinden Flecken verschattet waren. Sie bringen eine Saite Ihrer Seele in Ihnen zum Klingen, von deren Existenz Sie bislang noch nichts wussten, und machen das in Ihnen sichtbar, was Sie stets dabei behinderte, die Entscheidungen zu treffen, die Ihrem Seelenwachstum wirklich dienlich sind und Sie zu Harmonie und Einklang führen.

Wenn Sie vor einer existenziellen Entscheidung stehen, bei der es um das Sein Ihrer Seele und nicht um die Habe Ihres Ich geht, sind Sie deshalb immer gut beraten, die Stimmen anderer zu vernehmen und mit ihnen das Gespräch zu suchen. Mehr noch, Sie sind gut beraten, das zu tun, was Ihrem Ich am schwersten fällt: andere um Hilfe zu bitten. Die Hilfe anderer – ob Coaches oder Therapeuten, ob Freunde oder Ehepartner – ist meist der beste, wichtigste und manchmal sogar billigste Entscheidungshelfer. Darum, äußerst wichtig: Lassen Sie sich helfen!

Warum fällt Ihnen das so schwer? (Es fällt Ihnen schwer, sonst würden Sie jetzt nicht dieses Buch lesen – worüber ich mich sehr freue –, sondern mit einem Freund oder einer Freundin im Wald spazieren.) Es fällt Ihnen so schwer, weil Sie immer da, wo Sie andere um Hilfe bitten, Ihre Schwachstellen offenbaren, Ihre wunden Punkte zeigen. Es sind die Punkte, an denen die ansonsten so feste und sichere Oberfläche Ihres Ich porös ist: die Punkte, an denen es wehtut, wo Sie verletzbar sind. Genau genommen sind es diese Punkte, mit denen Sie bei Ihren Entscheidungen am sichersten navigieren können. Nicht, indem Sie – was Sie als Ich zumeist tun – mit großer Sorgfalt an Ihnen vorbeisteuern, sondern indem Sie geradewegs auf diese vermaledeiten Klippen zusteuern, denn hinter ihnen liegt die Kraft und Energie der Seele, die Sie brauchen, um wirklich relevante Entscheidungen treffen zu können. Der US-amerikanische Dichter David Whyte, dem ich sehr viel verdanke, wird nicht müde zu betonen, dass das Wissen um die eigene Verletzlichkeit *(vulnerabilty)* die wichtigste Qualität reifer, starker Führungskräfte sei – und die wichtigste Voraussetzung für entschlossene Entscheidungsfindung. Dieses Wissen um die eigene Verwundbarkeit erlangen Sie niemals, solange Sie ausschließlich als Ich agieren. Sie kommen ihm auf die Spur, wenn Sie den Signalen Ihrer Seele und Ihres Leibes achtsam folgen. Sie erhalten es, wenn Sie sich der Begegnung mit dem oder der Anderen aussetzen – radikal aussetzen.

Am Anderen wächst die Seele. Im Raum, der sich im Gespräch mit Anderen öffnet, begegnen wir genau denen, die wir treffen wollen: den guten, wirklichen Entscheidungen.

»Alles wirkliche Leben ist Begegnung«[97], notiert der Philosoph Martin Buber. Alle wirklichen Entscheidungen treffen wir in der Begegnung, möchte ich das Wort gern variieren – sofern wir bereit sind, uns unsere Verletzlichkeit und Hilfsbedürftigkeit zuzugestehen. Weil es so wichtig ist, noch einmal: Alle wirklichen Entscheidungen treffen wir in der Begegnung.

GESPRÄCH:
PHILIPP LÄSST SICH ETWAS SAGEN

Mit jedem Wochenende naht die Stunde der Entscheidung: Die Mannschaftsaufstellung muss festgelegt werden. Philipp trainiert ein Bundesligateam. Da ist diese Entscheidung kein Pappenstiel. Da geht es um eine ganze Menge. Da gibt es jede Menge Streit und Unzufriedenheit, lange Dispute mit dem Co-Trainer, den er schätzt, der aber immer so ausschweifend ist. Und manchmal auch noch mit dem Kapitän. So viele Worte! Ah, er hasst es, immer wieder neu diese Gespräche zu führen und dann diese einsamen Entscheidungen treffen zu müssen. Nein, das stimmt nicht: Er hasste es in der Vergangenheit, denn neuerdings hat er dafür eine Methode, die alles leichter macht; ja, die ihm sogar Freude macht. Gelernt hat er sie von einem alten, weisen Mönch. Der schlug ihm vor: »Nimm dir mit deinem Co-Trainer eine halbe Stunde, exakt eine halbe Stunde, nicht mehr und nicht weniger. Am besten macht ihr einen Spaziergang um den Trainingsplatz. Und dann befolgt ihr diese einfache Regel: Zehn Minuten lang redet nur er. Hast du verstanden? Kein Wort von dir, kein ›Mmh‹, kein ›Ja‹, kein gar nichts. Du bist stumm wie ein Fisch im Wasser. Du hörst nur zu. Und zwar genau. Du hörst auf das, was er dir sagt. Du hörst auf seine Sicht. Nur die ist wichtig. Du vergisst dabei dich selbst und wirst zum Ohr. Das Einzige, was du nicht vergessen darfst, ist die Zeit. Denn nach zehn Minuten sagst du ›Stopp‹. Jetzt dreht sich das Ganze um. Jetzt redest du. Du redest, du sagst, was du denkst. Du argumentierst nicht, sondern du bringst das zur Sprache, was in dir zur Sprache kommen muss. Du hast dafür zehn Minuten, und dein Co-Trainer ist so wie du am Anfang jetzt ganz Ohr. Bis er nach zehn Minuten ›Stopp‹ sagt. Jetzt habt ihr noch wie viel? Richtig: zehn Minuten. Die könnt ihr nutzen, um die Lösung abzuernten. Tatsächlich nämlich steht sie schon im Raum – wenn ihr denn wirklich echt gesprochen und gut zugehört habt. Dann erkennt ihr sogleich, welche Entscheidung ihr trefft. Ihr müsst sie nur pflücken.« Das hatte der alte Mönch den guten Philipp gelehrt. Und weil es so einfach klang, hat er es vorm nächsten Spieltag ausprobiert. Und siehe da: Es stimmte. Seither macht er es nur noch so: mit seinem Co-Trainer, mit seinen Spielern. Die Mannschaft hat seither – wie man so sagt – einen Lauf.

Kommt Ihnen das komisch vor? Da sind Sie nicht allein. Als ich dieses Format kennenlernte, habe ich mich auch gewundert. Aber es funktioniert. Und inzwischen weiß ich, dass das kein Zufall ist, denn die besten Entscheidungen treffen wir tatsächlich nicht im Sitzen, sondern im Gehen. Das ist empirisch nachgewiesen. Aber das ist nicht der springende Punkt, um den es hier geht. Es geht um das Gespräch – und zwar das tiefe, achtsame Gespräch. Es geht um das Gespräch, dass Sie als Seele führen, nicht als Ich. Es geht um das Gespräch, das einen Raum des Zwischenmenschlichen öffnet, in dem sich Ihnen die gesuchten Entscheidungen wie von selbst zeigen werden: wo Sie sie (an-)treffen, sodass Sie sie – wie der alte Mönch so schön sagte – nur noch pflücken müssen.

Das Gesprächsformat, das Philipp dafür anwendet, ist so designt, dass es den Beteiligten den Schritt in die Seelendimension erleichtert. Sie können darin »frei von der Leber weg« reden, so wie »ihnen der Schnabel« gewachsen ist. Sie können darin echt und rückhaltlos reden, ohne einen Effekt erzielen oder einen Anschein erwecken zu müssen. Und Sie dürfen erwarten, dass Ihr Gegenüber Ihnen in der gleichen Haltung begegnet. Authentische, aus der Seele hervorquellende Rede auf der einen und achtsames, vorurteilsfreies Zuhören auf der anderen Seite: Das sind die Entscheidungshelfer, die Sie in den Raum eines Gesprächs führen, in dem Sie die für Sie stimmigen Entscheidungen treffen können.

Einer, dem wir besonders tiefe Einsichten in das Mysterium der dialogischen Kreativität und der Entscheidungsfindung verdanken, ist der schon mehrfach erwähnte Philosoph Martin Buber. In einem »Das echte Gespräch« überschriebenen Stück sagt er: »Wo das Gespräch sich in seinem Wesen erfüllt, zwischen Partnern, die sich einander in Wahrheit zugewandt haben, sich rückhaltlos äußern und vom Scheinenwollen frei sind, vollzieht sich eine denkwürdige, nirgendwo sonst sich einstellende gemeinschaftliche Fruchtbarkeit. Das Wort ersteht Mal um Mal substantiell zwischen den Menschen, die von der Dynamik eines elementaren Mitsammenseins in ihrer Tiefe ergriffen und erschlossen werden. Das Zwischenmenschliche erschließt das sonst Unerschlossene.«[98]

Diese »nirgendwo sonst sich einstellende gemeinschaftliche Fruchtbarkeit« des zwischenmenschlichen Gesprächsraums zeigt sich in den Entscheidungen, die in ihm getroffen werden. Gewiss braucht es dafür nicht zwangsläufig ein formalisiertes

Verfahren wie die von Philipp erprobte Methode. Solche Techniken sind hilfreich, wenn Sie sie als spielerisches Setting nehmen, das Ihnen einen Spielraum, eine Spielzeit und ein Regelwerk an die Hand gibt. Das erleichtert es Ihnen, sich (= Ihr Ich) darin gehen zu lassen und so ein echtes Gespräch von Seele zu Seele zu führen. Aber am Ende kann ein jedes Gespräch von Mensch zu Mensch zu einem echten Gespräch in diesem Sinne werden; immer vorausgesetzt, dass Sie bereit sind, wahrhaft dem Anderen in seiner Andersheit zuzuhören und sich selbst rückhaltlos und wahrhaftig mitzuteilen.

Wo das geschieht, wird Ihnen das Gespräch zu einem der kostbarsten Entscheidungshelfer. Denn dann erfahren Sie das, was der Philosoph Hans-Georg Gadamer prägnant wie folgt auf den Punkt brachte: »Das Gespräch hat eine verwandelnde Kraft. Wo ein Gespräch gelungen ist, ist uns etwas geblieben und ist in uns etwas geblieben, das uns verändert hat. (...) Nicht dies, dass wir da etwas Neues erfahren haben, machte das Gespräch zu einem Gespräch, sondern dass uns im anderen etwas begegnet ist, was uns in unserer eigenen Welterfahrung so noch nicht begegnet war.«[99] Bei Lichte besehen gibt es für die Seele keine falschen Entscheidungen, aber: Es gibt durchaus schlechte Entscheidungen. Schlechte Entscheidungen sind einsame Entscheidungen. Der schon erwähnte Dichter David Whyte sagt: »Dein großer Fehler ist, das Stück zu spielen, als wärest du allein.«[100] Recht hat er.

Im Gespräch mit anderen Menschen haben Sie die Chance, Neues an sich zu entdecken und Ihre schlummernden Potenziale zu entfalten. Gute, tiefe Gespräche mit anderen erweisen sich für die Seele als wichtigste Entscheidungshelfer.

DIALOG:
BARBARA HÖRT GENAU HIN

Barbara ist Chefin einer sozialen Einrichtung. Ihr erklärtes Ziel ist, teamorientiert zu führen und möglichst flache Hierarchien durchzuhalten. Um ihren eigenen Ansprüchen zu genügen, hat sie vor Kurzem eine neue Form der Teambesprechung eingeführt. Einmal im Monat trommelt sie alle ihre Führungskräfte zusammen, um einen Dialog mit ihnen zu führen. Damit meint sie nicht ein normales Gespräch wie jedes andere, sondern eines, das einer besonderen Spielanleitung folgt. Dieser Anleitung verdankt sich die ungewöhnlich schöpferische Kraft dieses Gesprächsformats. Erfunden hat das Ganze David Bohm, ein US-amerikanischer Quantenphysiker, der den kühnen Versuch unternahm, seine Erkenntnisse der Dynamiken im Raum subatomarer Quantenereignisse auf die Welt menschlicher Kommunikation zu übertragen.[101]

Und das geht so: Barbara hat im großen Konferenzraum einen Stuhlkreis für 40 Leute aufstellen lassen. In der Mitte des Kreises steht ein kleiner Schemel, darauf liegt ein Holzstab, der sogenannte Talking Stick. Wenn alle im Kreis versammelt sind, darf nur derjenige reden, der diesen Stab in der Hand hält. Das ist die wichtigste Regel, die alle Beteiligten kennen. Ansonsten gibt es nicht viel zu beachten. Nachdem sich alle auf ihren Stühlen eingefunden haben, erklärt Barbara noch einmal, was ihr wichtig ist: Es wird nicht diskutiert oder argumentiert. Niemand nimmt explizit Bezug auf das, was ein anderer sagte. Vielmehr tut man so, als spräche man zur Mitte. Wenn man den Talking Stick ergreift, um etwas zu sagen, dann sollte das nicht die eigene Meinung oder Ansicht sein, sondern das, was in einem zur Sprache kommen will. Und bitte prüfe man sich noch einmal, bevor man spricht, ob das auch wirklich zutrifft.

Dahinter steckt die eigentliche Grundannahme Bohms: Die Menschen, die in diesem Kreis zusammenkommen, bilden ein gemeinsames geistiges Feld, und im Dialog geht es ausschließlich darum, dieses Feld – das mehr ist als die Summe der Ansichten all derer, die es bilden – zur Sprache zu bringen und aus seinem Potenzial zu schöpfen; aus genau dem Potenzial, in dem sich die anstehenden Entscheidungen finden oder eben treffen lassen.

Nachdem die Theorie und das Regelwerk des Dialogs von allen rekapituliert wurden, nennt Barbara das Thema, dem der Dialog gewidmet ist. Es lautet dieses Mal: Zeitmanagement. Dann gibt Barbara mit einer Klangschale das Startzeichen. Nach einer Zeit der Stille spricht die erste Kollegin. Sie erzählt, wie sehr sie unter dem Zeitdruck bei der Arbeit leidet. Barbara hört achtsam zu. Alle hören achtsam zu. Die Kollegin legt den Talking Stick zurück. Ein anderer Kollege greift nach ihm. Er erzählt von einem langen Gespräch mit einem Patienten, für das er eigentlich gar keine Zeit gehabt hat. Und so geht es weiter – bis Barbara nach 90 Minuten erneut die Klangschale ertönen lässt. Die Zeit ist um. Vieles wurde gesprochen, manche haben geschwiegen, aber alle sind wach und konzentriert. Ohne weiter zu reden, geht man auseinander. Am nächsten Morgen, zurück im Büro, trifft Barbara eine wichtige Entscheidung: Sie wird das neue Zeiterfassungssystem nicht einführen.

Was Barbara mit ihrem Team erprobt, ist – wenn Sie so wollen – die fortgeschrittene Variante des Gesprächsformats, dem wir im vorigen Abschnitt begegnet sind. Wieder geht es darum, jenen kreativen, schöpferischen Raum des Zwischenmenschlichen zu öffnen, in dem Sie in der fruchtbaren Begegnung mit dem Anderen die Potenziale erschließen können, die Sie als Seele entschlossen entscheiden lassen.

Die spezielle Pointe beim Dialog nach Bohm besteht nun darin, dass im Hintergrund die Theorie steht, es gebe so etwas wie eine »Gruppenseele«, an die sich anzuschließen Ihre eigene Seele in die Lage versetzt, im Sinne des Wachstums, der Blüte und der Reife des Ganzen zu entscheiden. Nicht in dem demokratischen Sinne, dass Sie gemeinsam mit anderen durch Diskussion und Abstimmung einen gemeinsamen Willen ermitteln und bekunden, sondern indem sie mit den anderen in einen gemeinsamen Raum eintauchen, um dort die Entscheidungen, Perspektiven oder Maßnahmen anzutreffen, die Sie dann als Führungskraft nur noch zu exekutieren – zu pflücken (Sie erinnern sich an den Mönch?) – brauchen.

Entscheidend dafür ist, was Barbara uns vormacht: das genaue Hin- und Zuhören, die Achtsamkeit und die Empfänglichkeit für das, was die anderen sagen; das Wissen darum, dass die Stimme der Gesprächspartner immer auch die eigene Stimme ist, auf die sie bislang nicht zu hören wagte; die ernst zu nehmen sie jedoch befähigt, das zu tun, was stimmt und passend ist.

Es wiederholt sich also das, was Sie schon kennen: die von Martin Buber – mit dem Bohm übrigens zusammenarbeitete – herrührende Annahme, dass wirklich richtungsweisende oder existenzielle (seelische) Entscheidungen am besten im offenen Gespräch mit anderen getroffen – angetroffen – werden. Das kann im trauten Dialog zu zweit geschehen, der den Raum des Zwischenmenschlichen öffnet, in dem Sie als Seele ins Gespräch verwickelt sind. Es kann aber ebenso im Bohm'schen Dialog geschehen, wo Sie als Seele mit dem Ganzen Ihrer Gruppe oder Ihres Teams verbunden sind.

So oder so öffnet sich der Raum, in dem Entscheidungen getroffen werden; der Raum, in dem Sie nicht als Ich gefragt sind, sondern als die Seele, die Sie wahrhaft sind, die rechten Antworten entdecken. Denn wo sich solche Räume öffnen, sind Sie als Seele frei, sich den Dynamiken zu überlassen, mit denen Sie sich in der Tiefe austarieren und der Seelenkompass seine Richtung findet: die Richtung hin zu einem guten, reifen und erblühten Leben.

Das Geheimnis der Meisterschaft guter Entscheidungen ist das Hören darauf, was andere uns zu sagen haben.

Sofern es Ihnen bei Ihren Entscheidungen darum geht, Ihrem eigenen Sein zu genügen, sind Sie gut beraten, das

Gespräch mit anderen zu suchen. Gespräch, Konversation und Dialog sind die Entscheidungshelfer Ihrer Seele. Sie wachsen nur im Gegenüber zu und Miteinander mit anderen. Sie werden nur Sie selbst, wo Sie das Fremde in sich und im Äußeren als Anstoß Ihres eigenen Reifens hören.

Nun ist es an der Zeit, sich noch ein letztes Mal den Philosophen zuzuwenden. Wobei der Plural nicht ganz richtig ist. Denn nun, da wir uns zur Meisterschaft der Entscheidungskunst vorangearbeitet haben, dürfte es genügen, nur noch denjenigen unserer Denker in Augenschein zu nehmen, von dem wir etwas über jene Meisterschaft erfahren können. Und diesen Denker kennen Sie bereits: Es ist der gute Sokrates, bzw. ist es Platon, dem wir jenes Bild des Sokrates verdanken, an dem die Meisterschaft des Menschseins sinnenfällig wird.

Der Grund dafür ist rasch benannt. Mit Sokrates und Platon sind wir in der Antike. Und die Antike kannte noch nicht das autonome, selbstbewusste Ich des neuzeitlichen Denkens, mit dem wir uns so gern identifizieren – vom Homo oeconomicus ganz zu schweigen. Die antike Philosophie – wir sprachen schon davon – verstand den Menschen als Gemeinschaftswesen, eingebunden in das Ganze des Kosmos und der Polis. Und sie tat dies, weil sie in einer Zeit entstand, zu der sich die Menschen in viel stärkerem Maße als heute als Seele erlebten bzw. aus dem Seelenbewusstsein handelten und sprachen. Sokrates ist derjenige, bei dem das am deutlichsten wird. Sein ganzes Denken kreist seinem Selbstzeugnis nach um die Frage, was es heißt, ein gutes, glückliches, erfülltes Leben zu führen. Und wenn er davon spricht, dann redet er von dem, was er die »gute Seele« nennt; oder auch die »tugendhafte Seele«. Dabei denkt er nicht im Sinne von »moralisch gut«, sondern im Sinne von »dem Wesen des Menschen gemäß«. Nicht ging es ihm darum, andere zu »Gutmenschen« zu erziehen, sondern zu guten, wahren, schönen Menschen. So wie er selbst einer war – seinem hässlichen äußeren Erscheinungsbild zum Trotz.

DIE MEISTERSCHAFT

An Sokrates, so wie ihn Platon porträtiert hat, können Sie erkennen, wie die Meisterschaft des guten Lebens meisterhafte Entscheidungen erwirkt. Zum Ende dieses Buches möchte ich Ihnen drei Beispiele dafür vorstellen. Sie geben nicht nur zu erkennen, was es bedeutet, als Seele zu entscheiden, sondern zeigen auch, wie anders und um wie vieles besser diese Entscheidungen ausfallen als diejenigen, die andere Philosophen in vergleichbaren Situationen vorschlugen, dies jedoch aus dem Ich-Bewusstsein heraus.

Wir werden in den von mir ausgewählten Beispielen sehen, inwiefern Sokrates nicht auf der Grundlage seines autonomen Willens, sondern bewegt von der Liebe bzw. vom Eros entscheidet. Wir werden sehen, wie er, anders als Kant, nicht auf der Grundlage der Moral, sondern nach Maßgabe seines Taktgefühls entscheidet. Wir werden sehen, wie er, anders als Anaxagoras, dem Tod nicht ausweicht, sondern ihm aus dem Wissen seiner Seele vertrauensvoll entgegengeht. Aber lesen Sie selbst: auf den kommenden Seiten.

BEGEISTERUNG: SOKRATES FOLGT DEM RUF DER LIEBE

An einem schönen Sommertag macht Sokrates einen Spaziergang. Er tritt hinaus durchs Stadttor seiner Heimatstadt Athen und schlendert längs des Flüsschens Ilissos entlang. Da trifft er seinen Freund, den jungen Phaidros. Der hat sich, wie er Sokrates verrät, dorthin zurückgezogen, weil er eine Rede auswendig lernen möchte, die er eben erst beim großen Redner Lysias erworben hat, worin derselbe in gesalbten Worten seiner Hörerschaft verrät, wofür – nein, besser noch: für wen – man sich entscheiden solle, wenn es zu amourösen Angeboten kommt. Die steile These, die dem jungen Phaidros gut gefällt und die der kühne Lysias vertritt, besagt: In jedem Falle sei es besser, einen Nicht-Verliebten zu wählen als einen jeden Menschen, der von Liebesleidenschaft und Eros fest umklammert ist. Denn die Verliebten, die der Eros treibt, seien ganz krank und ihrer selbst nicht mächtig, wohingegen alle Nicht-Verliebten nüchtern blieben und deshalb in der Lage seien, ihre und der anderen Angelegenheiten zweckmäßig und nützlich zu verwalten. Da Phaidros diese Thesen vorträgt, ja die ganze, wohlgeschliffene Rede des Lysias vorliest, ist Sokrates zu seiner Enttäuschung gar nicht angetan. Und folglich dauert es nicht lange, da holt der weise Mann zu einer Gegenrede aus, mit der er widerlegen will, was Lysias verkündet hatte.

»Unwahr«, sagt er, »ist die Rede, die behauptet, dass man, wenn ein Verliebter einen umwirbt, nicht diesem, sondern eher einem Nicht-Verliebten seine Gunst erweisen solle!«[102] Und dann folgt die erstaunliche Begründung: Unwahr sei die These, weil sie fälschlicherweise unterstelle, die Verliebtheit – Eros – sei eine Krankheit der Seele; ein Wahnsinn, den man meiden müsse. Das eben sei der Eros nicht, behauptet Sokrates, vielmehr sei er ein Wahnsinn, den die Götter dem Menschen »zum größten Glück und zur Erfüllung« geschenkt hätten.[103] Er sei ein guter Geist, der wie nichts anderes die Seele zu begeistern vermöchte, der sie zu Höchstleistungen bewege, der sie zum Göttlichen emporhebe, der ihr die Richtung gebe, überall das Schöne, Wahre, Gute, Stimmige zu suchen und zu lieben. Nicht nüchternes Kalkül, schließt Sokrates, möge den Phaidros bei der Wahl der Liebhaber bestimmen, sondern die Liebesleidenschaft, die in des Menschen Herzen lodert.

Haben Sie jemals so über die Liebe nachgedacht? Und hätten Sie von einem Philosophen wie Sokrates erwartet, dass er sich mit so heiklen Themen wie dem Wahnsinn des Eros befasst? Vielleicht kommt Ihnen die hier verhandelte Frage auch künstlich oder gestelzt vor. Aber so ist es nicht. Gerade nicht in unserer modernen Welt. Denn dem Vernehmen nach ist es durchaus nicht selbstverständlich, dass bei der Partnerwahl die Liebe (oder gar Eros) ausschlaggebend wäre, weil auch auf diesem Feld der Homo oeconomicus herumspukt und uns zuraunt: »Pass auf, dass dir der Partner etwas bringt. Sieh zu, dass du nicht übervorteilt wirst.«

Begeisterung, nicht nüchternes Kalkül oder Berechnung, ist das, was Ihre Seele dazu bringt, den Weg zu gehen, der Sie wachsen und gedeihen lässt. Eros und nicht Willen oder Ratio ist die Kraft, die unseren Entscheidungen die Richtung in ein voll erblühtes Leben weist.

Genau dagegen wendet sich Sokrates. Was er Phaidros vorträgt, ist erstaunlich genug für einen Philosophen: das flammende Plädoyer dafür, bei Entscheidungen nicht dem zu folgen, was nüchternes Kalkül und sachliche Berechnung nahelegen, sondern wozu einen die Liebesleidenschaft des Eros drängt. Wenn wir das in die Sprache unseres Denkens übersetzen wollen, da wäre es wohl passender zu sagen: »… sondern wofür wir in der Tiefe unseres Herzens voll und ganz begeistert sind«.

Mir scheint, ein jeder weiß, dass diese Rede wahr ist. Auch Sie. Zumindest könnten Sie es wissen, wenn Sie nur einmal in Ihrem Leben von Begeisterung ergriffen waren – dann können

Sie sich daran erinnern, wie es war, im Sog dessen zu sein, wofür Ihr Herz schlägt und was Sie nicht loslässt. Das muss nicht zwangsläufig ein anderer Mensch sein, es kann ein Kunstwerk oder eine Landschaft sein, ein Spiel oder eine Idee. Doch wenn es Sie tatsächlich packt und in der Tiefe Ihrer Seele berührt: Dann wird Ihnen das Geliebte und Begeisternde zu dem Entscheidungshelfer überhaupt.

Die Kunst – die große Kunst, die alles entscheidende Kunst – dabei, darüber lässt uns Sokrates nicht im Zweifel, liegt nur darin, wirklich unterscheiden zu können zwischen der Begeisterung, die die Seele ergreift, und der Gier, die das Ich vor sich hertreibt. Doch wäre er nicht Sokrates, wenn er uns nicht einen Wink gäbe, der uns helfen kann, diesen feinen und entscheidenden Unterschied zu machen. Eros ist Begeisterung, er bindet uns an etwas Geistiges: Er bindet uns ans Gute, Wahre, Schöne; er bindet uns ans Heilige. Er ist, so sagt uns Platon anderenorts, der »Mittler zwischen Mensch und Gott«[104]. Die wahre Liebe gilt nur dem, was stimmig und harmonisch ist, was anderen genauso dienlich ist wie Ihnen und was die Seelen darin unterstützt, zu voller Schönheit zu erblühen.

Begeisterung und Leidenschaft, die Sie ergreifen und die nicht gemacht oder künstlich durch Propagandatechniken erzeugt sind, stehen Ihrer Seele als kraftvolle und richtungsweisende Entscheidungshelfer zur Seite. Der Eros der Seele ist ein stärkerer Motivator als der vermeintliche Wille des Ich. Daher sind Sie gut beraten, Ihre Leidenschaft nicht durch instrumentelle Vernunft oder rationales Kalkül zu unterdrücken und Ihre Begeisterungsfähigkeit nicht auf dem Altar der Zweckrationalität zu opfern. Halten Sie sich offen für das, was Sie begeistert und beseelt. Es wird Ihre Seele nähren und stärken – und Sie dazu bringen, dass Sie die richtigen Entscheidungen treffen.

WEISHEIT: SOKRATES LÄSST SICH NICHT BLENDEN

Eines Tages trifft Sokrates auf einen Priester namens Euthyphron, als dieser gerade vom Gerichtshof kommt, wo er eine Klage gegen seinen eigenen Vater eingereicht hat. Was sich der alte Mann denn zuschulden habe kommen lassen, will Sokrates gern wissen. Und zu seinem Schrecken muss er vernehmen, das Euthyphron den Vater wegen Todschlags vor den Richter ziehen will, da dieser einen Trunkenbold und Tagelöhner eigenmächtig inhaftiert und dann so sehr vernachlässigt hat, dass er ums Leben kam. Sokrates ist sichtlich betroffen: »Den eigenen Vater wegen eines Bagatelldeliktes zu verklagen – das geht doch nicht«, so scheint ihm durch sein weises Haupt zu gehen. Euthyphron ist davon nicht beeindruckt: »Lächerlich ist es, o Sokrates«, sagt er, »dass du meinst, dies mache einen Unterschied, ob der Getötete ein Fremder ist oder ein Angehöriger, und man müsse nicht das allein beachten, ob der Tötende ihn mit Recht getötet hat oder nicht, und wenn mit Recht, ihn gehen lassen, wenn aber nicht, ihn verfolgen, und wenn auch der Totschläger dein Herd- und Tischgenosse ist. Denn gleich groß ist ja die Befleckung, wissentlich mit einem solchen zu leben, ohne dass man sich und ihn durch die Anzeige vor Gericht reinigt.«[105] Sokrates traut seinen Ohren nicht: »Bist du denn gar nicht besorgt, ob du nicht selbst etwas Ruchloses begehst, wenn du deinen Vater vor Gericht belangst«, fragt er den Euthyphron[106], der seinerseits bekundet, eben solches werfe ihm seine Familie vor. »Aber sie haben keine Ahnung«, behauptet Euthyphron, »wie es um das Göttliche bestellt ist und wie es sich mit dem Frommen und dem Ruchlosen verhält.« Er, Euthyphron, verstehe mehr davon als alle anderen. Und dann entspinnt sich zwischen beiden Männern ein Gespräch, bei dem Sokrates dem Euthyphron gehörig auf den Zahn fühlt und ihm letzten Endes vorrechnet, wie wenig er doch davon weiß, was wirklich fromm und rechtens ist. Und dabei wird langsam erkennbar, dass Sokrates wohl anders vorgegangen wäre: dass er den eigenen Vater nicht verklagen würde. Ich habe die Geschichte ausgewählt, weil sie ein ähnliches Problem beschreibt wie die Episode aus dem Leben von Kant. Denken Sie noch einmal zurück an seine These, man dürfe niemals lügen – nicht mal dann, wenn man mit seiner Ehrlichkeit das Leben eines Freundes aufs Spiel setzt. Vergleichbar sind beide Episoden darin, dass sie von einem Wertekonflikt handeln. Im Falle Kants war dies der Konflikt zwischen dem Wert der Freundschaft und dem Wert der Wahrhaftigkeit; im Falle des Euthyphron ist es der Konflikt zwischen Familienloyalität und Gleichheit vor dem Gesetz. So jedenfalls scheint es auf den ersten Blick. Doch wenn man sich der Sache nur aus dieser Perspektive zuwendet, verpasst man das Entscheidende: Die eigentliche Kollision lässt sich in beiden Fällen beschreiben als das Aufeinanderprallen eines intuitiven und eines rationalen Gerechtigkeitsverständnisses. Und da Sie inzwischen einen geübten Blick dafür haben, werden Sie schnell erkennen, dass dahinter die unterschiedlichen Sichtweisen des Ich und der Seele stecken.

Das Ich – in unserem Fall repräsentiert durch Euthyphron – beruft sich auf moralische oder juristische Prinzipien: Vor dem Gesetz sind alle gleich, und also ist es rechtens, auch den eigenen Vater zu verklagen, wenn er sich rechtlich und moralisch schuldig gemacht hat. Ebenso Kant: Vor dem moralischen Sittengesetz sind alle gleich. Niemand kann in Anspruch nehmen, erlaubterweise gegen den moralischen Imperativ zu verstoßen, der das Lügen verbietet.

Die Seele – in unserem Fall repräsentiert durch Sokrates – beruft sich auf ein inneres Gefühl für Stimmigkeit und für Verbundenheit. Sie weiß sich der Familie zugehörig und empfindet einen Missklang, wenn der Sohn den eigenen Vater anklagt. Solches zu tun, mag zwar juristisch richtig sein – doch das steht im Gespräch von Euthyphron und Sokrates nicht in Rede. Darin geht es vielmehr um die Frage, ob das Vorgehen des Euthyphron als »fromm« oder als »ruchlos« zu beurteilen ist. Für uns Moderne sind das ungewohnte Attribute. Allein schon das verweist darauf, dass sie nicht aus dem Ich-Bewusstsein stammen, sondern ihre Herkunft in der Seele haben. Fromm war im Verständnis der antiken Griechen das, was mit dem *lógos* – mit der Ordnung – des heiligen Seins im Einklang ist. Und eben das, empfindet Sokrates als jene reife Seele, die er ist, ist nicht der Fall, wo einer seinen Vater anklagt. Noch einmal: Aus der Sicht eines Juristen mag so etwas rechtens und geboten sein; doch aus der Sicht der Seele, die sich eingebunden weiß in das Netz ihrer Familie, erscheint die Tat als unfromm oder eben ruchlos.

Sie finden das merkwürdig? Klar, das müssen Sie. Denn diese Sichtweise ist für unser Rechtsverständnis anstößig. Und trotzdem vermute ich, dass irgendetwas in Ihnen ahnt, dass auch die Sicht des Sokrates nicht unbegründet ist. Dieses Irgendetwas, das in Ihnen ahnt, ist offenbar dasselbe, das Sie zusammenzucken ließ, als Sie erfuhren, dass Kant sich nicht scheute, um seiner moralischen Überzeugungen willen seinen von der Geheimpolizei verfolgten Freund zu verpfeifen. Auch darin regt sich das Ethos Ihrer Seele, in der die Loyalität zu dem und die Verbundenheit mit dem Freund ein weit höheres Gewicht haben als jedes rational herleitbare Sittengesetz.

Das heißt: In unser aller Leben kann der Fall eintreten, dass unsere Seele (via Intuition und Gefühl) andere Entscheidungsimpulse gibt als unser rationales Ich. Ein Philosoph der Neuzeit wie Kant schlägt sich dabei eindeutig auf die Seite des Ich, ein Philosoph der Antike wie Sokrates tut dies nicht. Er schlägt sich freilich auch nicht vorschnell auf die Seite der Seele. Aber er interveniert, wenn jemand wie Euthyphron im Hurra der moralischen Selbstgefälligkeit und Arroganz die eigene Tiefendimension ignoriert und so tut, als gehe ihn das alles nichts an. Stattdessen zieht er Euthyphron in einen Dialog, mit dem er ihn dazu bringen möchte, das Andere in sich selbst – die Stimme der Seele – wahr- und ernst zu nehmen.

Am Ende scheitert Sokrates damit, denn Euthyphron ist in seiner intellektuellen Arroganz so vernagelt, dass er gegen jedes Gefühl und Gespür für die Loyalitäten seiner Seele immun zu sein scheint. Trotzdem wird aus Sokrates' Verhalten deutlich, wie Sie Ihrer Seele als Entscheiderin Rechnung tragen können: indem Sie auf sie achten und ihre Impulse auf sich wirken lassen; indem Sie sich von ihr in ein Gespräch verwickeln lassen, das Sie am Ende dazu führen wird, nicht aus Prinzip oder Kalkül Ihre Entscheidungen zu treffen, sondern nach Maßgabe von Stimmigkeit und situativer Angemessenheit.

Darauf will Sokrates bzw. Platon hinaus: dass gute, stimmige, lebensfördernde Entscheidungen nicht aus Gesetzen hergeleitet oder kalkulatorisch berechnet werden können, sondern dass sie im bewussten Dialog der Seele mit sich selbst getroffen werden, im Innenraum der Seele, der uns – wie wir gesehen haben – im Raum des Zwischenmenschlichen offen steht. So auch bei Sokrates und Euthyphron: Im Zwischenraum ihres Gesprächs wird für jeden aufmerksamen Leser deutlich, dass Euthyphron zu rasch und unbedacht gehandelt hat. Und man ermisst, was wohl geschehen wäre, wenn Sokrates in einer denkwürdigen Stunde Kant in ein Gespräch verwickelt hätte. Es darf vermutet werden, dass der große Königsberger Denker doch noch tief in sich die Stimme seiner Seele wahrgenommen und den Schergen der Geheimpolizei einen Bären aufgebunden hätte. Und das wäre keine schlechte Entscheidung gewesen. Meinen Sie nicht auch?

Gerade die kreative Unberechenbarkeit Ihrer Seele lässt Sie zu dem wachsen, der Sie sind oder doch sein könnten. Gerade sie ist die Essenz Ihrer Würde. Entziehen Sie sich der Konvention. Bleiben Sie unberechenbar!

Vertrauen Sie bei existenziellen Entscheidungen nicht allein auf moralischen Imperativ und Kalkül. Vertrauen Sie nicht auf die Logik Ihres Ich allein. Gewahren Sie in sich die fremde, andere Stimme Ihrer Seele – auch wenn sie dem zuwider sein sollte, was man üblicherweise täte.

VERTRAUEN:
SOKRATES LÄSST ES GESCHEHEN

Es sind die letzten Stunden seines Lebens. Von der Athener Bürgerschaft wurde Sokrates in einem fragwürdigen Prozess zum Tode verurteilt. Das Gericht befand ihn schuldig, die Jugend verdorben und neue Götter eingeführt zu haben. Und nun sitzt er in der Todeszelle und wartet darauf, dass die Schergen ihm den Schierlingsbecher reichen, den auszutrinken ihn auf staatliches Geheiß ins Jenseits schicken wird. Doch Sokrates ist nicht allein. Er ist umgeben von seinen Freunden, die sich über ihren Meister nicht genügend wundern können. »Mir meinesteils war ganz wunderbar zumute dabei«, berichtet einer der Anwesenden, ein gewisser Phaidon, und erklärt: »Ich verspürte gar kein Bedauern, wie man es doch von einem erwarten könnte, der bei der Hinrichtung eines vertrauten Freundes zugegen sein soll; denn der Mann schien mir glücklich zu sein; in seinem ganzen Benehmen und seinen Reden wirkte er gelassen. Und er endete so standhaft und edel, dass ich keinen Zweifel daran hegte, er gehe nicht ohne göttliche Führung in die Unterwelt und werde sich auch dort wohlbefinden, wenn jemals einer sonst.«[107]

Man kann sich denken, dass die Freunde wissen wollen, wie das möglich sei. Und also bitten sie den Sokrates, er möge ihnen doch erklären, was ihn so zuversichtlich mache. Er kommt der Bitte nach: In immer neuen Anläufen versucht er, seinen skeptischen Zuhörern Gründe dafür zu entwickeln, warum er darauf vertraue, im Jenseits weiterzuleben, und daher keine Angst vor dem Tode kenne.

Die Argumente sind subtil und werden von Anlauf zu Anlauf subtiler. Und trotzdem können sie die Zweifel seiner Freunde nicht auflösen. Jedenfalls nicht die Zweifel ihres Intellektes, die Zweifel ihres Ich. Denn wie die Worte jenes Phaidon deutlich machen, spüren und fühlen die Beteiligten in ihrem Herzen und in ihrer Seele, dass Sokrates die Wahrheit sagt. Denn seine Seele, die sich in diesen letzten Stunden seines Lebens verlautbart, spricht aus einem Wissen, das dem Intellekt verschlossen bleiben muss – mit dem aber die Seelen der Zuhörer resonant sein können. Und so verstehen sie zwar nicht mit ihrem Kopf, wohl aber mit ihrem Gefühl, dass Sokrates zu Recht gelassen ist. Sie spüren sein Vertrauen – das Vertrauen einer reifen und erblühten Seele, die sich ihrer selbst bewusst ist und sich von den Ängsten ihres kleinen Ich nicht länger quälen lässt. Und sie verstehen, warum Sokrates im Gegensatz zu seinem Kollegen Anaxagoras nicht die Flucht aus dem Kerker antritt, sondern den Tod auf sich nimmt: weil er dem Leben und dem Sein vertraut.

Vertrauen ist das Zauberwort, das hier auf unserem Schirm erscheint. Vertrauen ist so etwas wie die Gesundheit der Seele. Es ist das heimliche, uns meistens nicht bewusste Wissen darum, dass wir eingebunden sind in eine große Ordnung, die unser Wissen, Denken, Rechnen, Kalkulieren überwölbt und grundiert: Vertrauen in das große Leben oder das heilige Sein, wie Sokrates vielleicht gesagt hätte; Vertrauen in die Führungskompetenz der Seele (das einzige wirkliche Selbstvertrauen); Vertrauen, dass am Ende alle unsere Entscheidungen in einer großen Ökonomie aufgehoben sind.

Das in Sokrates inkarnierte Vertrauen ist der letzte, tiefste und wichtigste Entscheidungshelfer, der Ihnen zur Seite steht.

Vertrauen ist der wichtigste Entscheidungshelfer, weil er Ihnen die Angst nimmt: die Angst des Ich vor Fehlern und Versagen, die Angst des Ich vor dem Verschwinden und dem Tod. Denn Angst – das weiß die Volksweisheit – ist immer ein schlechter Ratgeber. Die vertrauensvolle Seele aber raunt Ihnen zu: »Nur keine Angst! Nur keine Angst!«

Vertrauen ist Ihr tiefster und bester Entscheidungshelfer, weil er auf dem Grund Ihrer Seele wohnt und von dort aus Ihr ganzes Sein durchwirkt. Tatsächlich sind wir Menschen Wesen des Vertrauens. Wir könnten ohne Vertrauen nicht leben – und schon gar nicht entscheiden. Das muss Sie nicht überraschen: Wenn Sie auf sich achten, werden Sie schnell bemerken, wie viel Vertrauen Sie tagein, tagaus aufbringen. Ihre Seele vertraut sehr viel mehr, als Ihr Ich Sie glauben macht. Vertrauen Sie auf Ihr Vertrauen. Vertrauen Sie auf Ihre Seele.

So wie Sokrates es tat: der Meister der Entscheidungskunst, der über die Spanne seines Lebens zu einer großen Seele gereift und erblüht war und dessen Weisheit Früchte trug, die wir noch heute ernten dürfen. Vertrauen Sie, indem Sie sich dazu entscheiden, mit Entschiedenheit Sie selbst zu sein – nicht der oder die, die Sie gern wären, sondern der oder die, die Sie in Wahrheit sind. Womit wir wieder am Anfang wären, da, wo uns der Gott von Delphi zurief: *Gnothi sauton!* »Erkenne dich selbst!«

Vertrauen ist der letzte Entscheidungshelfer, weil nur er Ihnen bei der schwersten Entscheidung zur Seite stehen wird, die Sie in Ihrem Leben unabdingbar treffen müssen: die Entscheidung, es geschehen zu lassen und dem Tod die Hand zu reichen.

SCHLUSS

Gute Entscheidungen sind Ent-Scheidungen. Sie schließen Klüfte und fügen Getrenntes. Sie verbinden Geschiedenes. Sie sind verbindlich. Bei guten Entscheidungen geht es nicht darum, bestimmte Ziele zu erreichen oder Bedürfnisse zu befriedigen. Es geht nicht darum, Wunsch und Wirklichkeit zu verbinden, es geht darum, Stimmigkeit und Einklang zu erzeugen. Es geht darum, die innere Scheidung abzuwenden und Einklang und Harmonie der Seele zu erzeugen: mit sich und mit der Welt, in der Sie leben.

Gute Entscheidungen sind frei. Aber sie sind nicht deshalb frei, weil Sie willkürlich so oder so entscheiden könnten. Sie sind nicht frei, weil Sie nach eigenem Gutdünken diesen oder jenen Weg zu Ihrem Ziel einschlagen könnten. Gute Entscheidungen lassen sich nicht nach Maßgabe von Technik, Strategie und Zweckrationalität denken. Die Freiheit guter Entscheidungen lässt sich nur denken nach Maßgabe der Kunst: Gute Entscheidungen sind die Frucht der freien Kreativität des Menschen – der freien Kreativität der Seele, die etwas ganz anderes ist als die technischen Strategien des Ich.

Gute Entscheidungen sind frei wie die Pinselstriche eines Malers oder wie die Noten, die ein Komponist in sein Libretto schreibt. Gewiss: Sie folgen einer Logik, die sich aus dem schon Gemalten oder schon Geschriebenen ergibt. Von daher sind auch sie nicht frei im Sinne von Willkür. Ihre Freiheit liegt darin, im Austausch mit der Welt das jeweils Stimmige zu treffen und in immer neuen Anläufen ein gutes, wahres, schönes, wesentliches Leben zu entfalten.

Gute Entscheidungen sind vor allem unberechenbar. Das unterscheidet sie von den strategischen, nützlichen und zweckmäßigen Entscheidungen des Ich – zumal dann, wenn es in einer von ökonomischen Imperativen durchdrungenen Welt zum Homo oeconomicus konvertiert wurde, der als maßgebliches Ziel aller Entscheidungen nur seinen Profit kennt. Wenn Sie das mit sich machen lassen, verlieren Sie tatsächlich alle Handlungs- und Entscheidungsfreiheit, denn Sie werden durch und durch zum Spielball der ökonomischen Strategen und der von diesen entworfenen Algorithmen, mit denen sie Ihr Konsumenten- und Nutzerverhalten bestimmen können. Wenn Sie sich darauf einlassen, verspielen Sie Ihre Lebendigkeit – Ihr unberechenbares Seelenleben. Noch einmal sei bei dieser Gelegenheit David Whyte zitiert. Sie erinnern sich? »Was du planen kannst, ist zu klein, um es zu leben.«

Gute Entscheidungen sind nicht planbar. Sie spotten jedem Algorithmus. Sie sind unberechenbar und frei. Denn sie folgen nur einem Imperativ, dem Imperativ, der am Anfang unserer Kultur stand: Erkenne dich selbst! Werde, der du bist! Sei ein ganzer Mensch, ein schöner Mensch, ein wahrer Mensch – erblühe zu voll entfalteter Lebendigkeit und trage Frucht für diese Welt! Und wenn Sie eine Formel dafür brauchen, dann habe ich zum Schluss ein weiteres Zitat von David Whyte – als alltagstauglichen Entscheidungshelfer:

»Eines musst du lernen:
Die Welt ist da, um frei in ihr zu sein.
Die Welt ist da, um frei in ihr zu sein.
Lass alle anderen Welten fahren
außer der einen, der du zugehörst.
Manchmal braucht es Dunkelheit
und die süße Haft deines Alleinseins,
damit du lernst:
Alles und jeder,
der dich nicht ins Leben bringt,
ist zu klein für dich.«[108]

LITERATURHINWEISE

Christoph Quarch: Der kleine Alltagsphilosoph, GRÄFE UND UNZER, München 2014.

Angaangaq / Christoph Quarch: Der Alltagsschamane, GRÄFE UND UNZER, München 2015.

Gerald Hüther / Christoph Quarch: Rettet das Spiel! Weil Leben mehr als Funktionieren ist, Hanser Verlag, München 2016.

Lukas Niederberger: Am liebsten beides. Entscheidungen sinnvoll treffen, Scherz Verlag, Frankfurt am Main 2004.

Maja Storch: Das Geheimnis kluger Entscheidungen. Von Bauchgefühl und Körpersignalen, Piper Verlag, München 2011.

Gerd Gigerenzer: Risiko. Wie man die richtigen Entscheidungen trifft, btb, München 2013.

Johanna Joppe / Christian Ganowski: Einfach gut entscheiden! Humboldt Verlag, Hannover 2009.

David Eagleman: Inkognito. Die geheimen Eigenleben unseres Gehirns, Pantheon Verlag, Frankfurt am Main 2011.

ANMERKUNGEN

1 Martin Heidegger: Sein und Zeit, Max Niemeyer Verlag, Tübingen 1984 (15. Auflage, 2. Druck), Seite 11.
2 Heidegger, Sein und Zeit, Seite 299.
3 Heidegger, Sein und Zeit, Seite 298.
4 Heidegger, Sein und Zeit, Seite 297.
5 Sören Kierkegaard: Entweder – Oder, übersetzt von Emanuel Hirsch, Gütersloher Verlagshaus 1979, Band I 22 f., Seite 41.
6 Kierkegaard, Entweder – Oder II 148, Seite 173.
7 Kierkegaard, Entweder – Oder II 153 f., Seite 180.
8 Kierkegaard, Entweder – Oder II 152, Seite 178.
9 Kierkegaard, Entweder – Oder II 148, Seite 173.
10 Jean-Paul Sartre: Das Sein und das Nichts, Rowohlt Verlag, Reinbek bei Hamburg, 15. Auflage 2009.
11 Jean-Paul Sartre: Drei Essays. Ist der Existentialismus ein Humanismus?, Ullstein Verlag, Frankfurt am Main 1979, Seite 16.
12 Peter Gross: Multioptionsgesellschaft, Suhrkamp Verlag, Frankfurt am Main 1994 (10. unveränderte Auflage 2005).
13 Tobis Hürter, Rebekka Reinhard, Thomas Vasek: Mehr Freude an der Wahl, in: Hohe Luft 2 / 2016, Seite 20–27.
14 Aristoteles: Rhetorik 1407a35 ff.; zitiert nach: Aristoteles: Rhetorik, übersetzt und herausgegeben von Gernot Krapinger, Reclam Verlag, Stuttgart 2007, Seite 163.
15 Herodot, I 91,1; 91,4–6; zitiert nach: Herodot: Historien I–V, übersetzt von Walter Marg, Deutscher Taschenbuch Verlag, München 1991, Seite 52 f.
16 Heraklit, Fragment 93; zitiert nach: Heraklit: Fragmente, griechisch und deutsch, übersetzt und herausgegeben von Bruno Snell, Ernst Heimeran Verlag, München 1940, Seite 30.
17 Dazu: Albrecht Dihle: Die Vorstellung vom Willen in der Antike, Vandenhoeck & Ruprecht, Göttingen 1985, Seite 142.
18 Origines, In Matt X. 11.
19 Origenes, Contra Cels. IV. 66.
20 Dazu: Dihle, Die Vorstellung vom Willen, Seite 24–30.
21 Immanuel Kant: Grundlegung zur Metaphysik der Sitten, 1. Abs., BA 1. In: Ders., Werke in zwölf Bänden, herausgegeben von W. Weischedel. Band VII, Suhrkamp Verlag, Frankfurt am Main 1974, Seite 18.

22 Kant, Grundlegung zur Metaphysik der Sitten, 3. Abs., BA 97, Werke VII, Seite 81.
23 Peter Bieri: Das Handwerk der Freiheit, S. Fischer Verlag, Frankfurt am Main 2003, Seite 230.
24 Vgl. dazu den Artikel »Freiheit« im Historischen Wörterbuch der Philosopie, herausgegeben von Joachim Ritter, Wissenschaftliche Buchgesellschaft, Darmstadt 1972 ff., HPhW Band II, Seite 1064–1098.
25 Friedrich Nietzsche: Zarathustra's Heilige Gelächter, Nachlass Sommer 1883, 13.1; in: Friedrich Nietzsche, Kritische Studienausgabe, herausgegeben von Giorgio Colli und Mazzino Montinari (KSA), Deutscher Taschenbuch Verlag, München 1988, Band 10, Seite 420.
26 Nietzsche, Jenseits von Gut und Böse, erstes Hauptstück: von den Vorurtheilen der Philosophen 21, in: Nietzsche, KSA 5, Seite 35.
27 Sigmund Freud: Eine Schwierigkeit der Psychoanalyse, in: Imago. Zeitschrift für Anwendung der Psychoanalyse auf die Geisteswissenschaften V (1917), Seite 7.
28 Freud, Eine Schwierigkeit der Psychoanalyse, Seite 5.
29 David Eagleman: Inkognito. Die geheimen Eigenleben unseres Gehirns, Pantheon Verlag, München, 2013, Seite 195.
30 Eagleman, Inkognito, Seite 198.
31 Eagleman, Inkognito, Seite 195 f.
32 Eagleman, Inkognito, Seite 197.
33 C. S. Soon, A. H. He S. Bode, John-Dylan Haynes: Predicting free choices for abstract intentions. Proc Natl Acad Sci U S A 110 (15), 2013, Seite 6217–6222; vgl. dazu auch den Artikel »Freier Wille« auf wikipedia.
34 Volkart Wildermuth: Kopfrechnen vorhergesagt. Die Gehirnmuster bei mathematischen Entscheidungen, Deutschlandfunk Forschung aktuell, Beitrag vom 20. März 2013.
35 Dihle, Vorstellung vom Willen, Seite 29.
36 Dihle, Vorstellung vom Willen, Seite 29.
37 Dihle, Vorstellung vom Willen, Seite 32.
38 Xenophon, Memorabilien 2, 1, 21–34; zitiert nach: Xenophon: Erinnerungen an Sokrates, herausgegeben von H. Färber und M. Faltner, Emil Vollmer Verlag, Wiesbaden, Seite 667–671.
39 In Platons Dialog Philebos.
40 Älteste Zeugnisse bei Homer, Il. 24,25 ff. Euripides, Troerinnen 919 ff.

41 Platon, Symp. 195a.
42 Zum Nachlesen: Homer, Ilias II, 169 ff.
43 Zum Nachlesen: Homer, Ilias I, 188 f.
44 Walter F. Otto: Die Götter Griechenlands. Das Bild des Göttlichen im Spiegel des griechischen Geistes, Vittorio Klostermann, Frankfurt am Main, 8. Auflage 1987, Seite 62.
45 Friedrich Nietzsche: Also sprach Zarathustra, KSA 4, Seite 39.
46 Sören Kierkegaard: Die Krankheit zum Tode, übersetzt von Emanuel Hirsch, Gütersloher Verlagshaus 1982, Seite 8.
47 Auszug aus David Whyte: What to remember when waking, in: Ders.: River Flow, Seite 349 f. Übersetzt von Christoph Quarch. Im Original heißt es: »What you can plan / is too small / for you to live.«
48 Aristoteles: Nikomachische Ethik 1111b7, in anderer Übersetzung nachzulesen bei: Aristoteles, Nikomachische Ethik, herausgegeben von Günther Bien, Felix Meiner Verlag, Hamburg 1985.
49 Aristoteles, Nikomachische Ethik 1111b30, 1112b3.
50 Aristoteles, Nikomachische Ethik 1112a16.
51 Aristoteles, Nikomachische Ethik, 1112b14.
52 Aristoteles, Nikomachische Ethik 1112b15–28.
53 Aristoteles, Nikomachische Ethik 1113b13.
54 Jeremy Bentham: Eine Einführung in die Prinzipien der Moral und der Gesetzgebung, I.2,3 + 10, in: Einführung in die utilitaristische Ethik. Klassische und zeitgenössische Texte, herausgegeben von Otfried Höffe, Verlag C. H. Beck, München 1975, Seite 35–37.
55 Bentham, Prinzipien IV, Seite 50 ff.
56 Charles Darwin, Mein Leben: 1809–1882, Insel Verlag, Frankfurt am Main 2008, Seite 266–271.
57 Zitiert bei: Gerd Gigerenzer: Risiko. Wie man die richtigen Entscheidungen trifft, btb Verlag, München, 2. Auflage 2014, Seite 192.
58 Barbara Sher: Wie ich herausfinde, was ich wirklich will, Königsfurt Urania 2013. Die Zitate im Folgenden sind diesem Buch entnommen.
59 Johanna Joppe / Christian Ganowski: Einfach gut entscheiden! Im Beruf schnell und sicher Lösungen finden, Humboldt Verlag, Hannover 2009. Die folgenden Zitate sind diesem Buch entnommen.
60 Kant, Werke VIII, Seite 637.

61 Kant, Werke VIII, Seite 638.
62 Kant, Werke VIII, Seite 636.
63 Kant, Werke VII, Seite 51.
64 Plutarch: Perikles 4; zitiert nach: Plutarch: Griechische Heldenleben, übersetzt und herausgegeben von Wilhelm Ar, Kröner Verlag, Stuttgart 1933, Seite 39.
65 Nach: Platon, Phaidros 242b.
66 Gigerenzer, Risiko, Seite 144.
67 Gigerenzer, Risiko, Seite 147.
68 Gigerenzer, Risiko, Seite 152.
69 Gigerenzer, Risiko, Seite 152.
70 Gigerenzer, Risiko, Seite 168.
71 Vgl. D. T. Suzuki: Zen und die Kultur Japans, Seite 249 ff. Sehr aufschlussreich zu diesem Thema ist der Aufsatz »Krieg und Gewalt im japanischen Buddhismus« von Michael Kotsch, in: Bibel und Gemeinde 112, Band 1, 2012, Seite 31–44.
72 Vom Eros handelt Platon ausführlich in seinen Dialogen »Symposion« und »Phaidros«. Eine zeitgemäße Auslegung und Anwendung auf unser modernes Leben finden Sie in: Christoph Quarch, hin & weg. Verliebe dich ins Leben, Joachim Kamphausen Verlag, Bielefeld 2011.
73 Johann Gottlieb Fichte: Die Bestimmung des Menschen III 4, in: Johann Gottlieb Fichtes sämtliche Werke. Band 2, Berlin 1845 / 1846, Seite 297.
74 Fichte, Die Bestimmung des Menschen III 1, Seite 257.
75 Johann Gottlieb Fichte: Das System der Sittenlehre nach den Prinzipien der Wissenschaftslehre III § 15, Felix Meiner Verlag, Hamburg 1995.
76 Sigmund Freud: Das Unbehagen in der Kultur, in: Ders.: Abriss der Psychoanalyse / Das Unbehagen in der Kultur, Fischer Verlag, Frankfurt am Main 1953, Seite 63–129. Für unseren Zusammenhang wichtig ist Abs. VII. Auf Seite 112 heißt es dort: »Man heißt diesen Zustand ›schlechtes Gewissen‹, aber eigentlich verdient er diesen Namen nicht, denn auf dieser Stufe ist das Schuldbewußtsein offenbar nur Angst vor dem Liebesverlust, ›soziale‹ Angst. Beim kleinen Kind kann es niemals etwas anderes sein, aber auch bei vielen Erwachsenen ändert sich nichts mehr daran, als daß an Stelle des Vaters oder beider Eltern die größere menschliche Gemeinschaft tritt.«

77 Karl Jaspers: Philosophie, Springer Verlag, Göttingen / Heidelberg, 2. Auflage 1948, Seite 524.

78 Martin Heidegger, Sein und Zeit, Seite 275.

79 Maja Storch: Das Geheimnis kluger Entscheidungen. Von Bauchgefühl und Körpersignalen, Piper Verlag, München 2011, Seite 28.

80 Storch, Das Geheimnis, Seite 51.

81 Storch, Das Geheimnis kluger Entscheidungen, Seite 21.

82 Storch, Das Geheimnis kluger Entscheidungen, Seite 59.

83 Storch, Das Geheimnis kluger Entscheidungen, Seite 26. Anleitungen und Hinweise zum Umgang mit somatischen Markern finden Sie in diesem Buch.

84 Ralph Waldo Emerson: Natur, Diogenes Verlag, Zürich 1982, Seite 16.

85 Emerson, Natur, Seite 17.

86 Gerald Hüther, Christoph Quarch: Rettet das Spiel! Weil Leben mehr als Funktionieren ist, Hanser Verlag, München 2016, Seite 32.

87 Hüther, Quarch, Rettet das Spiel!, Seite 32.

88 Platon, Politeia 352d.

89 Platon, Politeia 359b–360d.

90 Platon, Politeia 360c–d.

91 Platon, Politeia 612a.

92 Antoine de Saint-Exupéry: Der kleine Prinz, Karl Rauch Verlag, Düsseldorf 1956, Seite 52.

93 Vermutlich hat Disney selbst die Methode nie angewandt. Sie trägt seinen Namen, weil ihr Begründer Robert B. Dilts einmal in einem Text bemerkte, »there were actually three different Walts: the dreamer, the realist, and the spoiler«.

94 Friedrich Nietzsche: Jenseits von Gut und Böse, in: KSA 5, Seite 9–243, hier Seite 90.

95 Schiller schreibt in seinen Briefen »Über die ästhetische Erziehung des Menschen« von 1793: »Denn, um es endlich auf einmal herauszusagen: der Mensch spielt nur, wo er in voller Bedeutung des Wortes Mensch ist, und er ist nur da ganz Mensch, wo er spielt.« Zitiert nach Friedrich Schiller: Über das Schöne und die Kunst, München 1984, Seite 182.

96 Gerald Hüther, Christoph Quarch: Rettet das Spiel!, Hanser Verlag, München 2016, Seite 21.

97 Martin Buber, Ich und Du, in: Ders., Das Dialogische Prinzip, Seite 3–136, hier Seite 15.
98 Martin Buber, Elemente des Zwischenmenschlichen, in: Ders., Das Dialogische Prinzip, Seite 267–298, hier Seite 295.
99 Hans-Georg Gadamer: Die Unfähigkeit zum Gespräch, in: Ders., Gesammelte Werke Bd. II, Tübingen 1985, Seite 207–215, hier Seite 211.
100 Auszug aus David Whyte: Everything is waiting for you, in: Ders., River Flow. New & Selected Poems, Many Rivers Press, Langley/Washington 2012, Seite 359; Übersetzt von Christoph Quarch. Im Original heißt es: »Your great mistake is to act the drama / as if you were alone.«
101 Über den Dialog nach David Bohm gibt es reichlich Literatur und Fortbildungsangebote. Zu empfehlen ist hier die Website: www.phoenixberg.at. Wenn Sie Bohms Arbeiten zum Dialog aus erster Hand kennenlernen wollen, empfiehlt sich die Lektüre seines einschlägigen Buches *On Dialogue*, herausgegeben von Lee Nichol, Routledge, London und New York 1996 (Deutsch: Der Dialog. Das offene Gespräch am Ende der Diskussionen. Aus dem Englischen von Anke Grube. Herausgegeben von Lee Nichol. Klett-Cotta, Stuttgart 1998).
102 Platon, Phaidros 244a.
103 Platon, Phaidros 245b.
104 Platon, Symposium 202d.
105 Platon, Euthyphron 4b–c.
106 Platon, Euthyphron 4a.
107 Platon, Phaidon 58e.
108 Auszug aus David Whyte: Sweet Darkness, in: Ders., River Flow, Seite 346. Übersetzt von Christoph Quarch. Im Original heißt es: »You must learn one thing / The world was made to be free in. / Give up all the other worlds / except the one to which you belong. / Sometimes it takes darkness and the sweet / confinement of your aloneness / to learn / anything or anyone / that does not bring you alive / is too small for you.«

IMPRESSUM

© 2018 GRÄFE UND UNZER VERLAG GmbH, München

Alle Rechte vorbehalten. Nachdruck, auch auszugsweise, sowie Verbreitung durch Bild, Funk, Fernsehen und Internet, durch fotomechanische Wiedergabe, Tonträger und Datenverarbeitungssysteme jeder Art nur mit schriftlicher Genehmigung des Verlages.

Projektleitung: Birgit Reiter, Ilona Daiker

Lektorat: Dr. Diane Zilliges

Layout & Umschlaggestaltung: independent Medien-Design GmbH, Horst Moser, München

Bildnachweis: Cover: Shutterstock (Illustration) Autorenfoto: Achim Hehn (Umschlagklappe)

Herstellung: Anna Bäumner

Satz: Knipping Werbung GmbH, Berg bei Starnberg

Repro: Repro Ludwig, Zell am See

Druck und Bindung: C. H. Beck, Nördlingen

ISBN 978-3-8338-6171-0

1. Auflage 2018

Die **GU Homepage** finden Sie im Internet unter www.gu.de.

www.facebook.com/gu.verlag

Liebe Leserin, lieber Leser,
haben wir Ihre Erwartungen erfüllt? Sind Sie mit diesem Buch zufrieden? Haben Sie weitere Fragen zu diesem Thema? Wir freuen uns auf Ihre Rückmeldung, auf Lob, Kritik und Anregungen, damit wir für Sie immer besser werden können.

GRÄFE UND UNZER Verlag
Leserservice
Postfach 86 03 13
81630 München
E-Mail:
leserservice@graefe-und-unzer.de

Telefon: 00800 / 72 37 33 33*
Telefax: 00800 / 50 12 05 44*
Mo–Do: 9.00 – 17.00 Uhr
Fr: 9.00 – 16.00 Uhr
(* gebührenfrei in D, A, CH)

Ihr GRÄFE UND UNZER Verlag
Der erste Ratgeberverlag – seit 1722.

Umwelthinweis: Dieses Buch wurde auf PEFC-zertifiziertem Papier aus nachhaltiger Waldwirtschaft gedruckt.

Ein Unternehmen der
GANSKE VERLAGSGRUPPE